2021 海外智库研究前沿
The Front Research of Overseas Think Tanks
国际战略与安全动态

清华大学战略与安全研究中心 编
Center for International Security and Strategy

中国社会科学出版社

图书在版编目（CIP）数据

海外智库研究前沿：国际战略与安全动态 . 2021 / 清华大学战略与安全研究中心编 . —北京：中国社会科学出版社，2022.12
ISBN 978-7-5227-1167-6

Ⅰ.①海… Ⅱ.①清… Ⅲ.①咨询机构 – 研究 – 世界 Ⅳ.① C932.8

中国版本图书馆 CIP 数据核字（2022）第 241982 号

出 版 人	赵剑英
责任编辑	白天舒
责任校对	师敏革
责任印制	王　超

出　版	中国社会科学出版社
社　址	北京鼓楼西大街甲 158 号
邮　编	100720
网　址	http://www.csspw.cn
发 行 部	010-84083685
门 市 部	010-84029450
经　销	新华书店及其他书店
印　刷	北京明恒达印务有限公司
装　订	廊坊市广阳区广增装订厂
版　次	2022 年 12 月第 1 版
印　次	2022 年 12 月第 1 次印刷
开　本	710×1000　1/16
印　张	21.25
字　数	305 千字
定　价	109.00 元

凡购买中国社会科学出版社图书，如有质量问题请与本社营销中心联系调换
电话：010－84083683
版权所有　侵权必究

出版前言

《海外智库研究前沿》是清华大学战略与安全研究中心（CISS）的团队工作成果。中心专报小组坚持每日搜集整编海外知名智库、期刊及媒体的涉华战略与安全研究成果，同步刊发于中心微信公众号与网站。2021版是我们按照月份及区域领域分类整理的第二本年度合集，一个新的书系开始成形。

2021年新冠肺炎病毒不断变异，在疫情催化之下，世界格局之变、地缘政治之变、权力结构之变、大国关系之变、全球体系和价值链之变、科学技术之变、思想观念之变、传播方式之变明显提速且环环相扣，相互影响不断叠加放大。这一年，中国的外部环境发生了比较大的变化，最突出的是拜登执政后，美国的地缘战略重点和对华政策基调出现较大调整。这一年，中华民族在中国共产党的领导下实现了第一个百年奋斗目标，更加自信地走向未来，平视世界。

在这样的一年里，中心的专报小组继续坚持此项基础工作，忠实且不辍地记录下境外同行对时势的部分观察与思考。我们深知，身处信息时代，积累资料绝非什么了不起的功劳，但是日拱一卒，功不唐捐。年终汇总一份份专报的时候，仿佛当年用粗针棉线手动装订档案，内心装满实实在在的收获与感恩。很多专报组的同学已经坚持超过一年，他们选材、编译驾轻就熟，开始在对专报观点思辨的基础上，产出自己的思考成果；新加入的同学带来了新的选题方向，使得我们所能涵盖的问题视角更加多元。拥有这样的团队是CISS莫大的财富，如果这项工作能够给团队内外的学子和研究人员带去些许助益，也将是我们最大的快乐。

专报小组各位作者的名字已在书中列出。参与本书编写工作的CISS人员包括：肖茜、董汀、姚锦祥、马国春、朱荣生、孙成昊、石岩、宋博、周武华、张奕、黄萧嘉、许馨匀、苏艳婷、袁微雨、王静姝、陈曦等。他们或参与选题编译，或负责内容审核，或承担再校与出版工作，共同成就了CISS的这本新作。期待各位读者批评指正。

清华大学战略与安全研究中心

2022年8月

目 录
CONTENTS

1 1月专报

一	国际格局	1
二	美国观察	6
三	欧洲观察	17
四	亚太观察	19
五	中东观察	20
六	俄罗斯观察	22
七	公共卫生	23
八	人工智能与新兴技术	24
九	气候变化	28

2 2月专报

一	国际格局	31
二	美国观察	38
三	欧洲观察	46
四	亚太观察	48
五	中东观察	49
六	非洲观察	50
七	俄罗斯观察	52
八	公共卫生	53
九	人工智能和新兴技术	56
十	气候变化	58

3月专报

一	国际格局	61
二	美国观察	66
三	欧洲观察	76
四	亚太观察	80
五	中东观察	82
六	非洲观察	86
七	俄罗斯观察	87
八	公共卫生	88
九	人工智能与新兴技术	90

4月专报

一	国际格局	93
二	美国观察	96
三	欧洲观察	98
四	亚太观察	104
五	中东观察	112
六	非洲观察	116
七	俄罗斯观察	117
八	公共卫生	121
九	人工智能与新兴技术	121
十	气候变化	123

5月专报

一	国际格局	126
二	美国观察	130
三	欧洲观察	139
四	亚太观察	144
五	中东观察	149
六	俄罗斯观察	154
七	公共卫生	155
八	新兴技术	158
九	气候变化	159

6月专报

一 国际格局 ……… 161
二 美国观察 ……… 177
三 欧洲观察 ……… 182
四 亚太观察 ……… 184
五 中东观察 ……… 187
六 非洲观察 ……… 190
七 公共卫生 ……… 191
八 人工智能与新兴技术 ……… 192
九 气候变化 ……… 195

7月专报

一 国际格局 ……… 198
二 美国观察 ……… 202
三 欧洲观察 ……… 203
四 亚太观察 ……… 207
五 中东观察 ……… 210
六 非洲观察 ……… 212
七 俄罗斯观察 ……… 213
八 公共卫生 ……… 216
九 人工智能与新兴技术 ……… 217
十 气候变化 ……… 220

8月专报

一 国际格局 ……… 223
二 美国观察 ……… 225
三 欧洲观察 ……… 229
四 亚太观察 ……… 230
五 中东观察 ……… 233
六 非洲观察 ……… 238
七 俄罗斯观察 ……… 239
八 人工智能与新兴技术 ……… 240
九 气候变化 ……… 242

9月专报

一　国际格局 ································· 244
二　美国观察 ································· 247
三　欧洲观察 ································· 251
四　亚太观察 ································· 255
五　中东观察 ································· 258
六　非洲观察 ································· 259
七　俄罗斯观察 ······························· 260
八　公共卫生 ································· 262
九　气候变化 ································· 263

10月专报

一　国际格局 ································· 266
二　美国观察 ································· 269
三　欧洲观察 ································· 273
四　亚太观察 ································· 277
五　中东观察 ································· 282
六　非洲观察 ································· 285
七　俄罗斯观察 ······························· 286
八　新兴技术 ································· 287
九　气候变化 ································· 290

11月专报

一　国际格局 ································· 294
二　美国观察 ································· 295
三　欧洲观察 ································· 298
四　亚太观察 ································· 301
五　中东观察 ································· 304
六　非洲观察 ································· 309
七　公共卫生 ································· 311
八　气候变化 ································· 312

12月专报

一 国际格局 ………………… 314
二 美国观察 ………………… 315
三 欧洲观察 ………………… 317
四 亚太观察 ………………… 320
五 中东观察 ………………… 323
六 非洲观察 ………………… 324
七 俄罗斯观察 ……………… 326
八 公共卫生 ………………… 328
九 新兴技术 ………………… 329

1月专报

一 国际格局

1.《外交政策》：展望后疫情时代世界秩序

1月2日,《外交政策》(Foreign Policy)网站发布由12位知名学者撰写的文章《新冠肺炎疫情之后的世界》。美国布鲁金斯学会主席约翰·艾伦(John Allen)指出,新冠肺炎疫情给现存脆弱国际体系带来前所未有的压力,揭示了全球卫生系统和应急协调的缺陷。疫情代表着一系列复杂而相互关联的跨国问题,应对这些问题需要强大的领导力和多边解决方案。美国智库新美国基金会首席执行官安妮-玛丽·斯劳特(Anne-Marie Slaughter)称,疫情表明,美国民间组织(如慈善机构、公司和大学)而非政府才是全球事务中不可或缺的角色。疫情还导致全球贫富差距进一步拉大,播下了革命的种子。公共卫生专家劳里·加勒特(Laurie Garrett)提醒,持续的疫情将深刻改变全球化和制造业格局,削弱应对下一次疫情的能力。新加坡国立大学亚洲研究所高级研究员马凯硕(Kishore Mahbubani)认为,疫情暴露了西方社会的自满,东亚和东南亚地区展现了经济管理和恢复能力的优势。美国对外关系委员会副主席香农·奥尼尔(Shannon K. O'Neil)称,下一阶段全球化将由地缘政治和政府积极行动主导,将加剧保护主义。领导人需采取措施维护开放的产业政策、鼓励竞争。哈佛大学肯尼迪政府学院教授斯蒂芬·沃尔特（Stephen M. Walt）称，疫情并未结束传统地缘格局和国家竞争，独裁统治者面临更大压力。美国外交关系委员会主席理查德·哈斯（Richard N. Haass）称，疫情加剧美中裂痕并改变美国政局走向，但不会根本性重塑国际关系。美国企业研究所外交和国防政策研究主任科里·沙克（Kori Schake）认为，疫情给国际经济和安全带来重大影响，崛起中的大国可能停滞不前，自由世界将恢复并主导新兴领域。布鲁金斯学会印度项目高级研究员希夫尚卡·梅农（Shivshankar Menon）称，如今重振多边主义的机遇已经丧失，越发分裂的世界难以应对未来影响全人类的跨国问题。英国皇家国际事务研究所所长罗宾·尼布莱特（Robin Niblett）指出，中国的"抗疫"举措加速了经济转型，亚太地区政治格局将持续分化。哈佛大学肯尼迪政府学院杰出教授约瑟夫·奈（Joseph S. Nye, Jr.）提示，疫情揭示各国相互依存的事实，各国政府无力独自应对气候变化和流行病等跨国生态问题。普林斯顿大学教授约翰·艾肯伯里（John G. Ikenberry）称，疫情提醒人类，人类既无法完全掌控自然，也无法摆脱彼此相互关联的事实；疫情将引导世界进入一个为全球秩序而竞争的新时代。

https://foreignpolicy.com/2021/01/02/2021-coronavirus-predictions-global-thinkers-after-vaccine/

2.《国家利益》：2021年十大安全挑战与机遇

1月5日，《国家利益》（*The National Interest*）杂志发布由美国国家情报委员会（National Intelligence Council）马修·布鲁斯（Mathew J. Burrows）等撰写的文章《2021年十大安全挑战与机遇》。文章从美国新一届政府视角出发，罗列十大安全挑战：第一，疫苗推广速度缓慢导致新冠肺炎疫情继续恶化；第二，拜登的执政能力受到美国党派之争掣肘；第三，债务问题引发新一轮全球金融危机；第四，西方国家经济恢复缓慢；第五，朝鲜可能制造半岛危机；第六，美伊之间对抗加剧；第七，美中在台海爆发冲突；第八，粮食危机席卷全球；第九，全球范围内中产阶级扩大的趋势终结；第十，土耳其外交更为咄咄逼人。文章同时列举了十大机遇，包括：世界贸易组织的"复活"；多边主义复兴；美俄关系趋于互惠稳定；以色列和逊尼派阿拉伯国家联系加强；美国重返跨太平洋伙伴协议（CPTPP）；美国与盟友共同制定全球数字治理规则；大国在人工智能领域加强合作；能源存储技术实现革命性突破；国际社会推出全球通用的新冠疫苗；美欧加强技术合作共同应对中国。

https://nationalinterest.org/feature/top-10-global-security-risks-and-opportunities-2021-175845

3.CSIS：世界各国对美、中、俄的形象认知

1月7日，美国战略与国际问题研究中心（CSIS）刊登阿利·伯克（Arleigh A. Burke）战略项目主席安东尼·柯狄斯曼（Anthony H. Cordesman）的文章《让美国再次强大？中国、俄罗斯和美国的全球民调得分》。文章指出，在全球公众眼中，美、中、俄已经成为主要的竞争者。尽管民调受多种因素影响，不能完全客观和正确，但相对而言民调能够反映公众的整体认知，民调本身能够影响外交、国际组织及他国行为。然而近期最为权威的两大民调机构皮尤（Pew）和盖洛普（Gallup）的民调结果显示，近年来盟友及其他国家对美国的支持显著减少，已与对中国和俄罗斯的支持大致持平；从2018年开始，美国负面的国际形象显著放大，到2020年中后期更加严重，2021年1月6日的国会大厦危机后达到顶峰。为了扭转在盟友和其他国家中长期下滑的负面形象，美国需要制定战略，着重塑造其不同于中俄两国的形象，并为军民领域竞争分别制定明确标准。

https://www.csis.org/analysis/making-america-great-global-perceptions-china-russia-and-united-states-international

4.《外交政策》：如何应对全球范围的右翼极端主义

1月15日，《外交政策》刊登国际安全问题专家希瑟·阿什比（Heather Ashby）的署名文章《极右翼极端主义是全球性问题》。文章认为，极右翼主

义对美国、巴西、匈牙利、新西兰等民主社会构成严重威胁。21世纪前20年里，由于国际社会广泛关注伊斯兰国、基地组织等伊斯兰激进团体造成的问题，各国社交媒体纷纷出现极右翼思想阵地。在欧洲，民粹主义政客将极右翼思想纳入主流以谋求政治利益。印度总统莫迪、巴西总统博索纳罗都可被看作右翼政治家。这些事情表明右翼的崛起是一个普遍问题，应当将其视作一种全球性的、不断发展的现象来加以讨论。文章认为，网络平台给右翼思想的串联和泛滥提供了条件，而抵制右翼势力的关键在于引导正确的信息宣传、解决不实信息问题。文章建议拜登政府与伙伴国家合作，扩大全球反恐论坛的范围，防止青年人沦为极端主义的牺牲品。

https://foreignpolicy.com/2021/01/15/far-right-extremism-global-problem-worldwide-solutions/

5. 美国史汀生中心：联合国应针对宗教信仰实施的暴力采取行动

1月21日，美国史汀生中心发布"冲突中的平民保护"项目主任、高级研究员阿迪提·格鲁尔（Aditi Gorur）和项目成员、助理研究员朱莉·格雷戈里（Julie Gregory）撰写的文章《针对宗教信仰实施的暴力：联合国应采取行动》。文章指出，近期国家及非国家行为体的暴力行为逐步增加，而国际社会在很大程度上没有认识到这一威胁的严重性。文章揭示了限制宗教信仰自由与暴力冲突之间的联系及其带来的国际冲突风险，这些风险包括侵犯人权、威胁法治、引发大规模暴力冲突或武装冲突等。文章建议，联合国安理会需要在其议程范围内发挥更加积极有效的预防冲突的作用，对未列入议程中的特定国家冲突风险进行预警，并为铲除非冲突地区内的暴力提供支持；联合国成员国则可以通过制定相关法规、采取特定行动等方式积极响应对人权保护的号召，并尽力避免在行动中损害妇女、儿童等弱势群体的权利，或边缘化其他宗教信仰。

https://www.stimson.org/2021/violence-based-on-religion-or-belief-taking-action-at-the-united-nations/

6.《外交政策》：构建网络世界卫生组织以应对全球网络威胁

1月24日,《外交政策》网站刊登网络建设公司Toka联合创始人亚伦·罗森（Yaron Rosen）的文章《世界需要一个网络卫生组织来应对网络空间存在的病毒》。文章指出，世界需要一个网络世界卫生组织来更好地了解和应对网络威胁。如今，互联网已经发展成为一个复杂的数字环境，拥有数十亿用户、数百万个网站、数千个网络服务提供商以及大量通信服务的基础设施。加之物联网指数级增长，所有事物都已经被数字化了。在这样的环境下，恶意攻击容易发起且不易识别，犯罪风险低。为了有效遏制网络攻击，政府需要国家级的监管投入，即便对于发达国家来说，也需要耗费几年时间，而其他有些国家可能永远不具备建设能力。这就需要国际社会的介入和帮助。成立网络世界卫生组织虽然不会消除网络威胁，但将大大增加信息的共享，提供发现网络攻击的途径和框架，并为需要的国家提供资源，形成互联网社会的威慑力量，改善网络领域的国际秩序。

https://foreignpolicy.com/2021/01/24/the-world-needs-a-cyber-who-to-counter-viruses-in-cyberspace/

7.《报业辛迪加》：美中关系取决于能否就合作与竞争达成共识

1月25日,《报业辛迪加》网站刊登香港证监会前主席、联合国环境规划署可持续金融顾问委员会成员沈联涛（Andrew Sheng）等合撰的文章《美中关系或将进入新篇章》。文章认为，在特朗普带来的长达四年的扰乱和冲击后，扭转局势的机会掌握在美中双方领导人手中。文章指出，全球性威胁需要全球性应对，特朗普政府的实践表明，在不依靠全球经济复苏的前提下单独解决本国经济问题是不现实的，新冠肺炎疫情也是如此。美中两国政府应意识到，合作与竞争相结合的务实方法是推进可持续发展的唯一途径。实际上，中国已经迈出了第一步：中国正将国外压力视为一种外部"政策反馈"，这种战略上的现实主义使中国以更加多样的形式参与推动国际秩序变革,《区域全面经济伙伴关系协定》（RCEP）、《中欧投资协定》以及中国2060年实现碳中和的承诺就是例证。中国的"双循环"战略也向拜登政府发出信号：中国政府愿意在气候变化、新冠肺炎疫情以及推动全球经济复苏等领域与美国展开战略合作。

https://www.project-syndicate.org/commentary/biden-xi-new-tone-in-us-china-relations-by-andrew-sheng-and-xiao-geng-2021-01

8. 澳大利亚国际事务研究所：评价《印太战略框架》解密文件

1月26日，澳大利亚国际事务研究所网站刊发了悉尼大学现代史教授詹姆斯·柯伦（James Curran）的评论文章《文件迷思：理解特朗普的"印太战略框架"》。文章称，美国国会大厦事件后几天，特朗普政府官员解密了2017年关于"印太战略框架"内阁备忘录。尽管文件并未对地区力量和未来行为进行深入评估，仅列出了美国面临的复杂矛盾，充其量只是一个试图显示美国地区雄心的框架，但足以表明，美国并未"抛弃"其包括澳大利亚在内的亚洲盟友，并且澳大利亚政府仍具有影响美国最高决策层的影响力。然而，文章同样指出，文件反映出，即便美国自身实力已经下降，也要不惜一切代价保持对中国崛起的压制。此外，该文章猜测，此份文件被提前解密的深层原因在于牵制拜登政府，迫使其延续特朗普时期的亚洲战略，防止其对中国的态度发生摇摆。然而文章认为这一目的难以奏效，因为拜登政府明白，离开中国便无法恢复印太地区的秩序平衡。

https://www.internationalaffairs.org.au/australianoutlook/document-daze-understanding-trumps-indo-pacific-strategic-framework/

二 美国观察

1.《国家利益》：拜登政府重塑美国外交政策的三大事项

1月3日，《国家利益》杂志官网刊发外交政策研究所地缘政治学主席罗伯特·卡普兰（Robert D. Kaplan）撰写的文章《拜登恢复美国外交政策必须做的三件事》。文章认为，美国外交政策需要向三方面努力：专业化、危机管理和可持续的愿景。在专业化方面，特朗普政府的官僚体系缺乏专业人才，新总统需迅速配备高素质人才，重视有能力的领导层在外交部门和五角大楼产生的积极效应；在危机管理方面，拜登必须建立一个能够不抱幻想、以和谐方式处理危机的国家安全团队，实现动态结果；可持续发展愿景，意味着在积极与世界接触的同时避免任何大规模的军事部署，对达成缓和与中、俄两国关系的交易持开放态度。

https://nationalinterest.org/feature/three-things-joe-biden-must-do-restore-american-foreign-policy-174932

2. 美国信息技术和创新基金会：拜登政府如何提振科技创新

1月4日，美国信息技术和创新基金会（ITIF）发布题为《国会和拜登政府在2021年推进优质技术政策的24种方法》的分析报告。报告列出了国会可以做的6条技术监管相关事项和9条联邦拨款相关事项，以及拜登政府可以做的9件事项。这些事项有可能获得两党及业界共同支持，极大地促进美国的创新和竞争力。技术监管方面具体包括：通过全面的联邦数据隐私立法、修改《通信规范法》（CDA）第230条、通过联邦远程医疗立法、确立开放互联网的监管原则和法律、激励STEM移民、拍卖无线电频谱。报告建议联邦为以下9个科技领域提供拨款：政府信息技术现代化、智慧城市、宽带装配、农村宽带普及、"心脏地带"的技术中心、研发税收抵免、应对中国挑战的研发、半导体研发以及能源研发。报告还建议拜登政府推动关键部门的数字化转型、建立新的欧盟—美国隐私保护盾、抵制欧盟的数字税、与盟友联合抵制中国的贸易政策、推动世界贸易组织改革、限制对中国的单边出口管制、支持对商业产品使用加密技术、组建跨部门行业政策分析团队、制定新的国家人工智能战略。

https://itif.org/publications/2021/01/04/year-ahead-twenty-four-ways-congress-and-biden-administration-can-advance

3. 布鲁金斯学会：在2021年恢复美国的领导力

1月4日，布鲁金斯学会发表其主席约翰·艾伦（John R. Allen）接受访问的实录《在2021年恢复美国的领导力》。约翰·艾伦强调拜登的就职演说值得高度关注，其中将包括以下重要话题，如族群团结与和解、气候变化与气候正义、美国的传统价值观和理念等。当然，拜登还会强调如何让外交政策成为美国展现和推广其价值观的重要平台，价值观是美国保持与盟友和伙伴紧密关系的重要基础。拜登还将重新强调美国的多边主义观，它是基于"伙伴关系"而非"霸权"，这有助于重建美国在世界舞台上的领导地位。关于"民主峰会"的构想，无法想象会有国家希望与中国对抗，"民主峰会"不追求遏制或指向中国，只是为了追求民主阵营共同的理念和利益。它并不是一个联盟，而更多是一种"社区"，各国在其中分享有关人权、法治、妇女权利、少数族群权利等议题的观点。关于美中关系，两国具有广阔的合作空间，未来需建立建设性的关系，特朗普的政策被证明是失败的。无论如何，美国未来的对华政策需要得到其盟友的支持和谅解。

https://www.brookings.edu/wp-content/uploads/2021/01/DollarAndSense_Transcript_Allen_Restoring-American-leadership-in-2021.pdf

4. CSIS：中欧投资协定为拜登重建美欧关系提供机会

1月5日，CSIS发布其高级副总裁兼战略技术计划主任詹姆斯·安德鲁·刘易斯（James Andrew Lewis）撰写的评论文章《欧盟与中国的投资协议是外交机会》。文章认为，欧盟与中国近期签订的《全面投资协定》（CAI）为即将上任的拜登政府提供了一个重建跨大西洋合作并发展对华共同方针的好机会。首先，欧洲在中国问题上的做法可以成为美国对华政策的参考，即在与中国存在政治分歧的同时与中国加强贸易往来。目前，在某些领域，美国与中国进行贸易合作获得的经济收益仍大于安全风险，因此美国不应该与中国"脱钩"。美国可以同欧洲进行合作，主动界定何为经济高于安全的领域，制定更有针对性、更细化的政策。其次，与中国相比，美国与欧洲的政治思想偏好更为一致。特朗普卸任后，美国能够在拜登政府的带领下重建对欧关系，并形成美欧对中国的共同看法。这可以成为美欧关系重建的第一步。由于在技术合作上美欧有尚未解决的问题，拜登与欧洲重建伙伴关系不应从技术出发，而应该建立在共同政治价值观的基础之上，利用民主、法治等共同原则为美欧伙伴关系的重建奠定基础。

https://www.csis.org/analysis/eus-investment-agreement-china-diplomatic-opportunity

5.《外交学人》：拜登对华政策的六个建议

1月5日，《外交学人》杂志发表哈佛商学院学长安迪·泽莱克（Andy Zelleke）评论文章《拜登对华政策的六个建议》。文章称，拜登最艰巨的任务将是在平衡各方利益的条件下制定对华政策，并为几十年的和平、建设美中关系奠定基础。为此，拜登需要处理好与国内、盟国以及中国三方的关系。文章提出了六项对华政策建议：（1）避免国内政治的失败，特朗普严重破坏了美国民主的基础，拜登需要有效地将美国人团结在一起，从而巩固国内政治基础；（2）气候问题不能成为在其他领域让步的理由，气候变化等全球问题与双边竞争领域的谈判尽可能分开；（3）优先考虑通过联盟建立可持续的、有利于美国的均势状态，这比制定新的国际秩序更加重要；（4）联盟最重要的目的是平衡中国力量；（5）恢复互相尊重的沟通，无礼的言论可能会阻止原本可能的合作；（6）最终通过谈判达成有利于美、中及其伙伴国三方的临时模式。

https://thediplomat.com/2021/01/6-suggestions-for-bidens-china-policy/

6.卡内基国际和平基金会：美国两极分化的原因与应对措施

1月7日，卡内基国际和平基金会刊登其高级研究员蕾切尔·克莱因菲尔德（Rachel Kleinfeld）的文章《需进行深度重建以支持美国民主》。文章指出，当前美国社会出现了严重的两极分化，并将这一极化现象的政治诱因归结为如下几点：第一，民主党与共和党相较从前更为势均力敌，两党政治摩擦加剧；第二，选民在意识形态上被划归为不同的政党，意识形态与政党归属之间的相关性增强；第三，以地缘和意识形态划分的选民选出了更多意识形态色彩浓重的候选人——尤其是共和党人。文章亦提出了几点应对策略，强调多管齐下，包括新的政治联盟、加强制度和规范，以及促进社会和经济层面的重新联系。

https://carnegieendowment.org/2021/01/07/profound-rebuilding-needed-to-shore-up-u.s.-democracy-pub-83575

7.CSIS：评估美国军事力量

1月8日，CSIS发表由国际安全项目高级顾问马克·肯申（Mark F. Cancian）撰写的报告《2021财政年度中的美国军事力量：太空、特种部队、文职和承包商》。文章评估了美国太空军、特种部队、文职人员和承包商在2021财政年的状况。太空军最终的组织架构，以及拜登政府是否完全支持这个新军种，都将在2022年揭晓。目前太空军已经设立了总部及拨款账户，并确立了其最高原则等，但大多数人员的调动仍有待决定。目前由于太空军规模较小，需要依赖空军的支持。特种部队将继续逐步扩张，并将得到国会的支持，但目前其资金严重依赖海外应急行动（OCO）基金，资金来源的稳定性不足。另外，特种行动的道德问题依然是一种困扰。国防部文职人员的数量在2021财年仍保持近年来的正常增长，这反映了文职人员对战备的贡献。军事承包商已经成为联邦作战力量的永久组成部分，但在成本问题上，以及关于承包商应做什么或不应做什么方面长期存有争议。

https://www.csis.org/analysis/us-military-forces-fy-2021-space-sof-civilians-and-contractors

8.《外交事务》：美国需要在国内召开民主峰会

1月9日，《外交事务》杂志官网刊发布鲁金斯学会高级访问学者、美国大学国际关系教授詹姆斯·戈德盖尔（James Goldgeier）和杜克大学杰出教授、奥巴马及克林顿政府时期国务院官员布鲁斯·詹特森（Bruce W. Jentleson）联合撰写的文章《美国需要在国内召开民主峰会》。文章认为，全球领导权不是美国专享的权力，拜登若是主办全球"民主峰会"将带来更多的问题而不是益处，美国本周发生的"国会山之战"深刻凸显了这一点。因此，文章认为，拜登不应举行国际民主峰会，而应举行国内民主峰会，让领导层重新致力于制度体制，努力克服不公正和不平等，使两党承诺重建美国民主。具体优先事项包括：确保投票权促进法案的实施，加强警察问责机制，保护新闻自由，以及打击虚假信息。该峰会应是真正的联邦制，吸引地方与民间社会的参与。文章认为，虽然民主党在国会两院都占多数，但拜登的外交政策议程仍然取决于美国能否为强大的国际主义提供必要的国内支持，因此，加强国内政策基础至关重要。

https://www.foreignaffairs.com/articles/united-states/2021-01-09/united-states-needs-democracy-summit-home

9. 美国企业研究所：拜登的经济刺激计划

1月14日，美国企业研究所发表经济政策研究主任迈克尔·斯特朗（Michael R. Strain）所著文章《拜登的经济刺激计划过多会适得其反》。当选总统拜登正准备抗击新冠肺炎疫情以支持经济，第一次大规模立法将为其提供建立声誉的机会，让他成为一个能达成妥协并团结两党的总统。但如果拜登做得过火，就有可能导致僵局，使美国经济无法获得所需的援助。目前，拜登将目光放在了紧迫的短期问题上，计划推动学校重新开放，对州和地方政府进行援助。此外，国会于2020年12月通过了一部经济复苏和救济法，将伤害还是有助于经济尚不得而知：太过慷慨反而会导致工人故意失业，以此继续领取救济金，从而阻碍经济复苏。作者认为，拜登目前的最大问题是通过了2000美元刺激支票计划。这些支票适用于所有收入低于最高限额的家庭，包括那些没有遭受就业损失的家庭。如果今年的情况没有按计划进行，如疫苗没有被广泛使用或分发，或病毒发生变异，或者如果人们恢复正常活动的速度比预期的慢，那么未来可能需要其他经济刺激。

https://www.aei.org/op-eds/too-much-biden-stimulus-would-backfire/

10.PIIE：拜登政府应恢复多边贸易合作方式

1月15日，彼得森国际经济研究所（PIIE）刊登其高级研究员查德·鲍恩（Chad P. Bown）和安娜贝尔·冈萨雷斯（Anabel González）的文章《美国可以重返多边经济合作》。文章指出，贸易和国际投资是美国巩固领导地位、团结伙伴盟友的关键，对美国和全球经济复苏至关重要。文章认为拜登政府应以多边方式重振国际合作，并提出两大建议。第一，与其他国家共同努力，提出务实倡议，加强以规则为基础的贸易。开展合作的成员组成应兼顾广泛性与代表性，但要确保同质，有利于高效达成共识。第二，重视外交、气候等政策议程中的"贸易轨道"。在外交领域，需修复与盟友间的关系，并恢复美国在世界贸易组织中的重要性与影响力；在气候与卫生领域，需要重返巴黎气候协定与世界卫生组织，但早期可以借助一些具体目标来实现，例如，扩大疫苗、治疗和其他医疗设备的全球供应和公平获取，为关键医疗设备和药品的流动提供便利，投资与扩大全球市场；推动世界贸易组织达成限制渔业补贴协议，恢复《环境商品协定》等。

https://www.piie.com/blogs/trade-and-investment-policy-watch/united-states-can-return-multilateral-economic-cooperation

11.《日本经济新闻》：拜登将继续"美国优先"政策

1月17日，《日本经济新闻》刊发其编辑委员小竹洋之（Kotake Hiroyuki）的文章《拜登上台"美国优先"也不会结束》。文章认为，美国受到政治、经济和社会分裂等慢性疾病的困扰，而特朗普的弊政以及新冠肺炎疫情的蔓延使之变得更加严重。因此，在这种困境中诞生的拜登政府的执政基础并不稳固。共和党右派对其作为总统的合法性抱有质疑，与民主党左派的路线对立也无法化解。美国国际政治学者伊恩·布雷默认为，拜登政权是1977年卡特以来最具脆弱性的美国领导人。那么，如何以有限的资本挑战如此巨大的国家危难？正如过去的罗斯福一样，拜登也将自然而然地转为"向内求"，推动美国产品采购扩大和制造业"回流"，以提供更多的就业岗位。这是拜登不会限制"购买美国货"和续推贸易保护主义的重要原因。另外，美国国民已经出现"超级大国疲劳"，希望美国减少不必要的国际干预，这使得美国难以重振领导世界的热情。因此，未来将是与特朗普相比更加现实且成熟的拜登的"美国优先2.0"，借助本国优先的贸易和产业政策来保护国内经济、锁定"新冷战"和遏制俄罗斯、高效投入外交资源的美国可能步入某种"新常态"。

https://www.nikkei.com/article/DGXZQOFZ078VC0X00C21A1000000

12.布鲁金斯学会：美国应向中国学习以提高技术竞争力

1月19日，布鲁金斯学会网站刊登学者约瑟夫·坎纳卡特（Joseph Kannarkat）和诺曼·奥古斯丁（Norman Augustine）的文章《美国可以向中国学习以提高技术竞争力》。文章认为，中国已经在科学期刊发表数量、学士学位授予数量和研究人员数量上超过了美国，即将在研发（R&D）投资上超过美国，中国研发里程碑式的进步意味着美国要重新审视中国的研发方式，以重振自己的研发。文章梳理了中国技术发展的成功因素，认为政府干预可以持续促进经济发展。文章还总结了美国可以从中学习到的经验，包括制定长期目标和建立激励机制，关注基础设施建设和发展，等等。

https://www.brookings.edu/blog/techtank/2021/01/19/one-lesson-the-us-can-learn-from-china-to-improve-its-competitiveness-in-technology-development/

13.《报业辛迪加》：拜登团队推动全球经济发展的政策措施

1月19日，《报业辛迪加》发表国际发展经济协会执行秘书贾亚提·戈什（Jayati Ghosh）的文章《拜登推动全球经济的四种方式》。文章称，虽然美国在全球经济上的主导地位远不如过去，然而新总统拜登可以采取一些将对美国经济和发展中经济体产生深远积极影响的政策措施：一是支持世界贸易组织暂时免除与新冠肺炎疫情"预防、遏制和治疗"相关的知识产权义务；二是可以无须国会批准，让国际货币基金组织向其成员国提供新的特别提款权分配；三是与其他国家合作，建立一个跨国公司的全球征税体系，阻止其将利润转移到低税率的司法管辖区进行避税；四是重新加入《巴黎气候协定》，实现承诺的减少温室气体排放的具体目标，同时向脆弱的发展中国家提供财政援助。

https://www.project-syndicate.org/commentary/biden-four-steps-to-boost-global-economy-by-jayati-ghosh-2021-01

14.CSIS：拜登政府国际经济政策面临的挑战

1月21日，CSIS发布高级经济学副总裁、西蒙政治经济学项目主任马修·古德曼（Matthew P. Goodman）撰写的文章《拜登国际经济政策中三组冲突》。作者指出，拜登政府政策与前政府政策的明显区别之一将出现在国际经济领域，其新政策面临三组冲突关系。第一，国内与国际经济优先级之间的冲突。虽然拜登声称国内重建是首要的优先事项，"中产阶级的对外政策"亦服务于此，但如债务风险和国际峰会等仍将分散政策注意力，甚至与国内优先事项直接冲突。为此，白宫需要实施严格纪律和流程确保不同决策层级协调工作，设立向国安顾问和国家经济委员会主席报告工作的国际经济协调特别代表；让盟友了解并适度参与美国重建计划同样有益。第二，新政府对传统贸易谈判的厌恶与重建在印太地区领导地位之间的冲突。拜登政府对重新加入《跨太平洋伙伴关系协定》(Trans-Pacific Partnership Agreement，TPP)等态度冷淡，但同时也面临为印太地区盟友和合作伙伴提供可信的替代经济一体化战略的压力。拜登政府可以在亚太经合组织（APEC）峰会上表明有条件重返TPP的愿望，从数字经济和国有企业监管的关键领域开始谈判。第三，同中国的对抗与接触之间的冲突。拜登政府已明确将中国作为战略竞争对手的定位,并可能在特别是技术等方面继续"选择性脱钩"的政策,但应对气候变化、全球流行病和核扩散等问题上,美国必须与中国合作。美国可以通过多边组织协调对华合作,同时考虑重建奥巴马时期美中在外交和经济领域的非正式高层沟通渠道。

https://www.csis.org/analysis/three-tensions-bidens-international-economic-policy

15. CSIS:美国需重建公众对国家安全机构的信任

1月22日,CSIS发布其国土安全高级顾问苏珊娜·斯波尔丁(Suzanne Spaulding)与其国际安全项目经理德维·奈尔(Devi Nair)的采访内容。采访指出,当前美国公众对国家安全机构的信任下降,原因有二:其一,公众认为民主制度将党派或个人的考虑置于公共利益之上,政治扭曲了决策;其二,公众担忧美国国家安全机构无法保护其免受当今世界的威胁。对于拜登重建公众信任应采取的措施,采访提出了几点建议:(1)任命高素质人才就任政府职位;(2)确保负责内部问责和监督机制的官员专业称职并值得信赖;(3)行政分支机构尽可能实现决策透明;(4)加强对公民安全教育的重视;(5)建立国家机构服务文化,向公众表明,国家安全机构致力于保障所有公民安全。

https://www.csis.org/analysis/restore-trust-national-security-institutions

16. 卡托研究所:建议美国调整其对华议程

1月22日,卡托研究所发表高级研究员、前总统罗纳德·里根特别助理道格·班多(Doug Bandow)的文章《为了争取盟友,美国必须缓和其反华议程》。文章指出,尽管面临潜在的严重分歧,美方应尽可能与其盟友及中方保持合作关系。特朗普政府在对外政策上的"单打独斗",例如向中国、欧洲以及加拿大发动贸易战,这不仅损害了美国消费者、制造商和出口商的利益,更疏远了美国盟友。拜登政府有望将修复美欧关系作为优先对外事项，但是双方在应对中国问题上形成共识仍阻碍重重。第一，欧洲与美国在安全问题上没有共同的对华诉求；第二，随着中欧全面投资协定谈判的结束，欧洲向华盛顿释放了一条明确的信息：欧洲更愿意在美中之间保持中立立场；第三，欧洲对下任美国政府是否能站在双方的立场上应对中国挑战存在疑问。因此，美方应该在制定其对华议程时积极促进美国和欧洲的共同利益，而非一味地针对中国。同时，在经济、贸易、安全和人权等问题上，美国和欧洲应该进行更理性的对话，降低冲突发生的可能性。美国应该向欧洲学习——中国是挑战而非敌人。

https://www.cato.org/publications/commentary/win-over-allies-us-must-moderate-anti-china-agenda

17.CSIS：拜登政府应重塑美国全球粮食安全的领导力

1月26日，CSIS刊登其全球粮食安全项目主任凯特琳·威尔士（Caitlin Welsh）的评论文章《国内和国际粮食安全危机：为何拜登必须在这两个问题上发挥领导作用》。文章称，根据联合国粮食计划署的统计预测，由疫情引发的经济衰退与收入问题将带来严重的粮食安全危机，其范围将波及美国乃至全球。文章认为，拜登政府应同时在国内与国际粮食安全问题上发挥领导力：一方面，在国内提高联邦最低工资标准，改善国民收入，并任命专职官员管理粮食问题；另一方面，在国际上修复美国形象，重塑美国全球粮食安全领导者身份。具体而言，考虑到发展中国家遭受疫情、气候变化冲击、城市化进程加速以及各国转向中国援助的现实，要改变原有基于农村、农业的援助分配模式，将粮食安全作为气候变化解决方案的一部分。文章称，上述举措对内有利于增进美国国内人民福祉，对外有助于获取发展中国家未来巨大增长的市场，也有助于平衡中国"一带一路"倡议在发展中国家中日益壮大的影响，增强全球领导地位。

https://www.csis.org/analysis/food-insecurity-crises-home-and-abroad-why-biden-must-lead-both

18.《经济学人》:"买美国货"是错误的经济政策

1月30日,《经济学人》网站刊登社论文章《"买美国货"是错误的经济政策:拜登的保护主义败坏了他的经济议程》。文章指出,拜登于1月25日签署了旨在"帮助美国企业在战略性行业中竞争"和"帮助美国工人享受繁荣"的"买美国货"(Buy American)行政令。文章称,这项议程在一定程度上能为美国创造就业机会,但是这种将企业隔离于全球供应链之外的保护主义会导致效率低下,由此损失的就业机会甚至更多,纳税人还会因此多负担约20%的税费。此外,这项议程会迫使企业在复工复产前寻找新的供应商,从而影响政府的经济刺激效果。文章还指出,拜登的保护主义还可能影响与欧盟国家的关系。总的来讲,这项议程对美国和世界都不友好。

https://www.economist.com/leaders/2021/01/30/buy-american-is-an-economic-policy-mistake

三 欧洲观察

1. 皇研所:欧盟与英国关系迎来"脱欧"后的"新常态"

1月5日,英国皇家国际事务研究所刊登了肯特大学政治与国际关系教授理查德·惠特曼(Richard G. Whitman)撰写的评论文章《欧盟—英国关系:脱欧后的"新常态"》。文章指出,英国"脱欧"的经济后果有待评估,但其对欧洲和英国带来的政治影响显而易见。对英国而言,"脱欧"引起了国内政治与市场运作的新裂痕;对欧盟来说,英国"脱欧"造成了欧盟的"缩水",也引发了欧盟对与邻国建立新型贸易关系的思考,而这种关系是可以由英国推广到其他成员或邻国的。到目前为止的"脱欧"谈判中,欧盟成员国仅将英国视为标准的第三国来实施脱欧的后续安排,却没有考虑与英国进行实质性磋商以及外交和安全政策方面的实质性联合行动。正式批准欧盟与英国贸易与合作协议则标志着欧盟与英国关系"新常态"的开始,这一协议也可以为其他实质性合作提供基础。尽管近期英国国内因素不利于新一轮谈判的开展，但英国与欧洲在安全、市场等问题上联系紧密且共同面临一系列国际挑战，双方应当反思共同的国际利益，并重建合作以推动利益的实现。

https://www.chathamhouse.org/2021/01/eu-uk-relations-time-new-normal-post-brexit

2. 澳大利亚战略政策研究所：英国"脱欧"后的欧洲

1月15日，澳大利亚战略政策研究所发表德国前副总理西格玛尔·加布里埃尔（Sigmar Gabriel）的文章《英国"脱欧"后的欧洲》。文章称，英国与欧盟之间的贸易协议是英国"脱欧"协议中欧盟"不幸中的万幸"。英国"脱欧"已经损害了欧盟的整体利益，鉴于英国拥有丰富的地缘战略经验和强大实力（尤其在核武库方面），欧盟需要避免欧洲的全面分裂。对于欧洲战略地位问题，法国总统马克龙呼吁采取"战略自主权"，以应对美国脱离欧洲、重新转向印太地区和中国的战略。但德国对"地缘政治"一直持怀疑态度，道德上的优越感使他们不愿出手维护欧洲利益。法国努力填补英国脱欧和德国对地缘政治问题的疏离造成的领导力空白。但德国至少在维护欧洲统一的问题上发挥了作用，并强调任何推动"战略自主权"的行为都应补充加强而不是危害跨大西洋伙伴关系。英国脱欧使得欧洲内部统一和外部地位的战略问题浮出水面，法德两国应为欧洲寻找共同的发展道路，在抓住自主权所带来机遇的同时也要顾及其局限性，不能忽视与美国建立密切的战略伙伴关系。

https://www.aspistrategist.org.au/europe-after-brexit-2/

3. 卡内基欧洲中心：展望后默克尔时代的德国政策

1月19日，卡内基欧洲中心发布其非常驻高级研究员朱迪·邓普西（Judy Dempsey）的文章《安格拉·默克尔模棱两可的遗产会持久吗？》。文章称，默克尔的任期将在2021年9月结束，在默克尔任内，德国发生了巨大变化。

在关闭核电站和接受难民等问题上，默克尔展现了她的勇气和危机应对能力。然而，她的政策遗产并不是一致的，特别在对待中俄两国以及一些欧盟成员国的政策上存在较大争议。文章指出，默克尔的基民党内继任者阿明·拉舍特将可能参加新总理竞选，拉舍特仍将奉行默克尔的中间派政策，倡导欧洲一体化与社会包容。但文章认为，如果绿党成为基民盟的政治伙伴，默克尔的实用主义政治遗产可能不会得到延续。绿党将推动对中俄采取强硬政策，在北约内部的国防和安全问题上发挥积极作用，并更加强调欧盟的价值观导向。

https://carnegieeurope.eu/2021/01/19/will-angela-merkel-s-ambiguous-legacy-last-pub-83681

四 亚太观察

1. 威尔逊中心：展望2021年亚洲地区形势

1月5日，美国伍德罗·威尔逊国际学者中心发布其亚洲项目主任亚伯拉罕·邓马克（Abraham Denmark）等所撰写的文章《2021：亚洲的未来一年》。文章展望了2021年亚洲地区可能出现的四种形势。第一，印太地区出现根本性变化，美中在地区内所扮演角色发生重大转变。这使得整个地区都密切关注着拜登政府将如何重振联盟体系、应对地区挑战并管理与中国的合作和竞争动态。第二，2021年将是阿富汗问题的关键一年，华盛顿需要决定是否遵守与塔利班达成的协议，以及如何处理进展缓慢的阿富汗和平进程。第三，经济与安全利益难以脱钩，大部分印太地区将继续面临艰难的利益平衡。第四，朝鲜会选择何种方式与美国新政府打交道，以及其最终将摆脱孤立还是坚持封闭，韩国总统文在寅试图在离任前实现南北接触的目标能否达成。

https://www.wilsoncenter.org/blog-post/2021-year-ahead-asia

2.《外交学人》：印日加强网络空间安全合作以应对中国挑战

1月21日，《外交学人》网站发布印度班加罗尔国家高等研究院助理教授普拉卡什·潘尼尔塞尔瓦姆（Prakash Panneerselvam）的文章《印日网络空间合作：越发紧密》。文章指出，印度和日本于1月15日就信息通信技术合作签署了谅解备忘录，此举被视为反击中国在电信和数字基础设施领域日益增长的影响力。印日两国都对中国公司进入本国信息基础设施市场可能威胁军方指挥通信安全、泄露数据和网络攻击表示关切。因此，印日两国同意通过共享近期网络攻击事件和应对措施的信息、制定供应链风险缓解战略，来加强在关键数字基础设施安全方面的合作。目前两国网络安全对话正处于上升轨道，印度不仅鼓励日本企业投资印度电信业，参与印度6G技术的开发，也将两国科技合作逐步扩大至新兴技术的联合研究，具体涉及电子生态系统发展、数字人才培养、研发合作以及未来数字网络安全等。

https://thediplomat.com/2021/01/india-japan-cyber-cooperation-from-strength-to-strength/

五　中东观察

1. 半岛电视台：阿拉伯世界须避免第二个失去的十年

1月14日，半岛电视台发表世界银行主管中东和北非事务的副行长菲若德·贝尔哈吉（Ferid Belhaj）的文章《阿拉伯世界须避免第二个失去的十年》。文章认为，"阿拉伯之春"的希望浪潮，最终消失在政治机会主义、权威体制、暴力及内战形成的漩涡之中。尽管得到国际社会大力支持，但大部分国家未能在过去十年中实现深层次的治理改革。如果不对此做出改变的话，阿拉伯世界可能会再次经历失去的十年。文章强调，首先政府必须修复破裂的社会契约，去除国家在经济中扭曲而腐败的作用，并创造充足的就业机会。其次，政府要制定明确及可预测的规则，激活市场竞争以防止垄断行为，并赋予司法系统执法的权力,这些是任何开放市场的基础。最后,在政策上尽可能松绑,向私营企业开放大门,克服对经济自由化的抵制,赋予青年、企业家、创业者、创新者希望,让他们发挥领导作用。

https://www.aljazeera.com/opinions/2021/1/14/the-arab-world-must-avoid-another-lost-decade

2. 昆西治国方略研究所:以色列的伊核问题立场

1月28日,昆西治国方略研究所(Quincy Institute for Responsible Statecraft)网站发表了普林斯顿大学教授丹尼尔·库泽(Daniel Kurtzer)、卡内基基金会高级研究员亚伦·戴维·米勒(Aaron David Miller)和昆西研究所高级分析师史蒂文·西蒙(Steven Simon)的文章《内塔尼亚胡在伊核问题上的一步险棋》。2020年11月美国大选后,以色列总理内塔尼亚胡表示反对美伊重返《伊核协议》,并暗示否则以色列将会对伊朗发动军事打击。文章认为其拒绝重返《伊核协议》是出于三点政治考量:一是内塔尼亚胡需要用安全问题转移公众注意力,以应对民调下行压力和对其腐败等问题的指控;二是内塔尼亚胡预计沙特阿拉伯、阿拉伯联合酋长国和巴林等国将与其联合反对美国重返《伊核协议》;三是拜登政府面临内政外交多重挑战,更可能对以色列妥协。作者认为这存在不少风险:一方面,与美国新一届政府的争执可能会消耗民主党对内塔尼亚胡的支持;另一方面,军事打击并不会使伊朗彻底放弃其核计划,还会招致报复,美国人和犹太人将成为报复对象。文章最后建议以色列降低调门,回到沟通协调的轨道上来。

https://responsiblestatecraft.org/2021/01/28/netanyahus-new-campaign-against-the-iran-deal-is-a-risky-gambit/

六 俄罗斯观察

1. 大西洋理事会：美国制裁俄罗斯天然气管道项目

1月2日，大西洋理事会网站发表了客座高级研究员黛安·弗朗西斯（Diane Francis）的署名文章《美国对俄罗斯天然气管道项目实施新制裁》。文章称，2021年伊始，美国参议院就通过了《国防授权法案》，其中包括制裁对于俄罗斯具有重要战略意义的"北溪2号"管道项目，永久终止俄罗斯和德国之间的"北溪2号"天然气管道建设。该立法的地缘政治影响不可低估，意味着对普京最重要的能源项目将遭受厄运，并阻止了俄罗斯加强对欧盟天然气供应的控制。近年来，由于对该管道项目的大力支持，德国的声誉受到了严重损害。德国将从该交易中获得经济利益，有望成为地区天然气枢纽，并获得源源不断的廉价天然气。然而，其他欧洲国家态度与此相反。2018年12月，欧洲议会以压倒性多数投票谴责"北溪2号"项目"对欧洲能源安全构成威胁"，并呼吁取消该项目，但是多年来一直无法阻止该项目的进展。2019年底，美国的制裁使管道的建设工作停顿，而俄罗斯也寻求绕过美国制裁并完成海底管道的最后建设。随着管道项目接近完工，美国最新一轮的严厉制裁将对俄罗斯带来很大打击。

https://www.atlanticcouncil.org/blogs/ukrainealert/us-imposes-new-sanctions-to-kill-off-putins-pet-pipeline/

2. 莫斯科卡内基中心：中国科技公司在俄罗斯的崛起

1月11日，莫斯科卡内基中心刊登其研究员阿纳斯塔西娅·穆拉维耶娃（Anastasia Muravyeva）等撰写的评论文章《中国科技公司如何"征服"俄罗斯？》。文章称，中国大型科技公司正在迅速扩大在俄罗斯市场的影响力，而这一趋势是俄罗斯始料未及的。作者认为，过去俄罗斯和中国的经济合作仅限于军工领域，自从俄罗斯因克里米亚问题身陷西方制裁，同时中国提出"一带一路"倡议之后，两国的经济联系在能源和基础设施建设领域大大加强，两国政府和大型能源公司是其背后的推动力。但是，近年来阿里巴巴和华为等新兴科技公司的崛起则是另一股市场趋势。在中美科技经贸摩擦日益激烈的背景下，中国科技公司对俄罗斯市场的兴趣与日俱增，俄罗斯也成为中国在全球技术标准竞争和地缘经济博弈中重新寻求合作的对象。

https://carnegie.ru/commentary/83589

七　公共卫生

1.《金融时报》：疫情的至暗时刻尚未到来

1月5日，《金融时报》发表其评论员安贾娜·阿胡贾（Anjana Ahuja）的文章《疫情的至暗时刻尚未到来》。文章认为，尽管已有多款有效的新冠肺炎疫苗问世，但英国、许多欧洲国家、美国和巴西似乎正迈入此次疫情的"至暗时刻"。目前的病毒变异令人恐慌，其传播速度增长了50%—70%，"免疫"与"变异"之间的竞赛似乎从未如此紧迫。文章强调，英国2020年的防疫策略是在公众健康和经济发展之间寻找一条中间道路，但这既不能保护公众健康，也不能保护经济增长。从2020年中国台湾、越南和新西兰的例子中可以看出，早期、积极的干预是十分必要的。正如在高速公路上发生事故之后，必须关闭和清理道路，才能确保交通的正常运行。否则，司机为了躲避碎片，只能导致更多的拥堵和车祸。因此，各国必须关闭自己的"高速公路"，清理路上的障碍物。只有更果断和迅速的行动，才能让2021年有所不同。

https://www.ft.com/content/0d519265-60ea-483e-87fb-9f7f94037031

2.《报业辛迪加》：全球需要更广泛的抗疫集体行动

1月26日，《报业辛迪加》发表彼得森国际经济研究所高级研究员让·皮萨尼（Jean Pisani-Ferry）的评论文章《全球疫情的警钟》。文章称，鉴于英国、南非共和国和巴西出现变异冠状病毒，全世界现面临两种选择：制定并实施全面合作的全球抗疫战略，或封锁边界，各自为政。而目前的疫苗民族主义及有限开放边界政策正在失效。文章表示，虽然世界卫生组织及发达国家已发起新冠肺炎疫苗实施计划（COVAX），该计划可以帮助贫困国家获得能够覆盖其人口20%的疫苗剂量，然而这一计划尚没能筹集足够资金，美国特朗普政府拒绝提供相关支持，发达国家过量预定疫苗等都阻碍贫困国家获得更多的剂量供应。文章认为，公共卫生领域的集体行动失败主要源于三个原因：一是欧洲国家政府忽视了对疫苗研发的投入；二是各国政府存在"搭便车"想法，美国从世界卫生组织撤出导致了国际领导力的真空；三是全球公共卫生领域缺乏有效治理，世界卫生组织被认为是一个低效和政治化的机构。

https://www.project-syndicate.org/commentary/manaus-virus-highlights-rich-countries-self-interest-by-jean-pisani-ferry-2021-01

八 人工智能与新兴技术

1. 新美国安全中心：人工智能风险管控

1月12日，新美国安全中心网站发布技术与国家安全计划主任保罗·沙尔（Paul Scharre）和兼职高级研究员迈克尔·霍洛维茨（Michael Horowitz）撰写的文章《人工智能与国际稳定：风险和建立信任措施》。作者指出，人工智能（AI）的军事应用给国际稳定带来潜在风险。AI技术将改变战争性质和决策方式，技术的脆弱性和不可靠性、自动化武器的推广使冲突失控和对相对军事实力误判的风险增高。各国应采纳一系列建立信任措施（Confidence-Building Measures，CBM），防止无意中爆发冲突。具体包括推广负责任使用AI的国际规范、推动二轨学术对话和军方对话、制定AI军事应用行为准则。应对AI技术事故风险，国家安全领导层应公开强调AI技术与工程的重要性，提高技术研发应用流程的透明度，制定国际AI军事应用的技术工程标准和自动化武器协议（包括标记自动武器系统和设置应用禁区），推进 AI 安全民用研究共享。在核武器领域,应严格规定由人类控制核发射决策,禁止无人核发射平台。

https://www.cnas.org/publications/reports/ai-and-international-stability-risks-and-confidence-building-measures

2.大西洋理事会:如何应对智能时代的治理挑战

1月13日,美国智库大西洋理事会发布资深研究员马修·布罗斯(Mathew Burrows)和常驻研究员朱利安·穆勒·卡拉尔(Julian Mueller Kaler)联合撰写的报告《大国竞争中的智慧伙伴关系:人工智能、中国和全球对数字主权的追求》。报告认为,在经济"脱钩"和地缘政治两极分化加剧的时代,国家应该抓住数字或智能伙伴关系的机遇,善用和监管数据和人工智能应用。在智能时代,世界秩序出现混乱的原因一方面来自对新兴技术在社会、经济、数据和道德保护等方面的不信任,另一方面则在于越发激烈的大国竞争。中美两国围绕人工智能和其他新兴技术的紧张竞争局势在加剧。一些国家不得不在中美之间站队的同时,也在拼命捍卫自己的数字主权。针对如何应对智能时代的诸多治理挑战,报告给出如下建议:第一,综合参考并利用世界各国关于人工智能的治理原则,建立一套普适的《人工智能实施通用指南》协议;第二,建立一种分享人工智能应用的经验教训的机制;第三,国际组织不仅可以成为帮助发展人工智能应用分享交流的平台,还可以作为新兴技术管理方法交流的二轨渠道;第四,引导全球人工智能竞赛进入"技术向善"的轨道。

https://www.atlanticcouncil.org/wp-content/uploads/2021/01/Smart-Partnerships-2021-Report-10.pdf

3.《国家利益》:中国加入北极数字化竞赛

1月17日,《国家利益》杂志官网刊发苏黎世大学东欧研究中心博士后玛丽亚·沙吉娜(Maria Shagina)和澳大利亚迪肯大学战略研究所讲师伊丽莎白·布坎南（Elizabeth Buchanan）撰写的文章《中国加入北极数字化竞赛》。文章认为，信息时代，联通的地缘政治日益引起高度关注，最现实的例子是北极数字化。俄罗斯在加紧推进国家数字化进程，并把北极地区的数字化视为一个跨领域的解决方案，包括改善俄罗斯北极地区社会经济条件，提升国防、海运和能源勘探能力，吸引私人投资刺激新的经济增长点。近年来，中国也加大了对北极的数字战略投入，对数据中心、海底光缆项目的兴趣极高，并利用资金优势，寻求与俄罗斯合作，扩展"数字丝绸之路"。文章认为，数字化建设的重要性值得肯定，但数字基础设施的安全问题不可避免，将对大国博弈产生重要的地缘战略影响。在法律缺失的现状下，从项目之初就限制参与者是目前最有效的手段之一。文章最后建议，西方国家应密切关注俄罗斯的北极数字化发展与中国"数字丝绸之路"在北极地区的进展情况。

https://nationalinterest.org/feature/china-enters-arctic-digitization-race-176541

4.布鲁金斯学会：如何用数字技术识别暴乱者

1月19日，布鲁金斯学会发表技术创新中心高级研究员达雷尔·韦斯特（Darrell M. West）的评论文章《用数字指纹识别国会暴动者》。文章称，近年来社交媒体、面部识别和互联网平台等数字技术蓬勃发展。在2021年1月6日美国国会大厦暴乱事件发生之后，许多数字技术已被用来识别暴力行动的参与者，也将成为日后起诉的证据。许多暴徒在活动中留下了记录他们的行动、沟通过程、观点以及财政情况的数字指纹。例如，很多人在社交媒体上传了照片和录像，他们与国会大厦警察合影，在国会大厅和办公室拍照，对自己和其他闯入国会的人进行录像，并公开吹嘘他们参与了这次袭击。同时，这恰恰是他们非法入侵建筑物、故意破坏公共设施和袭击警察的证据。用数字指纹识别暴徒这一行为向人们展示了，在这样的暴乱发生之后，利用技术收集证据对于追究法律责任和历史记录都非常重要。同时，人们也应该意识到数据覆盖的广度，需要加速关于数据隐私的国内立法。

https://www.brookings.edu/blog/techtank/2021/01/19/digital-fingerprints-are-identifying-capitol-rioters/

5.《经济学人》：芯片的中国制造时代或将开启

1月23日，《经济学人》网站刊登社论文章《芯片争夺战步入新阶段：中国制造时代或将开启》。文章认为，芯片在人工智能时代具有重要的意义，芯片供应链对国家制造业而言尤为重要。当前芯片制造高度集中于三星、台积电等公司，而英特尔等美国制造商已经陷入了困境。与此同时，由于美国对中国实施越发严格的贸易禁令，中国开始寻求芯片制造的自给自足，中国政府、科研院所和高校为芯片研发和制造投入了巨大支持。这意味着先进芯片的美国制造时代可能即将结束，而其中国制造时代可能正在开启。文章强调，美国应当避免在芯片销售上对华过度收紧，因为这可能会导致双方摩擦和冲突升级。文章呼吁，芯片采购商应向韩国及中国台湾的芯片生产商施压，要求减少当地补贴，以便分散建立全球工厂。同时，拜登需要在芯片等敏感领域建立可预测的对华贸易框架，既保证中国参与全球供应链，又可以保障西方利益。

https://www.economist.com/leaders/2021/01/23/the-struggle-over-chips-enters-a-new-phase

6.《国会山报》：就美国团结盟友发展人工智能提出建议

1月29日，《国会山报》网站刊登英国前外交官、现任耶鲁大学客座研究员哈米什·法尔康纳（Hamish Falconer）的文章《中国达成了两项大规模经济合作协议，美国则应聚焦于小规模的合作模式》。文章指出，面对中国崛起的挑战，美国应积极致力于提高自身及盟友在人工智能等新兴技术领域的实力，而非一味地阻碍中国的发展。美国正寻求建立以自己为首并将中国排除在外的技术联盟，而美国的盟友面对这一联盟时却犹豫不决，这一方面是来自对经济"脱钩"代价的担心，另一方面则是源于对新兴技术领域的大国竞赛会挤压其他国家发展空间的忧虑。除此之外，美国和欧洲对于技术规范等问题还存在着较深的分歧。近年来支持欧洲争取更多"战略自主权"的声音也越来越多。鉴于上述情况，作者认为，美国应寻求以产业战略为基础的合作伙伴关系来发展人工智能行业，避免对华"零和博弈"。同时，美国寻求建立的技术联盟规模宜小不宜大。例如，由美国、英国、加拿大、澳大利亚和新西兰组成的"五眼联盟"的灵活情报信息共享就体现了小规模合作的优越性。此外，适当的联盟规模也有助于内部成员在数据隐私等敏感问题上达成共识。

https://thehill.com/opinion/technology/536518-china-has-cut-two-big-economic-deals-the-us-should-focus-on-a-small-one

九　气候变化

1.《报业辛迪加》：落实巴黎气候协定承诺刻不容缓

1月11日，《报业辛迪加》发表爱尔兰前总统、联合国前人权高级专员玛丽·鲁滨逊（Mary Robinson）的文章《落实巴黎气候协定承诺刻不容缓》。文章认为，人类以前所未有的速度开发、测试并开始部署多种有效的新型冠状病毒疫苗。但我们必须以同样的决心对抗人类的另一大生存威胁——气候变化。诚然，欧盟、英国，甚至一些受气候变化影响最大的小国，都大幅提高了它们的2030年减排目标，但美国、日本、中国和其他主要温室气体排放国也须跟进，最好是在2021年11月的格拉斯哥联合国气候会议（COP26）之前。文章强调，所有国家都必须在2021年明确证明，它们正在检讨并寻求增强其国家自主贡献的雄心。国家自主贡献是一份自愿性文书，签署国将通过该文书，履行其在《巴黎协定》下的承诺。在《巴黎协定》签署后，各国在终止化石燃料补贴、有意义的碳定价、可再生能源投资等领域采取的行动时断时续、前后不一，也缺乏协作。但气候危机和新冠肺炎疫情一样，不会把国家主权放在眼里。我们的子孙后代和地球，都不会容忍更多自私的短视行为。

https://www.project-syndicate.org/commentary/time-running-out-for-paris-promise-by-mary-robinson-2021-01

2.《外交政策》：美国必须夺回气候变化议题领导权

1月19日，《外交政策》杂志网站发表了美国康涅狄格州参议员克里斯·墨菲（Chris Murphy）的署名文章《美国必须夺回气候变化议题的领导权》。文章称，如今气候变化领域比其他领域更加迫切地需要美国的领导。美国不太可能受到常规军事攻击，因此美国21世纪最具威胁性的敌人将不是别国，而是大流行性疾病、非国家极端主义团体以及气候变化。因此，拜登政府需要重建美国外交政策工具箱，围绕《巴黎协定》的实施重建全球共识，迅速扭转特朗普政府对现有成果造成损害的局面。作者认为美国可以采取以下五个措施：一是恢复美国对"绿色气候基金"的承诺，二是以气候因素为主要指导原则制定外交政策，三是对外经济援助要加强关注绿色能源项目，四是扩大美国清洁能源技术出口，五是以身作则。

https://foreignpolicy.com/2021/01/19/america-biden-climate-change-global-leadership/

3.CSIS：气候变化议程将为多边主义注入新动力

1月22日，CSIS发表其能源安全与气候变化项目副主任兼高级研究员尼科斯·萨夫斯（Nikos Tsafos）的评论文章《气候雄心将拯救多边主义》。萨夫斯认为，气候变化议程的推进将给多边主义的发展注入新的动力。国际金融机构、贸易机构、联合国安理会、世界卫生组织等多边机制将围绕气候变化问题重新拟定议程。当前多边机制就气候变化问题所做的努力远远不够，气候问题的紧迫性要求各个机构进行深度合作。作者指出，拜登政府推动解决气候变化问题将会带来积极影响，以气候变化问题为基础的多边机制改革要求美国改变现有机制的权力结构,在应对气候变化挑战的同时将有助于恢复美国的领导地位。

https://www.csis.org/analysis/how-climate-ambition-can-save-multilateralism

撰稿:王欣然、谭昊奕、杨雨霏、郑乐锋、马浩林、张诚杨、李星原、张昭璞、王叶湉、许卓凡、黄瑛、包坤极、杨滨伊、柳盈帆、王乐瞳、陈晖博、凌邦皓、李璇、崔元睿、郭一凡。

审核:马国春、贺刚、姚锦祥、苏艳婷、周武华、袁微雨、王静姝、许馨匀、朱荣生。

终核:肖茜。

2月专报

一 国际格局

1. 欧洲对外关系委员会：新冠肺炎疫情之下的"情绪政治"

2月1日，欧洲对外关系委员会雅罗斯瓦夫·奎兹（Jaroslaw Kuisz）等学者发表《风靡一时：疫情之下的"情绪政治"》一文。文章认为，在新冠肺炎疫情期间，尽管自由主义者并不赞同将情绪与政治相结合，但是复杂的情绪因素已经深深嵌入各国的政治生活之中。作者归纳出两种典型的情绪：一种是"愤怒"，这一情绪普遍出现在西方各国爆发的"黑命贵"运动、波兰妇女捍卫自身权利的示威以及美国的国会山骚乱等事件中。另一种情绪是"希望"，例如拜登赢得美国大选、新冠肺炎疫苗研制取得突破等事件都给公众带来广泛的积极情绪。作者指出，社交媒体的广泛使用促成了各种集体性情绪的酝酿、爆发和迅速消失，而在情绪化的政治中，温和派的地位可能会相对削弱。

https://ecfr.eu/article/all-the-rage-the-pandemics-emotional-politics/

2. 莫斯科卡内基中心：《新削减战略武器条约》与美俄军控互动

2月3日，莫斯科卡内基中心发表其顾问安德烈·巴克利茨基（Andrey

Baklitskiy)的评论文章《军备控制的新起点？》。文章认为,《新削减战略武器条约》(简称"New START")作为俄美之间仅存的一项限制战略武器条约,将其延期五年对俄美和全球战略稳定具有积极作用,但这仅仅是两国重建军控体系的第一步,也是最简单的一步。作者认为,尽管与美国"鹰派"主张的延期一到两年相比,延长五年看似为两国提供了更宽裕的时间,但是考虑到美国政府完成国家安全战略、国防战略、核态势评估等战略规划仍需要几年时间,且无法预料美国2024年大选后是否会出现新的特朗普式领导人,所以俄美仍需加紧谈判,特别是在核武器领域之外推进《中程导弹条约》和《反弹道导弹条约》的重新签订。作者指出,俄罗斯国内一度出现否认军控条约重要性的舆论热潮,但与特朗普政府相处的四年使俄方更加确信维持现有军控体系的必要性,此次续签也在俄国国内获得广泛支持。

https://carnegie.ru/commentary/83801

3.《报业辛迪加》：后疫情时代应加强多边合作以促进全球复苏

2月3日,《报业辛迪加》刊登了由法国总统伊曼纽尔·马克龙(Emmanuel Macron)、德国总理安吉拉·默克尔(Angela Merkel)、塞内加尔总统麦基·萨勒(Macky Sall)、联合国秘书长安东尼奥·古特雷斯(António Guterres)、欧洲理事会主席查尔斯·米歇尔(Charles Michel)和欧盟委员会主席冯·德·莱恩(Ursula von der Leyen)共同发表的文章《为了全球复苏的多边合作》。文章指出,世界正面临重重挑战,国际社会应加强多边合作以共建未来。第一,新冠肺炎疫情是首要事务。在疫情面前,短板效应影响着全球的卫生安全,因此,文章对世界卫生组织和二十国集团提出的"获取COVID-19工具加速计划"(简称"ACT—加速计划")表示支持,呼吁对该计划给予更多政治和财政支持。第二,共同应对气候变化并促进经济可持续发展。面对全球环境危机,各政府、企业和机构都应加入全球减排联盟,落实《巴黎协定》的目标。第三,恢复全球经济的强劲、稳定发展。充分利用国际贸易促进经济复苏,并确保惠及全球所有国家地区。加强对发展中国家特别是非洲国家的金融支持。第四，加强新技术的普及与治理，特别要加大网络应用在妇女和儿童中的可及性。国家之间应合作，对新的科技进行有效监管，建立安全、自由且开放的数字环境。第五，要重视教育。文章呼吁各国对下一代教育加以关注，降低疫情对儿童和青少年受教育的影响。文章指出，运用多边主义应对上述挑战，不应仅仅是一种外交技巧，而是在法治、集体行动和共同原则基础上组织国际关系的一种具体方式，将重塑世界秩序。

https://www.project-syndicate.org/commentary/multilateralism-for-the-masses-by-emmanuel-macron-et-al-2020-02

4.《外交事务》：打击暴力极端主义要求社会响应

2月3日，《外交事务》杂志在其网站发布美利坚大学极化与极端主义研究与创新实验室主任辛西娅·米勒-伊德里斯（Cynthia Miller-Idriss）与德国激进与去激进化研究所所长丹尼尔·克勒（Daniel Koehler）合撰的文章《击败极右翼势力的计划》。文章指出，近半年来，德国和美国先后经历了极右翼势力策划的暴力事件。传统上认为，极右翼极端主义属于一个民族国家的内政问题，但在作者看来，这些团体和运动常常跨国分享思想和策略，各国政府也可以相互借鉴打击方案。文章指出，美国国会大厦袭击事件发生后，美国官员将工作重点放在刑事起诉、安全审查和执法实践上；相比之下，德国政府则在德国国会大厦遭袭后推行了一项广泛的改革议程，该议程认定极右翼极端主义不仅是安全威胁，而且是社会问题。因此，作者认为，美国应效仿德国的做法，在打击极右翼极端主义势力上，号召更广泛的社会响应，加强联邦与地方政府和社区之间的沟通，在教育宣传、受害者合作以及教师、心理健康师培训方面加大投资力度，识别激进化的早期迹象，以消除极端主义的根源。

https://www.foreignaffairs.com/articles/united-states/2021-02-03/plan-beat-back-far-right

5. CSIS：未来大国竞争下非常规战争的战略意义

2月4日，美国战略与国际问题研究中心（CSIS）刊登国际安全项目主任塞思·琼斯（Seth G. Jones）的文章《大国竞争的未来：美国的对手和非常规战争的增长》。文章指出，未来中国、俄罗斯和伊朗等国家将更多利用非常规力量与美国展开较量，实现其国家利益。不同于"常规战争"和"核战争"，"非常规战争"（Irregular Warfare）可以通过信息网络技术、情报活动、政治宣传等非暴力手段来展开。因此，未来拜登政府所面临的战争应该更接近"上兵伐谋"的孙子战争哲学（在战争中应该追求不战而屈人之兵），而非克劳塞维茨式的战争哲学（将战争理解为强迫敌人实现我们意志的一种暴力行为）。作者认为，目前美国把过多精力放在了常规战争和核战争的准备上。为了更好地应对非常规战争的挑战，拜登政府应力求做到以下四点：第一，深化对当今世界大国竞争本质的认识，看到竞争背后合作的可能性；第二，基于美国建国以来就存续的核心价值观和原则重塑美国外交政策；第三，从中国、俄罗斯和伊朗等国家对美竞争的手段中吸取经验，加强美国外交、军事和情报人员对这些国家政治、历史和文化的研究；第四，积极运用信息技术和途径向中国和俄罗斯等国家的民众传播美国自由民主的价值观。

https://www.csis.org/analysis/future-competition-us-adversaries-and-growth-irregular-warfare

6. 彼得森国际经济研究所：《中欧全面投资协定》有望促进全球合作

2月10日，彼得森国际经济研究所发表其高级研究员安娜贝尔·冈萨雷斯（Anabel González）的文章《〈中欧全面投资协定〉（CAI）能否促进全球经济合作》。文章认为，如果CAI能在世界贸易组织的领导下扩大合作范围，就能为中国与世界其他地区之间完善合作规则铺平道路。美国和欧盟都应该认识到世界贸易组织可以为双方管理与中国的经济关系提供帮助。文章指出，尽管该协定是双边协定，但其他国家或地区也可以从中受益。该协定要求中国有义务提供包括服务补贴在内的更多有关政府支持项目信息，并改进国有企业经营规则，要求这些企业按照商业规律行事，避免在购买和销售商品和服务时歧视欧盟投资者。但该协定未能更新世界贸易组织对补贴的定义，而且补贴在协定争端解决机制下不可提起诉讼。文章最后建议，拜登政府应与世界贸易组织其他国家合作以和中国接触，并在下一次世界贸易组织部长级会议上发起倡议，以解决补贴问题及恢复世界贸易组织有效的争端解决机制。

https://www.piie.com/blogs/trade-and-investment-policy-watch/can-eu-china-investment-deal-lead-global-economic

7.《外交政策》：新冠肺炎疫情促使西方回归国家干预主义

2月13日，《外交政策》网站刊登社会学家、政治理论家保罗·格博多（Paolo Gerbaudo）的文章《大政府的回归》。文章指出，新冠肺炎疫情的暴发与蔓延一定程度上促成了主张政府干预经济的凯恩斯主义的回归。这使资本主义社会更趋脆弱，国际竞争力不断下降，并且将失去自由市场的弹性。基于这一背景，美国内部出现了针对国家干预主义的诸多看法，对政策制定构成重大影响。其中的争议主要围绕几个方面：第一，货币政策的重新制定与大规模财政刺激政策的施行蕴藏着巨大风险；第二，恢复国家主导的产业政策或有美中竞争与保护主义的色彩；第三，美国两党在气候变化问题与气候政策制定上有分歧；第四，国家干预主义会冲击美国数字经济；第五，政府干预会挤压商界的利润；第六，反中央集权主义与反国家干预主义的政策影响较大。

https://foreignpolicy.com/2021/02/13/big-government-is-back/

8.皇研所：全球化的现状

2月18日，英国皇家国际事务研究所发表霍夫曼可持续资源经济中心主任伯尼斯·李（Bernice Lee）所著文章《全球化正处于危机之中，但它可以为所有人服务》。作者认为，全球化贸易放大了社会结构的弱点。一些地区忽视政治和技术变革而导致经济落后，难以承受进口竞争带来的压力，但它们经常将自己的社会问题归因于对外开放和全球竞争。毫无疑问，全球化和开放贸易体系利大于弊，但全球贸易的好处未能大规模惠及欠发达地区。若想消除人们对全球化的负面情绪，技术变革和贸易中获益较少的主体必须得到补偿，并从新的市场条件中受益。然而，国际机构往往变化缓慢，美中地缘政治冲突还加剧了世界贸易组织的瘫痪。作者认为，世界贸易组织成员国应从社会层面的角度评估和报告本土贸易情况，迫使政治家们厘清贸易收益和损失，在社会分配中更加诚实。文章还认为，世界贸易组织的作用是促进更诚实的贸易对话，鼓励各国利用国内政策来减轻社会弊病。它将能够牵头建立一个新的全球基金，以解决围绕贸易和公平的社会正义问题。

https://www.chathamhouse.org/2021/02/globalization-crisis-it-can-work-everyone

9.Politico：西方领导人利用G7和慕安会重塑美欧关系

2月19日，美国政治新闻网站Politico刊登戴维·M.赫森霍恩（David M. Herszenhorn）的文章《跨大西洋的骑兵们又开始骑马了：西方领导人利用G7和慕安会重塑美欧关系》。文章称，美国通过G7和慕安会向外界传递了重回多边主义的讯息，西方领导人都承诺要在一系列重大问题上共同努力，包括抗击疫情、遏制俄罗斯和中国、应对气候变化、重新接触伊朗、恢复阿富汗的秩序、打击恐怖主义、促进民主等。虽然拜登对俄罗斯和中国都发表了强硬言论，但他传达的主要信息是承诺与欧洲盟国密切合作。默克尔对拜登参会表示满意，但在承认德美不可避免的分歧方面又表现出典型的实用主义。默克尔特别强调了希望与拜登讨论援助非洲萨赫勒地区国家的问题。默克尔还将中国视为竞争对手，认为有必要与美国就中国问题达成"联合议程"。马克龙在发言中重提了近期他对北约失去战略聚焦的担忧，认为有必要重建北约安全框架。马克龙还强调当下西方对非洲疫苗援助的紧迫性，警告说如果非洲得不到西方疫苗支持，就只能转向中国或俄罗斯。冯德莱恩则明确表示,欧盟与美国建立"贸易技术委员会"的提议直接针对中国。

https://www.politico.eu/article/the-transatlantic-cavalary-rides-again/

10.《外交学人》：美中有望在非洲加强合作

2月23日，《外交学人》杂志在其网站发布剑桥大学硕士研究生麦克斯韦·波恩（R. Maxwell Bone）和费迪南多·奇诺托（Ferdinando Cinotto）合撰的文章《美国和中国能在非洲合作吗？》。文章指出，尽管美中地缘政治竞争的加剧使两国在非洲政策方面的合作将比过去更困难，但鉴于非洲大陆目前面临的挑战以及美中之间的共同利益，两国在至少三个方面存在合作的潜能。第一，在安全合作方面，美中曾在应对海上安全威胁和联合国维和行动等多边行动中进行合作，这也是两国未来可以继续加强合作的领域；第二，在经济合作方面，美国以人力、社会资本为目标的"软"基础设施建设援助和中国聚焦于建筑、制造业的"硬"基础设施建设援助之间存在互补的可能性，美、中、非的三边合作将有益于加速非洲地区一体化进程、维护地区和平稳定以及促进地区经济增长；第三，在公共卫生领域，中美两国的合作已经存在了数十年，尤其是艾滋病及埃博拉疫情期间在非洲曾进行合作，在当前新冠肺炎疫情蔓延的情况下，美中在疫苗领域的合作具有可行性。

https://thediplomat.com/2021/02/can-the-us-and-china-cooperate-in-africa/

11.卡托研究所：WTO重振自由贸易的五大优先事项

2月23日，卡托研究所发布世界贸易组织上诉机构前首席法官、兼职研究员詹姆士·巴喀斯（James Bacchus）撰写的政策分析报告《重振世界贸易组织：自由化的五大优先事项》。作者认为，由于成员国之间分歧众多、美中关系紧张、对自由贸易紧急性意识的普遍缺失，世界贸易组织（WTO）逐渐进入失能状态，难以达成新的多边贸易自由化协定，面临紧迫的生存危机。2021年6月在哈萨克斯坦举行的第12届部长级会议可能是重振以WTO

为基础的多边贸易体系的最后机会。各国应关注以下五个首要问题：（1）促进医疗产品的自由贸易。面对新冠肺炎疫情带来的全球医疗物资供应紧张，各国应取消关税壁垒和出口限制；提高政策透明度，消除不必要的监管和行政壁垒；采用国际标准确保进口医疗产品的安全和质量，协调针对抗疫药品的补贴；取消医护人员跨境服务限制。（2）促进环保产品的自由贸易。各国应致力于解决环保产品定义问题这一谈判障碍，尽可能提升产品清单扩大的潜力，降低关税，加快环保产品推广；同时，将环境服务贸易纳入谈判进程。（3）渔业补贴规则。渔业补贴驱动过度捕捞，造成鱼群种类下降，不利于渔业可持续发展。多年来，渔业补贴协议一直无法达成一致，主要因为欠发达国家担心失去市场。正确改革渔业补贴规则，能够提高渔业产量，促进减贫，并改善渔业生产地区的粮食安全。（4）投资便利化。有别于单纯的投资促进，文章建议各国建立透明、可预测和有效的国内投资规则；推行程序性新规则，并逐步增加实质义务内容；保护国家在环境、公共卫生、安全方面制定规则的主权权利同时，推进形成促进投资便利化的多边承诺。（5）数字贸易。WTO需就此制定专门规则，解决基本法律争议，在现有各国家集团及区域共识基础上以灵活谈判协调激烈竞争，确保数字领域技术创新、数据自由流动及全球经济的数字转型。作者总结称，尽管达成以上改革的共识存在较大困难，但这仍是现有最成熟的方案，各国仍有机会在有限的时间内防止WTO的生存危机进一步恶化。

https://www.cato.org/policy-analysis/reviving-wto-five-priorities-liberalization

二　美国观察

1.《报业辛迪加》：美国权力危机

2月1日,《报业辛迪加》发布欧洲对外关系委员会的联合创始人马克·伦纳德（Mark Leonard）的文章《美国的权力危机》。文章指出，当前美国正面临着双重危机，即国内民主危机与全球权力危机。文章认为，一方面，在人口变化、媒体分裂和选举不公的政治环境下，扭转美国日益加剧的两极分化和社会不平等，修复美国的民主制度十分困难；另一方面，重塑美国在世界舞台上的国际形象则更为棘手，且这一权力危机将产生更为深远的影响。欧洲对美态度发生转变，对美国重新成为全球领袖的能力深表怀疑，拒绝对美依赖，且多数欧洲人倾向于在未来美中冲突间保持中立。由此，文章强调，相较于向盟友兜售对华战略，更为重大的挑战是恢复全球对美国强大国家实力的信心，美国未来发展将更为依赖其国际盟友。在世界范围内维系利于美国开放社会的力量平衡，与美国自身保持一个开放社会同样重要。

https://www.project-syndicate.org/commentary/crisis-of-american-power-by-mark-leonard-2021-02

2. 纽约客：拜登政府能否让世界相信"美国回来了"？

2月5日，"纽约客"网站刊登专栏作家罗宾·怀特（Robin Wright）的文章《世界对美国能重新取得全球领导地位持怀疑态度》。文章指出，尽管拜登在首次发表的外交政策演讲中承诺美国将重返世界舞台的中心，但这一雄心壮志恐难在短期内实现。拜登在演讲中强调外交对于实现这一目标的重要性，并承诺将与盟友合作共同面对俄罗斯和中国。针对目前东南亚及中东地区的热点问题，拜登呼吁缅甸军方立即放弃权力，释放相关人员，并宣布停止支持沙特阿拉伯介入也门战事。为了"重拾美国的道德权威"，拜登表示，他不仅会将美国2021年接纳难民的年度人数从2020年特朗普任内的1.5万人提高到12.5万人，还将签署一项旨在保护全世界性少数群体个人权益的行政令。拜登谈到了利用外交政策在国内推进美国利益的必要性，他强调政府在国外的所作所为都"必须考虑到美国的工薪家庭"。作者认为，尽管拜登上述的"豪言壮语"有助于鼓舞当前士气低落的政府官员，但这无法从根本上改变美国所面临的国际地位和全球声誉下降的困境。面对俄罗斯、中国和朝鲜等国家，军事部署和经济制裁手段收效甚微。特朗普任期内民主同盟的分裂和萎缩也让"美国成了孤家寡人"。民调显示，尽管大部分欧洲人乐于看到拜登当选，但他们认为中国很可能将取代美国成为一个世界大国。欧洲不能再依靠美国，也不愿在中美之间选边站。

https://www.newyorker.com/news/our-columnists/the-world-likes-biden-but-doubts-the-us-can-reclaim-global-leadership

3.《外交事务》：创新之战——美国科技优势正受侵蚀

2月10日，《外交事务》网站刊登美国非营利风险投资公司IQT董事长克里斯托弗·达比（Christopher Darby）与执行副总裁、美国前副国务卿莎拉·休厄尔（Sarah Sewall）的文章——《创新之战：美国科技优势正受侵蚀》。文章回顾了美国科技创新的发展经历和转变阶段，认为美国"科创衰落"的根源在于资本/风投偏好与国家利益的背离。风投公司追求短期巨额投资回报，以至无法覆盖例如微电子等资本高度密集型科技领域，所以风投公司不断创造财富却并未能促进国家安全与国家利益的发展。文章还分析了中国政府在科技创新中所发挥的作用，认为中国在包括人工智能、5G技术、生物工程、大数据等领域占据领先优势。为了确保美国的全球领导力，作者建议美国政府应采取具体措施解决科技创新中"政府缺位"这一问题，落实产、学、政府三方合作，政府须助力学术研究成果的商业转换，并确保初创公司的发展融资。

https://www.foreignaffairs.com/articles/united-states/2021-02-10/technology-innovation-wars

4.《外交政策》：拜登外交政策中的价值观议题

2月11日，《外交政策》网站发表美国对外关系委员会高级研究员史蒂文·库克（Steven A. Cook）的文章《拜登外交政策中的价值观议题并非对美国传统的单一"回归"》。文章指出，价值观政治并非美国外交的真正代名词，其原因有三。第一，虽然美国常以人权、个人自由为武器来降低对手的合法性，但美国自身的外交政策有时会与其强调的价值观背道而驰。第二，民主制度不是一蹴而就的，强行扭转一代人的观点无法从根本上解决地区政治问题。第三，当前国际形势扩大了各国的选择范围。没有国家想与美国交恶，但也愿意同中国、俄罗斯等国发展友好关系。俄罗斯就是这样抓住了美国在中东地区犯下的错误，将自己定位成一个不对外强加意识形态的强大伙伴。但价值观政治并非一无是处，文章认为美国有两种更简单的方式来展示其价值观并挽回国际声誉：第一，对外停止干预其他国家或地区政治问题。第二，对内消解美国国民对美国价值观的怀疑。若不关注以上两点，美国对外传达的价值观信息将会被削弱和忽视。

https://foreignpolicy.com/2021/02/11/bidens-foreign-policy-values-arent-normal/

5.《报业辛迪加》：美国外交政策与信誉挑战

2月18日，报业辛迪加网站刊登前以色列外交部部长施洛姆·本-阿米（Shlomo Ben-Ami）的文章：《美国的回归》。文章认为：拜登上台后积极重返《巴黎气候协定》、WHO等多边框架，以恢复美国信誉。但其仍面临重大外交考验：在伊朗核问题中，美国需管理其地区盟友的阻力；在朝鲜核问题上则应减少对地区盟友和美国本土的威胁；面对中国，拜登更需找到合作与竞争的平衡点。对于美国而言，平衡这些风险的关键是对战略竞争的管理，而非强调其统治地位。美国霸权主义的时代已经过去，美国国内混乱的政治体系使其难以通过升级国内老旧的基础设施对抗中国，只能与盟友合作。建立全球民主联盟正是为了达到这一目的。除设定目标外，美国更需以强有力的国内基础和前后一致的外交政策重建全球公信力。

https://www.project-syndicate.org/commentary/biden-foreign-policy-challenges-credibility-by-shlomo-ben-ami-2021-02

6.《外交事务》：美国对华政策

2月18日，美国《外交事务》网站发表格雷厄姆·艾利森（Graham Allison）与春华资本集团创始人胡祖六合著的文章《理性的中国政策》。作者回顾了50年前美中关系解冻的历史。尼克松、福特、卡特和里根几位美国总统均重视中国带来的地缘政治益处，没有改变中国的意图，"没必要把美国政府形式强加给其他国家"，还将中国纳入美国领导的世界秩序框架。在作者看来，美中接触政策取得了成功，开放促使中国的外交政策向地缘政治现实主义转变；中国为联合国常任理事国中派遣维和部队最多的国家，也是承担联合国会费和维和摊款第二位的国家；2008年金融危机期间，中国迅速响应美国的号召，实行经济刺激。作者同时表示，首先，改变中国是美国的幻想，拜登政府需要吸取克林顿、布什等前任的教训。其次，为了解决面临的生存威胁，美国必须面对现实，与真实而非幻想中符合自己要求的中国合作，达成一系列共识，如打击恐怖主义，防止核扩散。第三，开放和一体化政策有助于世界经济增长，特朗普的政策导致美国在全球GDP中的份额减少，而中国则成为全球化的推动者。全球竞争虽然困难，但却可以带来双赢。

https://www.foreignaffairs.com/articles/united-states/2021-02-18/unsentimental-china-policy

7.《外交事务》：美国对中国科技公司的新政策将更加精准

2月19日，《外交事务》网站发布杜克大学科技政策中心主任马特·佩罗特（Matt Perault）和新美国安全中心研究员萨姆·萨克斯（Samm Sacks）的文章《更精准的美国对中国科技公司政策》。文章认为，拜登政府可以在特朗普的临时规则政策基础上更精准地制定对中国科技公司的政策，在国家安全与技术创新中寻求平衡。作者指出，特朗普时期应用《确保信息通信技术与服务供应链安全》行政令针对中国科技公司实施禁令，阻碍了市场竞争，减缓科技创新。更严重的是，按照国别属性封锁应用程序和服务的做法还为其他国家提供了先例，欧洲政府可能效仿这一逻辑对美国公司实施禁令，保护本国企业。然而如果完全取消行政令，拜登政府又将面临"对华软弱"的批评。作者建议拜登政府兼顾国家安全与市场自由竞争，以个案为基础，建立安全与隐私控制框架，制定审慎、规范的流程与准则。既鼓励企业对安全威胁举证，也避免"莫须有"式的封杀，从而保障美国人的消费权益和美国的安全与商业利益。

https://www.foreignaffairs.com/articles/united-states/2021-02-19/sharper-shrewder-us-policy-chinese-tech-firms

8.《外交事务》：美国在中东的政策是过时且危险的

2月19日，《外交事务》发表美国参议院克里斯·墨菲（Chris Murphy）的文章《美国在中东的政策是过时且危险的》。文章认为，拜登需要重新调整美国与海湾地区国家的关系，将地区的和平与稳定作为首要考虑因素。首先，美国需要停止在该地区的军事介入，在保留与海湾国家安全伙伴关系的前提下减少军事干预。美国的军事干预不但助长了区域的永久战争，还使该地区的反美情绪日益增长。另外，美国需要在人权问题上与海湾国家进行艰难的谈判。如果海湾地区想吸引国际投资，就必须解决目前的政治异议和法治缺失的问题。文章认为，美国的外交政策已经过时，其中美国在海湾地区的外交政策最不协调。美国的利益已经改变，其政策亟待调整。

https://www.foreignaffairs.com/articles/united-states/2021-02-19/americas-middle-east-policy-outdated-and-dangerous

9.美国对外关系委员会：拜登政府的中产阶级外交政策成型

2月22日，美国对外关系委员会网站刊登全球治理高级研究员詹姆斯·宾格（James H. Binger）、国际机制与全球治理项目主任斯图尔特·帕特里克（Stewart M. Patrick）题为《拜登政府的中产阶级外交政策》的文章。作者分析了美国总统拜登于2月8日发表的首份外交政策演说内容，认为拜登政府的美国外交政策将与特朗普时期大为不同：美国将重新回归世界舞台、恢复领袖地位，敢于应对权威体制国家的挑战以及气候变化、疫情、核扩散等全球性问题；拜登承诺美国将再次成为世界各国的"榜样"，"捍卫自由、维护人权、遵守法制、人人平等"。作者指出，拜登演讲中值得注意的一点是他将美国外交与美国中产阶级利益联系起来，称"美国必须进行外交，因为外交有助于美国维护和平、安全和繁荣"。拜登这一表述模糊了美国国内外政策之间的界线。国际主义在特朗普时期遭受了重大挫折，未来美国外交将面临两个主要问题：第一，在美国自身民主遭遇挫折的情况下，其他国家是否承认美国捍卫民主自由的领导地位；第二，拜登政府在推进全球民主时，如何与中国、俄罗斯开展务实合作。作者最后指出，中国和俄罗斯在不同领域与美国存在不同层次的关系，拜登政府的对外关系也应该如此。

https://www.cfr.org/article/bidens-foreign-policy-middle-class-takes-shape

10.《国家利益》：强硬对华政策不利于发展美中竞合关系

2月22日，《国家利益》网站发表"国防优先"组织研究员邦妮·克里斯琴（Bonnie Kristian）的文章《拜登的中国战略可能过于"极端"》。文章指出，美中竞争或许不可避免，但不应走向极端。虽然拜登明确表示自己不会延续特朗普政府的对华政策，否定了"修昔底德陷阱"等宿命论式的战争预测，但同时他也表示将与中国进行"极为激烈的竞争"，其政府也将中国列为美国国家安全的重要挑战之一。目前看来，中国并无意愿在全球范围内扩充军事存在，相较之下，拜登政府的表态则略显暧昧和不成熟。除了前面提到过的"极为激烈的竞争"，拜登政府还曾明确表示将同盟友一道"压制、孤立和惩罚"中国，并延续了前任政府挑起的贸易战。文章指出，若想与中国发展积极的竞合关系，拜登政府应拿出更加务实、更有诚意的表态和政策，如开展互惠贸易等。文章最后表示，局限于同中国的大国竞争关系将是短视且不慎重的，美国不应以此为目标。

https://nationalinterest.org/blog/skeptics/joe-biden%E2%80%99s-china-strategy-risks-going-too-%E2%80%98extreme%E2%80%99-178638

11. 《外交学人》：美国不应过度专注于大国竞争

2月23日，《外交学人》网站发表帕特森外交和国际商业学院助理教授罗伯特·法利（Robert Farley）的文章《欢迎来到全面消耗的大国竞争时代》。文章指出，将大国竞争作为美国21世纪的宏伟目标缺乏全局和战略性考量，竞争不是目的，而是手段。美国与中国、俄罗斯、印度和欧盟共同利益广泛，可以在核安全、打击恐怖主义、控制疫情以及延缓气候变化等领域充分展开合作。在冷战时期同苏联的大国竞争中，美国运用遏制战略开展全领域竞争，此做法虽一度维持和平，但其塑造的政策惯性不仅导致了越南战争等一系列错误的干预决策，还降低了对核力量和常规战争以外事项的重视程度，美国不能再将遏制战略作为其对外政策的样板。然而，上周的一份报告中显示，美国海军正考虑丢弃一批不适用于美中大国竞争的小型巡逻艇，这说明美国仍有重蹈覆辙的倾向。此外，为了对冲中国崛起，美国力图保留其中东势力，事实证明这正使美国陷入新的泥潭。文章表示，大量国际问题需要美中携手解决，并且双方都承受不起零和博弈带来的后果。不能让大国竞争计划吞噬美国外交政策，打乱国家的全面发展。

https://thediplomat.com/2021/02/welcome-to-the-all-consuming-great-power-competition/

12. 皇研所：美国重返国际舞台后的困境

2月23日，英国皇家国际事务研究所网站发表美国与美洲项目主任莱斯利·温佳姆里（Leslie Vinjamuri）的署名文章《美国回来了，但是世界已经改变了》。文章称，拜登政府上台后，为恢复国际地位采取了众多措施，比如重返《巴黎协定》、世界卫生组织和联合国人权理事会，结束对几个伊斯兰国家的旅行禁令，承诺为"COVAX"提供支持等。但美国重返国际舞台后面对的世界与之前已大为不同：欧洲人对于美国的重返存在意见分歧，认为美国不太可能迅速恢复多边主义；美国在世界经济中的相对地位下降，中国在多个层面上都在发展，世界也在前进；同时，美国新政府继续受到国内现实的束缚。如今美国面临最大的外交政策困境在于：一方面，面对价值观遭受的挫败，美国需要将此问题摆在外交政策的首位；另一方面，与中俄合作寻找可持续和平方案、寻求在气候变化和军备控制等方面进行合作又十分重要。拜登提出的新世界愿景——对内恢复美国的民主，对外防止价值观的侵蚀——比奥巴马时期的愿景更具意识形态化，在全球范围内嵌入价值观是一项长期任务，实现这一目标需要务实的态度。

https://www.chathamhouse.org/2021/02/america-back-world-has-changed

13.《外交政策》：美国全球领导力的价值合法性存疑

2月26日，《外交政策》杂志在其网站发表纽约大学国际合作中心非常驻研究员詹姆斯·特劳布（James Traub）的文章《拜登的领导计划》。文章指出，美国能够恢复自由世界的领导地位不取决于力量，而在于是否具备价值观合法性。今天美国许多进步人士，将美国视为用道德主义装点门面的新帝国主义国家，并认为拜登立誓重振所谓"基于规则的国际秩序"不过是又一个自私的虚构，毕竟过去在越南战争和伊拉克战争中，美国都未能让世界看到其坚持自由主义价值观的意愿和决心。作者认为，美国致力于领导解决诸如气候问题、公共卫生等紧迫的全球性议题无可厚非，但拜登"美国回来了"的呼声并没有得到欧洲盟友的有力应和，欧洲着力强调"掌握更多战略自主权"，这清楚地反映出对美国好战和高压手段的反感。

https://foreignpolicy.com/2021/02/26/bidens-plan-to-lead-from-alongside/

三 欧洲观察

1.CSIS：欧洲和平基金

2月2日，美国战略与全球问题研究中心（CSIS）刊登了其欧洲、俄罗斯和欧亚大陆项目客座研究员皮埃尔·莫尔科斯（Pierre Morcos）与副研究员多纳蒂安·鲁伊（Donatienne Ruy）合撰的文章《设立欧洲和平基金以支持欧洲外交政策》。文章称，虽然欧盟对外安全防务合作的步伐不断加快，但却无法直接向合作伙伴提供军事援助和设备。新通过的欧洲和平基金（EPF）将会改变这一困境。欧洲和平基金由欧盟前高级代表费德里卡·莫盖里尼（Federica Mogherini）于2018年提出，主要包含三项内容：一是EPF将覆盖欧盟军事任务和行动的共同成本，涵盖并扩展现有雅典娜机制的范围（雅典娜机制是欧盟2004年根据共同安全与防务政策安排，设立的一项为欧盟军事行动费用提供融资的机制）；二是取代原有"非洲和平基金"并将其扩大到全球范围，为欧盟在全球范围内的合作伙伴领导维和行动提供资金支持；三是允许欧盟资助从成员国和第三方向伙伴国武装部队提供军事装备、基础设施或培训的活动。文章认为，欧洲和平基金能够丰富欧盟对外政策工具，提升其全球影响力。此外，还能补充美国安全援助工作，促进美欧跨大西洋合作。但是，其在具体实施的过程中仍面临预算降低以及欧盟内部分歧等挑战。为此，欧盟需做到两点：第一，加强跨大西洋对话，明确安全合作优先事项；第二，确立适当战略目标，并对援助措施进行有效监督。

https://www.csis.org/analysis/european-peace-facility-bolster-european-foreign-policy

2.《报业辛迪加》：欧盟雄心勃勃的"狭隘主义"

2月15日，《报业辛迪加》刊登尼赫鲁大学经济研究与规划中心主席、经济学家贾亚蒂·戈什（Jayati Ghosh）撰写的文章《欧盟雄心勃勃的"狭隘主义"》。文章指出，欧盟针对新冠肺炎疫情推出的一揽子经济复苏计划与拜登政府的经济刺激计划类似，都是短视且狭隘的。作者首先肯定了该计划对欧洲一体化进程的推动作用，称其带来的财政合作将挽救脆弱的欧洲货币联盟，进而促进欧洲团结，但作者同时也指出，计划忽视了国际关切。在疫情全球性蔓延的背景下，独善其身的想法是不切实际的，欧盟应将巨额拨款中的一部分用于免除发展中国家对欧盟债务。另外，欧盟试图绕过全球疫苗免疫联盟建立的公平分配机制，直接从制药公司购买疫苗，并以保护知识产权为由限制疫苗生产的做法延缓了全球免疫进程。文章认为，欧盟应允许印度等国暂时实施疫苗强制许可，增加发展中国家的疫苗可及性，加速全球疫情治理。

https://www.project-syndicate.org/commentary/european-union-stimulus-package-lacks-international-solidarity-by-jayati-ghosh-2021-02

四 亚太观察

1.《报业辛迪加》：后疫情时代东亚经济发展前景

2月3日，《报业辛迪加》发表亚洲开发银行首席经济学家李宗华（Lee Jong-Wha）撰写的文章《东亚会战胜疫情吗？》。文章称，东亚国家对疫情的控制和经济增长势头的维持，极大地增强了投资者和分析家对亚洲经济复苏的信心。但东亚经济仍然存在极大风险和不确定性，主要源于三点原因。第一，疫情远未结束。许多东亚国家由于疫情复发被迫重新采取严格的封锁措施，缓慢的疫苗接种计划也延缓了其经济复苏进程。第二，财政和金融风险正在上升。后疫情时代大规模的财政支出和货币宽松政策，导致全球赤字和国债负担率飙升，而财政货币政策的正常化可能会带来股价暴跌；同时，东亚人口老龄化对中期财政可持续性造成了威胁。流动性的增加也为亚洲经济体埋下了隐患。第三，美中战略竞争给东亚经济带来下行风险。若拜登政府在对华竞争中采取强硬态度，东亚经济发展前景势必受到阻碍。因此，作者建议，在后疫情时代，东亚各国决策者应调整投资领域，以此适应经济与社会转型，并进一步加强经济建设以应对无法控制的风险，减轻可控风险，为经济长期增长打下基础。

https://www.project-syndicate.org/commentary/east-asia-covid-19-

recovery-by-lee-jong-wha-2021-02

2.新加坡东南亚研究所：民调显示东南亚民众对美国的信心正在恢复

2月18日，新加坡东南亚研究所发布所长蔡承国（Choi Shing Kwok）的文章《东南亚国家调查报告：至少从现在看，美国回来了》。文章指出，最近东南亚研究所发布的《东南亚国家2021》民调报告显示，近七成东南亚民众对美国参与本地区事务持乐观预期，增幅之大出人意料。民调是在拜登政府就职之前进行的，随着多位知名亚洲专家获任，预计民众将继续保持信心。出现此种情况的原因在于越来越多的东南亚民众相信美国将重回战略伙伴角色，致力于提高地区安全，服务全球利益。作者指出，民众并非对拜登政府抱有天真的期待，数据显示，受访者对近年来地缘政治变化有清晰和客观的认知。全部调查结果可能会令美方喜忧参半：喜的是尽管东盟各国坚决反对在美中之间选边站，但在假设被迫的情况下，有61.5%的民众和7个国家选择支持美国；忧的是近八成民众认为，中国对东南亚的经济影响力更大。这在某种程度上表明，美国在增强地区影响力方面还有很多工作要做。

https://fulcrum.sg/state-of-se-asia-survey-america-is-back-for-now-at-least/

五　中东观察

《外交事务》：中东地区稳定仅凭《伊核协议》仍不够

2月22日，《外交事务》刊登英国皇家国际事务研究所（Chatham House）中东北非项目副主任及高级研究员萨纳姆·瓦基尔（Sanam Vakli）的文章《中东地区稳定仅凭伊核协议仍不够——美国如何参与该地区问题解决？》。作者指出，虽然当前拜登政府与伊朗皆有意重回协议轨道并履行承诺，但进程不会一帆风顺。首先，若要确保《伊核协议》可持续，需规避未来可能出现的政治逆转。各签署国须针对该协议的薄弱之处，包括"快速恢复制裁的限期及条款""当前协议之外的问题"（如伊朗导弹计划及破坏地区和平稳定的行动）等采取措施。作者认为，拜登政府若无具体的中东"策略"，其中东议程或将易受华盛顿在野党及美国的中东伙伴攻击。其次，美伊之间就"重回协议轨道"存在具体分歧。美方强调"新的谈判"，在原有协议之外附加新的限制；伊方则坚持除非美国遵循原有协议，否则拒绝进一步对话。作者研究发现，各方皆认为单凭美伊对话难以解决问题，应在伊核协议之外平行建立各相关方"多边对话"渠道，相关方也包括也门战争涉事方、海湾国家；重启巴以谈判；解决叙利亚冲突；在地区内人员贸易往来等方面重建互信。对美国在中东地区发挥的作用，该地区的主要国家大都予以认可与支持。美国的重中之重就是确保伊朗遵守协商承诺。拜登政府在中东事务上可有所作为。

https://www.foreignaffairs.com/articles/middle-east/2021-02-22/stability-middle-east-requires-more-deal-iran

六　非洲观察

1.CSIS：后疫情时代的重置：非洲对外伙伴关系的未来

2月24日，美国战略与国际问题研究中心（CSIS）发表其非洲计划总监贾德·戴佛蒙特（Judd Devermont）的报告《后疫情时代的重置：非洲对外伙伴关系的未来》。报告称，为了应对新冠肺炎疫情所带来的种种挑战，非洲必须建立与对外伙伴新的合作关系。后疫情时代，非洲面临从新冠肺炎疫情中恢复、复兴区域经济、纠正全球性的歧视、重申民主价值观、重新组织全球的权力竞争、解决紧急安全挑战、应对气候变化等亟待解决的问题。在疫情之前，改革非洲国家与外部伙伴关系的呼声就已存在，疫情则加剧寻求改革的倾向。然而，非洲人民、非洲各地区的政府以及其外部伙伴之间存在着紧张而复杂的关系，导致各方在上述问题的优先性上存在着分歧，阻碍了疫情后非洲与对外伙伴关系的重启。作者认为，非洲应从加强外交交往、参与多边主义等较为简单的事项入手，逐步将其关注核心转至解决债务减免、流动性和信用评级，提供健康援助，大力发展技术等更具挑战性等问题上，并完成捍卫非洲国家民主及人权等最为艰巨的任务。

https://www.csis.org/analysis/post-covid-19-reset-future-africas-foreign-partnerships

2. 卡内基国际和平基金会：疫苗地缘政治可能扰乱非洲的疫后复苏

2月24日，卡内基国际和平基金会网站刊登高级研究员扎伊纳布·乌斯曼（Zainab Usman）的文章《疫苗地缘政治可能扰乱非洲的疫后复苏》。文章称，新冠肺炎疫情极大地干扰了整个非洲的经济发展，例如，南非等主要石油出口国自2015年以来的物价暴跌加剧，经济成分更多元的国家面临经济增速下降，发达经济体的需求降低抑制了当地出口，毛里求斯等国家的旅游产业备受打击等。大多数非洲经济体在可预见的未来将持续受到疫情影响：石油出口国的实际GDP到2022—2024年才可能恢复至疫情前的水平；2600万至4000万非洲人可能陷入极端贫困；近一半的学生无法获得远程教育机会。并且，负债削弱了非洲国家提供社会救助、经济刺激、采购医疗用品的能力。要摆脱困境，非洲需要大规模的疫苗接种。总共需要15亿剂疫苗，才能实现为非洲60%人口接种的目标。然而，由于全球疫苗供应不足，非洲疫苗缺口很大，大多数非洲国家仅为其5%—10%的人口准备了疫苗，新冠肺炎疫苗实施计划（COVAX）也尚未对非洲国家提供疫苗。疫苗购买与运输则是另一大难题。总价高达90亿美元的预算将给公共财政增加极大负担，大部分国家也不具备冷链运输的能力。文章称，大国对抗的加剧和多边秩序的紧张都加重了负担。西方国家大量囤积疫苗，过于严格的知识产权保护也妨碍了非洲自主制造疫苗。文章呼吁：非盟应制定更务实的防疫战略，投资药物研发生产；发达国家向COVAX提供充足资金；WTO协调放松对新冠疫苗知识产权管控；美国向非洲提供强生疫苗（该款疫苗对储存和运输的要求相对较低），并以此为契机重塑美非关系。

https://carnegieendowment.org/2021/02/24/vaccine-geopolitics-could-derail-africa-s-post-pandemic-recovery-pub-83928

七 俄罗斯观察

澳大利亚国际事务研究所：俄罗斯的新政治势头

2月10日，澳大利亚国际事务研究所发表伦敦国王学院俄罗斯政治高级讲师古尔纳兹·沙拉夫迪诺娃（Gulnaz Sharafutdinova）的文章《俄罗斯的新政治势头》。文章认为，阿列克谢·纳瓦尼（Alexei Navalny）返回俄罗斯后入狱事件催化并暴露了俄罗斯政治的一些重要变化。首先，纳瓦尼面对俄罗斯当局的警告依然选择回国，使他成为反普京主义的中心人物，声望有可能进一步提高。其次，纳瓦尼反腐败基金会（FBK）制作并发行了一部名为"普京宫殿"的纪录片，以削弱普京的形象。最后，纳瓦尼和克里姆林宫在过去两周冲突加剧，进一步促使俄罗斯政治两极分化。一方面，几乎一半的俄罗斯人在克里姆林宫的宣传下认为纳瓦尼是外国政府手中的工具；另一方面，纳瓦尼依靠TikTok等社交媒体在俄罗斯年轻人中获得了更多的支持。文章末指出，随着克里姆林宫与西方对抗的政治战略以及国内日益增加的政治压迫，经济停滞、生活水平下降和政治抗议问题只会加剧。纳瓦尼的回归标志着俄罗斯的未来走向令人担忧。

https://www.hudson.org/research/16665-the-structural-constraints-on-transatlantic-cooperation

八　公共卫生

1.《外交政策》：疫苗民族主义在延缓全球抗疫进程

2月2日，《外交政策》发表世界卫生组织总干事谭德塞（Tedros Adhanom Ghebreyesus）撰写的文章《疫苗民族主义害人害己，保护不了任何人》。文章强调，疫苗公平是保护世界人民抵御病毒的重要前提，而脆弱的国际合作是结束疫情的主要障碍。疫苗研发与分配绝不能成为零和博弈，疫苗民族主义无论从道义上还是医学上都不可接受。文章指出，仅靠市场驱动机制不足以通过疫苗实现群体免疫，从而阻止大流行，而不及时的疫苗接种不仅将加剧疫情带来医学挑战，而且将产生严重的经济和社会后果，从而对所有国家造成伤害。同时，疫苗民族主义的日益增长在社会与经济上也是适得其反的。未接种疫苗地区因疫情将继续遭受流行病影响，被迫实行长期封锁政策，导致社会压力激增和经济发展迟缓。一味忽略贫困国家的疫苗接种，也会给富裕国家带来高昂的经济损失。此外，还会给儿童群体带来严重的附带伤害。因此，文章建议：第一，各国政府和公司应合作克服造成疫苗匮乏，采取措施增加疫苗生产和扩大分销；第二，通过发展中国家疫苗制造商网络，扩大生产能力，在全球范围内减少"穷国"对"富国"的依赖，实现全球健康平等；第三，政府应采取行动保护医疗人员，以缓解其数量损耗；第四，政府应兑现全民长期医保，以有效贯彻疫苗公平。

https://foreignpolicy.com/2021/02/02/vaccine-nationalism-harms-everyone-and-protects-no-one/

2.《大西洋月刊》：拜登的"美国优先"疫苗战略

2月4日，《大西洋月刊》发布撰稿人亚斯敏·瑟汉（Yasmeen Serhan）的文章《拜登的"美国优先"疫苗战略》。文章指出，拜登上台后看似在疫苗问题上纠正了特朗普时期的孤立主义政策，但其并未改变"美国优先"的策略，没有推动全球疫苗公平分配。拜登政府宣布重返世界卫生组织并考虑加入新冠肺炎疫苗实施计划不到一周，就宣布将美国疫苗推广提高到每天150万剂，加购2亿剂疫苗，使得疫苗预计采购量达到12亿剂，相当于全美每人注射两次的数量。文章强调，此类行为并不鲜见，签署了新冠肺炎疫苗实施计划（COVAX）协议的高收入国家迄今已预购了全球72亿剂疫苗中的近60%。尽管这类疫苗民族主义行为有其政治和公共卫生关切，但这会使不发达国家面临更大威胁，传播更快的病毒变种恐对全世界构成新威胁。作者认为包括美国在内的高收入国家有理由确保疫苗在全球范围内的公平分配，比较现实的手段是高收入国家向COVAX提供更多资金或直接向低收入国家捐赠疫苗。

https://www.theatlantic.com/international/archive/2021/02/joe-biden-vaccines-america-first/617903/

3. 英国皇家国际事务研究所：呼吁压制疫苗民族主义

2月11日，英国皇家国际事务研究所刊登了全球健康项目主任罗伯特·耶茨（Robert Yates）的文章《是时候遏制疫苗民族主义的危险了》。文章称，随着北半球春天的临近，越来越多的人认为2021年将是全球战胜新冠肺炎疫情之年。这种乐观源于科学家们在一年内研发出六种安全有效疫苗的努力，但可悲的是，政治将是决定疫苗能否以及如何在世界各地分发的最大因素。迄今已开始疫苗接种规划的50多个国家和地区，几乎都是高收入或中等收入国家和地区。与此同时，低收入国家正在等待世界卫生组织设立的"新冠肺炎疫苗实施计划"（COVAX）提供有限的供应，预计第一批疫苗要到2月下旬才能交付。文章认为，2021年许多国家政治家的短视导致世界未能共同抗击疫情，使得全球卫生安全和经济遭受重创。目前已经有令人担忧的迹象表明，今年全球科学家的合作成果可能也会因为世界上政治家们的激烈竞争而浪费掉。

https://www.chathamhouse.org/2021/02/time-clamp-down-dangers-vaccine-nationalism

4. 彭博社：拜登的国内抗疫举措

2月17日，彭博社发表美国白宫记者贾斯汀·辛克（Justin Sink）等的文章《拜登称已援引〈国防生产法〉以增加疫苗产量》。文章表示，为保障疫苗生产，拜登已援引《国防生产法》，该法案授权总统在紧急情况下控制商业产品的生产销售。在拜登援引该法案之后，莫德纳公司和辉瑞公司同意按照比原有计划更快的速度向美国出售新冠疫苗。拜登政府上周宣布，今年7月底之前，这两家公司将各自向美国交付3亿剂疫苗，足够满足全美成年人的接种需求。而在2月16日举行的市政厅活动中，拜登宣称会增加疫苗运输，同时还警告说疫情不会很快结束。文章指出，此次市政厅活动是拜登鼓励美国人寻求疫苗接种并敦促其通过疫情救助计划和最低工资援助计划的机会。拜登正为其"新冠肺炎疫情一揽子计划"进行游说，该计划看起来很可能在预算和解（Budget Reconciliation）的快车道程序下由民主党人单方面推动国会通过。拜登最后指出，新政府将把缩小疫苗接种方面的种族差异作为一项优先任务。

https://www.bloomberg.com/news/articles/2021-02-17/biden-says-he-invoked-production-law-to-get-more-vaccine-doses?srnd=premium

5.《纽约时报》：如何预防后疫情时代危机？

2月22日，《纽约时报》刊登美国霍华德大学校长、外科学教授韦恩·弗雷德里克（Wayne A.I. Frederick）撰写的文章《如何预防后疫情时代危机》。文章指出，在新冠肺炎疫情期间，由于医疗资源短缺以及惧怕前往医院的心理，许多人正在遭受与新冠病毒无关的严重健康问题。作者认为，如果现在不采取行动，即使新冠肺炎疫情的病例逐渐减少，后疫情时代仍可能出现因预防性诊疗不及时导致的大量死亡病例。因此，扩大基层医疗和预防保健工作刻不容缓。作者建议，医疗保健行业应该培训更多与患者保持定期联系的基层医疗保健专业人员，开展初级疾病筛查检测服务；提高对改善就医条件和便利程度的投入，发展便利的基层医疗网点，扩大远程医疗工作，将移动医疗服务向低收入、有色人种社区倾斜等。医疗保健系统的改革方向应该从关注行业层面的解决方案转向对个体病人需求的重视。

https://www.nytimes.com/2021/02/22/opinion/medical-care-coronavirus.html

九 人工智能和新兴技术

1.CSIS：拜登需要一项与中国数字丝绸之路竞争的战略

2月9日，美国战略与国际问题研究中心（CSIS）发布由其经济学项目高级研究员、亚洲重建项目主任乔纳森·希尔曼（Jonathan E. Hillman）撰写的评论文章《与中国数字丝绸之路竞争》。作者认为美国需要从调整国内政策开始，积极应对中国在全球数字经济领域带来的挑战。文章指出，中国的"数字丝绸之路"政策抓住了发展机遇，帮助中国在数字市场中快速发展甚至占据领先地位。中国正在改变全球数字市场格局，美中的科技竞争挑战加剧。作者认为，特朗普政府以来，美国一直着力围绕中国技术安全问题做文章，但是出于成本考虑，安全恐惧未必能长期有效，美国需要提供有竞争力的替代方案。在国内层面，本着服务美国及盟友利益的原则，加大对形塑全球通信竞争环境技术的投资。如注重在开放RAN联盟中的关键性组件与软件的领先地位，加强在全球海底电缆网络中的地位，从政策层面提供保护和规划，努力消除发展障碍。在国外层面，重视金融公司与政府机构在对数字基础设施项目投资方面的协调，深化与盟友特别是欧洲国家在该领域的合作。与盟友合作的重中之重是智慧项目，应提出比中国方案更高标准的技术模式，并动员政治力量参与其中。

https://www.csis.org/analysis/competing-chinas-digital-silk-road

2.布鲁金斯学会：未来人工智能技术国际合作前景

2月17日，布鲁金斯学会网站发布高级研究员约书亚·梅尔策（Joshua P.

Meltzer）与 Ann R. and Andrew H. Tisch 杰出访问学者卡梅隆·克里（Cameron F. Kerry）的报告《加强人工智能国际合作》。报告认为：人工智能（AI）对未来的世界图景有重要影响。美国是人工智能领域的领导者，但中国正在迅速追赶，其他国家也在扩大自己的人工智能能力。美国需要与志同道合的民主国家紧密合作，在公平条件下发展竞争，惠及全球。文章建议拜登–哈里斯政府继续从AI研发、制定道德规范标准、减少AI技术相关贸易壁垒、建立国际治理规范等多个方面促进国际AI合作，具体而言：（1）推动AI在解决全球问题上的切实应用；（2）优先与欧盟在AI领域紧密合作，减少美欧在隐私和数据保护方面的摩擦；（3）应对中国在AI领域的挑战，通过多边和双边合作减少美中在AI领域的技术摩擦；（4）在AI规则制定方面保持领导地位，平衡规则与创新；（5）更积极地通过贸易协定和经济论坛推动AI规范的制定。

https://www.brookings.edu/research/strengthening-international-cooperation-on-artificial-intelligence/

3.《报业辛迪加》：数字时代的劳动力市场与不平等问题

2月25日，《报业辛迪加》网站刊登诺贝尔经济学奖得主、斯坦福大学荣休教授迈克尔·斯宾塞（Michael Spence）的文章《工作数字化转型时代的赢家和输家》。文章认为，在数字化时代背景下，机器在经济的信息控制和交易领域执行越来越多的任务，再次引发人们对大规模失业的担忧。作者认为，基于工业革命的经验，劳动力市场有较强的适应性，劳动力会通过自我投资来获取技能，政府、企业以及教育机构的参与加快了这一进程。但即使有机构的支持，劳动力获得技能发展的机会也远非公平。在高度不平等的社会中，许多劳动力被排除在外。因此，作者认为，相比于担忧数字化给就业市场带来的冲击，社会应该更多地关注不平等的加剧及其社会和政治影响。机器学习的本质是非常复杂的模式识别，人工智能和机器学习的进步将最终取代劳动密集型制造业及相关的发展模式。政策制定者应与企业、劳动力市场和学校合作，采取措施以减少收入和财富不平等，为大众提供教育和技能培训等优质社会服务。如果没有这种干预，劳动力市场的数字转型将面临巨大的风险，对社会凝聚力产生不利的长期后果。

https://www.project-syndicate.org/commentary/distributional-effects-of-automation-artificial-intelligence-by-michael-spence-2021-02

十 气候变化

1.布鲁金斯学会：气候变化对美国安全和地缘政治的意义

2月4日，布鲁金斯学会网站刊登学会主席约翰·艾伦（John R. Allen）和外交政策研究部主任布鲁斯·琼斯（Bruce Jones）的文章《气候变化对美国安全和地缘政治意味着什么？》。文章称，安全方面，气候变化可能直接引发国家内部的冲突，尤其是在撒哈拉以南非洲国家。气候变化导致的海平面上升将产生最具系统性的影响：首先，低海拔岛国的人口可能会大量移民至东南亚沿海国家，产生不稳定因素，造成该地区经济压力持续上涨；同时，海平面上升可能淹没太平洋的一些小岛，从而影响美军基地存亡；此外，海水升温产生的飓风还会给人类社会造成严重的经济损失。地缘政治方面，化石燃料产销大国沙特阿拉伯和俄罗斯如何进行能源转型过渡，将对地区乃至全球安全产生巨大影响；印度仍有超过3亿人口缺乏现代能源，其碳密集型的工业化进程将严重加剧气温上升；北冰洋冰面融化，预计在20年内会形成季节性新航道，可能有利于中国向美国及欧洲的海运，这将产生广泛的影响。文章强调了气候问题对美国全球领导力的意义，呼吁拜登政府将气候问题列入国家安全计划的核心议题。

https://www.brookings.edu/blog/order-from-chaos/2021/02/04/what-climate-change-will-mean-for-us-security-and-geopolitics/

2. 莫斯科卡内基中心：俄罗斯在气候变化问题上面临困境

2月9日，莫斯科卡内基中心发布其研究员奥利维亚·拉扎德（Olivia Lazard）撰写的分析文章《莫斯科的气候变化困境》。文章认为，随着拜登政府上台并将应对气候变化作为施政纲领中的优先事项，气候问题很可能也会出现在美国与俄罗斯之间的谈判桌上。作者称，俄罗斯并没有为应对气候变化做好充分准备，相反，俄政府似乎期望本国能从全球变暖的一系列影响（例如高纬度农业增产、北极航线开通等）中获益，并且认为西方要求俄罗斯节能减排会威胁后者的经济安全。然而，美国之后可能会从三个维度对俄罗斯施加压力，例如，以贸易政策鼓励或惩罚他国应对气候变化的措施，出台评估应对气候变化政策的专门报告，要求欧洲国家停止与俄罗斯"北溪2号"项目的合作，等等。作者建议俄罗斯尽快转变其经济发展模式和气候战略，避免自身国际地位受到损害。

https://carnegie.ru/commentary/83842

3.《外交政策》：应对气候变化美国需付出更多

2月26日，《外交政策》网站刊登哥伦比亚大学全球能源政策中心教授兼创始主任杰森·博多夫（Jason Bordoff）的文章《宣称"美国回来了"不足以应对气候变化问题》。博多夫指出，拜登政府需要作出更多碳排放承诺，且需要美国国会采取切实行动。具体而言，在世界多国对新一届美国政府抱有较高期待和关注的背景下，拜登政府即将在4月宣布2030年减排目标——国家自主贡献（NDC）。作者认为，这一目标必须要彰显出美国应对气候变化问题的决心，同时也必须有相应政策支撑，新的减排目标需要达到或接近2005年的碳排放水平的一半。当前美国政府可使用三个政策工具：一是现有的法律赋予政府对全部国内和外交政策工具的使用权；二是继续推动更大规模的基础设施投资计划，包括优先大力投资清洁能源项目；三是继续鼓励地方政策为实现国家减排目标做贡献。美国州政府和市政府对电力、交通、城市基础设施等减排目标的制定有巨大权力。

https://foreignpolicy.com/2021/02/26/biden-climate-paris-agreement-congress-emissions-reductions/

撰稿：张昭璞、王欣然、聂未希、包坤极、杨舒涵、蒋宗烨、凌邦皓、王乐瞳、任怡静、崔元睿、邴钰惠、钟玉姣、张诚杨、彭博、蔡依航、邓家骏、黄婷、谭昊奕、刘宇宁。

审核：马国春、贺刚、姚锦祥、苏艳婷、周武华、袁微雨、王静姝、许馨匀、朱荣生。

终核：肖茜。

3月专报

一　国际格局

1. 莫斯科卡内基中心：美国难以分化中俄

3月2日，莫斯科卡内基中心刊登高级研究员理查德·索科尔斯（Richard Sokolsky）和美国国家情报委员会前成员尤金·鲁默（Eugene Rumer）的文章《重思基辛格：美国能否在中俄之间打入"楔子"》。文章认为，特朗普政府的外交决策者曾试图采取某种形式的"联俄制华"战略，最近拜登政府似乎也希望沿袭这一路线，但是这种想法只是对尼克松政府在20世纪70年代对苏联和中国进行"大三角外交"的拙劣模仿，与其目前并不存在类似的条件：中俄两国在地缘政治上都希望制衡美国的单边主义和同盟体系，在经济上呈现资源开发与制造业之间的高度融合关系，在国内政治目标上也相互契合。因此，美国或许可以避免俄罗斯过度接近中国，但是无法对中俄"分而治之"。

https://carnegie.ru/commentary/83970

2.《金融时报》：WTO成员国必须加强合作

3月3日，WTO新任总干事奥孔乔·伊维拉（Ngozi Okonjo-Iweala）在

《金融时报》撰文《WTO 成员国必须加强合作》。文章认为，疫情给全球经济造成严重破坏，发展中国家多年来的经济收益和一些低收入国家和最不发达国家几十年来的发展都功亏一篑。为了确保全球经济恢复持续增长，必须加强合作，疫苗分配和诊疗公平且可负担，世界贸易组织应发挥更强有力的作用，致力于减少或取消对医疗用品和设备供应链的出口限制和禁令。各成员国有责任抵制疫苗保护主义和疫苗民族主义，合作开发有前途的新疗法和新疫苗。文章建议，第一，需要淘汰有弊端的渔业补贴机制，保证渔业产业的可持续发展；第二，需要就争端解决机制的改革方向达成共识；第三，按照 21 世纪的现实需求更新 WTO 规则手册；第四，推进关于投资和服务贸易便利化谈判；第五，处理好贸易与气候变化的关系，气候有关的限制不能成为对贸易的变相制约；第六，对发展中国家和最不发达国家而言，改善出口产品的市场准入和消除造成贸易扭曲的农业补贴仍至关重要。确保政府对国有企业的支持不会导致竞争扭曲，也是许多 WTO 成员国的头等大事。

https://www.ft.com/content/0654600f-92cc-47ad-bfe6-561db88f7019

3.大西洋理事会：美国重振跨大西洋同盟的三步计划

3 月 4 日，大西洋理事会网站发布非常驻高级研究员爱德华·菲什曼（Mark D. Simakovsky）和马克·西马科夫斯基（Mark D. Simakovsky）的文章《复兴跨大西洋联盟的三步计划》。文章认为，在特朗普任上，美欧关系逐渐疏远，但基于美欧共同的价值观、对文化的了解以及共同的胜利而产生的相互信任能够重启美欧关系。拜登上台后采取积极行动重建美欧信任，并任命跨大西洋主义者布林肯作为国务卿，然而要恢复跨大西洋伙伴关系需要的不仅是传统外交。作者建议将三个议程列为重塑跨大西洋联盟的核心：（1）遏制新冠肺炎疫情。在疫苗生产和分销中发挥领导作用，重振世界对民主治理的信心。（2）重振跨大西洋安全。北约应重兴其俄罗斯战略，并加强威慑措施，防止俄罗斯对北约成员及联盟外围的潜在攻击。（3）在技术上建立统一战线。确保信息基础设施的安全性和可访问性，保护美国和欧洲社会免受外国政府的恶意入侵；为世界各国的5G网络和其他数字基础设施提供资金，进一步建立新技术的全球标准。

https://www.atlanticcouncil.org/blogs/new-atlanticist/a-three-step-plan-for-reviving-the-transatlantic-alliance/

4.CSIS：美中接触的框架

3月4日，美国战略与国际问题研究中心（CSIS）刊发了其经济项目高级研究员、财政部官员斯蒂芬妮·西格尔（Stephanie Segal）的文章《美中接触的框架》。文章认为，拜登政府面临的最紧迫的外交政策挑战就是为当前的美中关系规划路线，即使美中在很多领域存在对抗，但在应对全球性挑战方面，两国仍需推进建设性接触。美国政策制定者面临的挑战是，如何确定哪些方面可以通过接触推进自身目标，而在哪些领域脱钩能最有效地促进和保护国家利益。文章指出，拜登政府认识到美国的对华政策应该更加一致，例如，美国国防部已经成立中国问题特别工作组，全面评估对华军事关系，绘制处理中国事务的路线图。关于双边经济活动的评估，CSIS经济项目组制定了一个框架，首先明确美国的目标和优先次序，并在充分考虑美中在经济规模、中心地位（centrality）和技术优势方面的相对实力地位的情况，对经济活动进行现实评估。对不影响美国目标的活动不再审查，避免广泛脱钩；对可能损害美国利益的活动则需进一步评估实施脱钩的影响，并考虑第三方可能的反应。框架不是万能药，但它能为对华政策路线的规划增加清晰度和可预测性。

https://www.csis.org/analysis/framework-us-china-engagement

5.CSIS：拜登应抓住亚太经合组织和东盟机遇

3月11日，美国战略与国际问题研究中心（CSIS）发布经济项目非常驻高级顾问唐伟康（Kurt Tong）的文章《拜登应抓住亚太经合组织和东盟机遇》。文章指出，拜登政府不应忽视亚太经合组织和东盟这两个多边平台，应利用其扩大美国在亚太区域的影响力，并争取成为2023年APEC会议主办国。作者认为，若想要遏制中国崛起，拜登政府应更多在印太地区发展经济和商业关系，努力消除中国对亚洲其他国家商业运作方式的影响。美国应该在某些领域采取强有力的举措，2023年的《亚太经合组织议程》可以帮助美国解决从建立透明、有弹性的供应链到使贸易投资更加关注气候与环境等一系列问题。

https://www.csis.org/analysis/biden-should-seize-apec-and-asean-opportunities

6.《外交事务》：在多极世界中避免大灾难并促进稳定

3月23日，《外交事务》发表美国外交关系协会主席理查德·哈斯（Richard N. Haass）及其高级研究员查尔斯·库普坎（Charles A. Kupchan）合撰的文章《新的权力协调组织：如何在多极世界中避免灾难并促进稳定》。文章指出，国际体系正处于历史性拐点，物质多极化以及意识形态多样性的时代已经到来，促进当今世纪稳定的最佳工具是效仿19世纪欧洲，成立具有政治包容性和程序非正式性的"全球协调组织"。文章阐明，协调组织的性质是协商而非决策机构。协同组织成员需代表全球GDP和全球军费开支总量的约70%，包括美国、中国、欧盟、印度、日本和俄罗斯，通过向总部派驻的常设代表，依靠对话而非作秀般的投票、协议建立共识。作者认为，国家间利益冲突和意识形态多样性不会消失，但协调组织松散的形式和灵活的义务将有助于冲突管理，形成各自表达意见的余地。该协调组织的成功运转应基于两个前提，一是鼓励尊重各国领土和主权现状；二是在危机时刻集体回应全球挑战。

https://www.foreignaffairs.com/articles/world/2021-03-23/new-concert-powers

7.威尔逊中心发布有关2021年跨大西洋伙伴关系的报告

3月25日，威尔逊中心发布由其全球欧洲计划主任丹尼尔·汉密尔顿

（Daniel S. Hamilton）和高级研究员约瑟夫·昆兰（Joseph Quinlan）共同撰写的报告《治疗的时机：2021年的跨大西洋伙伴关系》。文章指出，过去四年，跨大西洋伙伴关系面临了包括贸易、气候、卫生等在内的一系列挑战，其中，新冠肺炎疫情更是给美国与欧洲带来强烈冲击，但双方关系在这样的情况下弯而不折，2021年将会成为治愈疫情、修复与改写美欧关系的时刻。作者认为，要想处理好跨大西洋伙伴关系，双方需要对疫情进行控制，也需要为经济下行做好准备。在个人消费方面，尽管中国崛起，但美国、欧盟和英国仍占据全球消费市场的最大部分。同时，2020年猛增的失业率也将在2021年得到一定恢复，但结构性失业问题仍然是这一年的关键挑战。最后，该报告指出，接下来，美欧在经济与贸易、气候与能源以及电子技术方面都有合作机会。

https://www.wilsoncenter.org/person/joseph-quinlan

8.《国家利益》：美国与西方国家的新型冷战联盟

3月28日，《国家利益》杂志发表美国国务院商务事务特别代表丹·内格里亚（Dan Negrea）与美国国务院东亚及太平洋事务局助理秘书长大卫·史迪威（David Stilwell）的文章《新型冷战联盟》。作者表示，面对中国在国际社会上日渐扩大的影响力，西方国家必须联合起来以应对迫在眉睫的"新型冷战"。在这场"新型冷战"中，美国与西方自由世界的目标与20世纪末期美苏冷战的目标相同：通过组建强大的联盟以维护西方世界的自由、和平与繁荣。为了确保在"新型冷战"取得成功，美国必须利用广泛的资源，并在信任和共同的民主理想之上，引领盟友共同促进西方自由世界在多领域进行合作。

https://nationalinterest.org/feature/wanted-alliance-networks-new-cold-war-181177

9.《外交政策》：美中国际秩序之争

3月31日，《外交政策》发布哈佛大学肯尼迪政府学院贝尔福科学与国际事务中心教授斯蒂芬·M.沃尔特（Stephen M. Walt）的文章《中国也想要"基于规则的国际秩序"》。文章指出，将美中分歧聚焦于是否认同"基于规则的国际秩序"（Rules-Based International Order）是有误导性的。美国有时也会根据自己的利益来修改或逃避某些规则；中国接受并捍卫了现存国际秩序中的许多规则，未来也将致力于保留这一秩序中有利于自身的部分；此外，放弃"基于规则的国际秩序"并不意味着国家行为将不再受到任何规则制约，新的国际秩序还将对国际互动加以管理。作者强调，美中竞争的核心在于以哪一方的偏好塑造国际秩序。美国更偏好一个符合自由主义价值观的、关注个人权利的多边体系，而中国则更倾向于强调主权至高无上和不干涉主义的秩序观。各方应当意识到，美中都不能独立制定所有规则，但伴随中国的崛起，其塑造规则的能力持续提高，世界各国将面临比单极世界更多的选择。作者认为，短期内拜登的积极外交政策可能使美国重塑全球领导力，但长期的规则之争仍基于美中两国硬实力的对比。

https://foreignpolicy.com/2021/03/31/china-wants-a-rules-based-international-order-too/

二　美国观察

1.卡托研究所：拜登笨拙的外交政策是出于无能还是傲慢？

3月1日，卡托研究所发表高级研究员特德·盖伦·卡彭特（Ted Galen Carpenter）撰写的文章《拜登笨拙的外交政策是出于无能还是傲慢？》。文章称，拜登政府的初期外交政策乏善可陈，甚至令人担忧。在美中关系的处理上，邀请中国台湾地区"驻美代表"参加总统就职典礼乃美中建交以来首次，拜登在此事上开创的先例是对中国立场的挑战。对于钓鱼岛问题，拜登对其适用于《美日安保条约》的表态及五角大楼发言人在其归属问题上的反复无常使美中关系降温。此外，对叙利亚发动的空袭也引发了多方争议，虽然拜登政府声称此次空袭是对2001年通过的《授权作战法案》（AUMF）的引申，但民主党在国会否认了这一点，他们不认为在法案通过的20年后对一个与"9·11"事件毫无关联的国家发动空袭仍在AUMF的覆盖范围之内。文章认为，拜登政府未与国会协调便动用军事力量的行为有两种解释：一是对总统权力至高无上的认定，二是决策上的愚钝。此外，考虑到俄罗斯在叙利亚的军事存在，美国仅于空袭前4—5分钟才通知俄罗斯的危险做法可能导致双方不必要的损失和伤亡，这只会使本就僵持的美俄关系雪上加霜。文章指出，如果这种"粗放""业余"的决策风格是拜登政府所期待的，那么在接下来的四年里，美国将步履维艰。

https://www.cato.org/commentary/bidens-foreign-policy-clumsiness-due-incompetence-or-arrogance?queryID=f0d26ead999e96135a051808519c97e4

2.《外交政策》：美国无尽战争对自身的影响

3月3日，《外交政策》杂志网站发表哈佛大学肯尼迪政府学院国际事务教授斯蒂芬·沃尔特（Stephen M. Walt）的署名文章《美国无尽的战争已经殃及自身》。文章表示，美国的海外行动造成了国内目前面临的危险、信任丧失和内部分裂局面。首先，美国通过制裁、秘密行动、支持独裁者以及无视盟友的残暴行为，给其他国家带来巨大痛苦，反美极端主义是出于对美国政策的反对，所以美国完全可以预见一些组织会进行反击。其次，美国投入于国家建设、传播民主或击败所有"具有全球影响力的恐怖分子"上的巨额资金不可避免地减少了可用于帮助国内美国人的资源，而这些资金本可以帮助美国人过上更舒适、更安全的生活。最后，实施雄心勃勃、高度干涉主义的外交政策，尤其是试图操纵、塑造他国国内政治，需要大量的欺骗行为，但总有部分真相会浮出水面，再次打击公众信任。可惜美国没有花更多的时间面对真正的危险，比如新冠肺炎疫情。当遭到反击时，美国人感到害怕，不再清晰和战略性地思考，而是四处寻找替罪羊。如果拜登真的想要弥合美国内部分歧，他需要开始减少在其他地方的行动。

https://foreignpolicy.com/2021/03/03/americas-forever-wars-have-come-back-home/

3.《国会山报》：拜登的"美国归来"并未得到世界信任

3月4日，《国会山报》发布科罗拉多基督教大学研究员威廉·莫罗尼（William Moloney）的文章《拜登的"美国归来"承诺使世界不为所动》。文章指出，拜登当选后宣扬美国作为世界领导的回归，但这一愿景并未得到世界的认可。2020年底欧洲对外关系委员会对欧洲11国开展的一项调查显示，欧洲对美国的看法已发生重大转变。多数受访者认为美国的政治体制已"破裂"，中国十年内将变得比美国更强大，欧洲不能过于依赖美国，应在美俄和美中冲突间保持中立。德、法等欧洲领导人呼吁欧洲战略自主，并积极推动与中俄两国的经贸合作。除欧洲外，美国在亚洲、拉丁美洲和中东地区都面临困难的外交局面。包括美印两国在对缅甸制裁上的分歧、美伊、美土关系摩擦重重，美国与巴西有关亚马孙森林的争议等。世界舆论变化很大程度上是由美国媒体自己的报道所致。美国的盟友们已经将美国视为一个"自毁名誉"（self-broken）、不再可靠的国家。

https://thehill.com/opinion/white-house/541133-bidens-america-is-back-pledge-leaves-the-world-unimpressed

4.《外交学人》：拜登政府发布国家安全战略指南

3月5日，《外交学人》刊登安全与国防编辑阿比南·雷杰（Abhijnan Rej）的文章《拜登的新战略指南：扩大圈子？》。文章指出，拜登政府发布的《过渡时期国家安全战略指南》令人耳目一新，但拜登政府如何采取行动仍然是一个悬而未决的问题。该战略指南确定了五项主要的国家安全挑战：跨国安全威胁，民主准则的侵蚀，全球力量分布变化，自由国际秩序的挑战以及技术的革命性进步。该文章最显著的特征是以民主价值观为中心，将其作为美国外交政策的重要驱动力，并强调世界各地民主准则被侵蚀的现实对其国家安全构成威胁。然而，作者认为，获取利益与坚守民主承诺，其中存在着部分矛盾，这对拜登政府来说将是巨大挑战。

https://thediplomat.com/2021/03/bidens-new-strategic-guidance-squaring-the-circle/

5. 布鲁金斯学会：拜登首次全国电视讲话

3月11日，布鲁金斯学会发布其高级研究员伊莱恩·卡马克（Elaine Kamarck）的文章《拜登首次全国讲话：关于真相、同理心与结果》。文章指出，拜登发表的首次全国电视讲话表明，直面事实真相、富有同理心、注重结果而非空口承诺这三点特征使拜登有别于特朗普。相较于特朗普，拜登更为明晰如何在政府中使用权力杠杆，并在恢复公众信心与国家经济方面取得了显著成果。文章还援引了美国有线电视新闻网在拜登演讲前进行的一次民调进行补充说明：近八成的美国公众认为最为糟糕的疫情时期已经过去；对比年初数据，相信美国正在重返正轨的美国公众增加了7%，这是自新冠肺炎疫情蔓延以来的最大增幅。

https://www.brookings.edu/blog/fixgov/2021/03/11/bidens-first-address-to-the-nation-truth-empathy-and-results/

6.《外交政策》：拜登政府内部反恐策略分歧

3月12日，《外交政策》网站刊发其专栏作家迈克尔·赫什（Michael Hirsh）的文章《拜登政府内对是否结束反恐战争产生分歧》。文章指出，是否停止美军进行反恐行动取决于基地组织及其海外分支能否仍然对美造成战略威胁。尽管拜登任命的外交团队试图结束持续二十多年的反恐战争，兑现其竞选承诺，但美国国防部和情报界对此存在不同看法。他们担心，过早撤军可能使美国重新受到基地组织威胁，重蹈前总统特朗普与塔利班军事组织的失败协议的覆辙。但是，美国国土安全部前部长约翰逊认为，目前基地组织的核心已经被有效铲除，其对美国本土的恐怖威胁已极大弱化。这一评估也与拜登政府的实践不谋而合。拜登政府正积极游说国会重新考量2001年《使用军事力量授权法》（AUMF），避免军队和中情局的过度反应。但作者提醒，拜登政府需要应对的其他优先事项诸如新冠肺炎疫情和右翼保守主义运动任务繁重，可能将影响撤军进程。

https://foreignpolicy.com/2021/03/12/biden-forever-war-drones-al-qaeda-september-11/

7.RAND：摆脱持久战：拜登在阿富汗的选项

3月12日，兰德公司（RAND）发布兰德总裁高级顾问布赖恩·迈克尔·詹金斯（Brian Michael Jenkins）的文章《摆脱持久战：拜登在阿富汗的选项》。文章探讨了拜登在摆脱战争泥潭和继续关键反恐行动之间找到平衡点的可能性。2011年以来，美国在阿富汗的驻军人数一直在下降，而且历届总统都希望减少美军行动。他们既不愿冒输掉战争的风险，也不愿让"圣战"分子卷土重来。撤离最后几千名美军将具有重大象征意义，对美国公众、盟友和对手都是影响深远的战略性决策。拜登现在有如下选择：第一，美国撤出部队后让阿富汗自行解决问题。这将让反战者感到满意，但也可能打击阿富汗军队及其他盟友的士气。第二，以国家安全为由取消最后撤兵期限，宣布进一步撤军将损害美国国家安全利益，而且塔利班还没有履行承诺。第三，减少而非清零驻军，但这样做会使仅存的作战部队不足以实现某些战略目标。第四，宣称撤军不意味着美国将暂停对阿富汗军队的援助、训练或空中行动，不会使阿富汗陷入瘫痪。第五，美国继续通过外交渠道解决问题。若外交努力没有取得突破，美国有理由无视最后撤军期限；若塔利班公开拒绝以外交手段解决问题，塔利班就应该为暴力冲突负责。然而这一选项可能意味着打开无限期滞留阿富汗的大门。第六，开展战略审查，进行再评估，这可以为权衡撤军后果赢得时间。

https://www.rand.org/blog/2021/03/getting-out-of-forever-wars-what-are-bidens-options.html

8.《外交事务》：如何制定持久的中国战略？

3月17日，《外交事务》杂志刊登前国家安全委员会亚洲事务高级主任、乔治敦大学外交学院亚洲研究项目主席麦艾文（Even S. Mederios）撰写的《如何制定持久的中国战略？》一文。文章称，新的对华政策框架要以"风险管理"为基调，不再追求为了合作而弱化竞争。作者认为，美中双边关系发展的历史表明，美国成功的对华政策取决于清晰的优先次序、完善的决策程序以及持续的沟通。而特朗普在这三个环节上都是失败的。作者指出，重建对华政策框架，前提是要接受美国对华战略存在结构性制约因素，包括：首先，美国对华的一些政策主张不可避免地有助于中国建立起挑战美国利益的能力；其次，美中两国都不是现状强权，都想要按照自身目标改革而非推翻现行体制；最后，美国能否停止通过制造与华对抗的政策来吸引和维持美国国内的投资。在此基础上制定对华政策持久框架需把握三个方向：第一，明确对华关系中哪些属于/不属于竞争范畴；第二，美国要重新调整对美中关系所能取得成果的预期，并尝试重设中国对美预期；第三，美国政府也需重建对华政策的决策过程。作者向拜登政府提出的具体实施步骤包括，进行国内讨论；确定明确的美国优先事项；与中国同行建立沟通桥梁，确保清晰、一致和可信的交流，但应放慢沟通进程。美国的对华政策需反映两国、双边关系和世界的重大变化，双方需以一种接受和限制竞争、容忍分歧的态度重建两国关系。

https://www.foreignaffairs.com/articles/united-states/2021-03-17/how-craft-durable-china-strategy

9.欧洲外交关系理事会：美国战略重点的演变

3月17日，欧洲外交关系理事会（ECFR）联合主席、瑞典前首相及外长卡尔·比尔特（Carl Bildt）发表文章《美国战略重点的演变》。文章对比分析了美国2015年、2017年、2021年出台的三份《国家安全战略报告》（NSS，其中2021年为《国家安全战略临时指南》），指出其在国际秩序、贸易、军事力量、区域优先事项、科技等领域表述上存在的异同之处，分析美国战略重点的变化和延续。在国际秩序方面，美国逐渐从"美国自己"（America Alone）转向"美国与其盟友"（America and Its Alliance），2021年的报告中，国际秩序的概念强势回归。在贸易方面，美国贸易政策逐渐向内并具有防御性，全球性成分减少，唯一的全球性目标是与盟友共同改革世界贸易组织。尽管2021年报告不似2015年报告，希望达成大范围贸易协定的议程，但表示会对贸易问题仍十分关切，突出贸易"必须使所有美国人、而不仅仅是少数人受益"。在军事力量方面，2021年报告更为关注军控问题，在重申美国军事优势的同时，进一步强调使用军事力量是美国外交的最后手段。在区域优先事项方面，2021年报告强调将避免陷入中东"永无止境的战争"，而把重点放在印太和欧洲。与中国的战略竞争是一项重点，不再像2015年报告一样"欢迎中国崛起"。在科技方面，2021年报告强调技术成为能够形塑经济、军事等多方面进程的力量，网络安全成为美国政策的首要优先事项。此外，三份报告在民主、气候变化、传染病方面表述上也有所变化：2015年相对乐观和自信，2017年没有给予太多关注，而2021年则体现出对一系列战略趋势的深切关注。

https://ecfr.eu/publication/the-evolution-of-us-strategic-priorities/

10.《外交学人》：安克雷奇对话释放美中关系新信号

3月19日，《外交学人》网站刊登其编辑香农·蒂耶兹（Shannon Tiezzi）的文章《安克雷奇对话是否标志着美中关系新常态？》。文章回顾了美中双方在安克雷奇对话开场白中的言辞交锋并评论道，北京过去一直要求华盛顿给予"相互尊重"，而此次中方代表的强势立场代表中国开始"要求而非请求"美国的尊重，并"以不尊重回应美国的不尊重"。作者还指出，中国试图抓住美国新政府上任的契机重设美中关系的参数，在主权等核心问题上，美国官员对中国惯例式的直接批评不再被接受。与此同时，中国国内普遍相信美国已进入衰落期而中国崛起势不可当，因而寻求改变自身在美中关系中次要合作伙伴的角色，"建立新型大国关系"的口号就是这种决心的佐证，哪怕缺乏美国支持，北京也要采取行动将之付诸实践。

https://thediplomat.com/2021/03/do-the-anchorage-talks-represent-a-new-normal-for-us-china-relations/

11.《国家利益》：中美战略竞争加剧原因及未来挑战

3月22日，《国家利益》网站发表其特聘研究员、前国家东亚情报官员保罗·希尔（Paul Heer）的文章《为何美中战略竞争会加剧？》。文章认为，安克雷奇会谈表明，尽管特朗普已经离任，但美中关系不太可能很快出现改善。相反，美中关系的对抗性将会增强，相互理解更加困难，这是双方对两国间的权力均势意见不同所导致的。作者提出，中国可能会低估美国目前的相对实力，而美国可能会高估自身的实力；中国低估了美国的盟友体系，美国也高估了其盟友对抗中国的意愿。这些变量关系到双方如何在各项议程中估算各自的影响力与威慑力。作者认为，美国过多强调美中竞争而忽视了两国必须合作的领域，未来美中关系的核心挑战之一是在竞争与合作中找到平衡，遗憾的是安克雷奇对话并没有迹象显示双方愿投入更多精力确定合作领域。

https://nationalinterest.org/feature/why-us-china-strategic-rivalry-has-intensified-180843

12.大西洋理事会：美中高层战略对话有三大启示

3月23日，大西洋理事会发表国际货币基金组织前副总裁洪川（Hung Tran）评论文章《美中在安克雷奇对峙的三个含义》。文章称，在安克雷奇举行的美中高层战略对话证实了中国和美国正陷入一种新形式的冷战中，在这种冷战中，虽然不同国家价值观和核心利益的竞争十分激烈，但是在少数特定情况下仍有合作的可能。文章指出，会议揭示了三大启示：第一，双方达成任何妥协或和解的前景相当遥远，未来两国更有可能就各种分歧进行长期斗争，双方需要管理新冷战并防止其演变成热战；第二，双方在国家价值观和核心利益上的尖锐分歧，以及在安克雷奇表现出的不信任，将主导并影响美中关系的其他方面，比如在经济、贸易、技术、网络安全、军事和地缘政治等领域展开竞争，但在一些有共同利益的特定领域——比如应对气候变化和疫情，以及来自朝鲜、伊朗和缅甸等国的挑战——仍有合作空间；第三，双方也在向本国国内民众阐述国家立场。拜登政府需要转移共和党对其对华软弱的批评，并证明它通过建立联盟应对中国的方式比特朗普政府更有效。文章认为，美中战略竞争的结果将取决于两国国内的成功，包括发展可持续经济增长、促进充分就业、提高社会凝聚力等，但是威胁全球安全与稳定的风险依然很高。

https://www.atlanticcouncil.org/blogs/new-atlanticist/three-implications-of-the-us-china-confrontation-in-anchorage/

13.《外交政策》：继续留在阿富汗是美国最糟糕的选择

3月24日，《外交政策》网站发表美国威尔逊中心（Wilson Center）亚洲项目副主任迈克尔·库格曼（Michael Kugelman）的文章《现在是为美国从阿富汗撤军做准备的时候了》。文章指出，目前拜登政府在阿富汗可采取的方案有二：一是通过谈判短暂延长一年前与塔利班达成的5月1日的最后撤军期限，以便为和平谈判和最终美国撤军创造更有利的条件；二是制订一项新的和平计划，减少暴力，并加速政治解决的谈判。作者认为，这两种举措值得一试，但都很难实现。若这两种尝试都没有成功，美国应尽快计划撤军。尽管许多支持美国扩大军事存在的人认为美军全面撤离会增加国际恐怖主义的风险，使阿富汗成为国际恐怖避难所，但从减少损失的角度，考虑到美国设想的包括举行自由公正的选举等长期计划短时间内难以实现，在5月1日之后继续留在阿富汗是美国最糟糕的选择。美国在阿富汗没有好的选择，其能做的只能是撤出剩余部队，并利用手中的筹码和外交手段减轻最不坏的选择带来的风险：一方面，争取地区政府的帮助，说服塔利班在美军撤离后同意停火，并在承诺停火前拒绝履行其与塔利班达成的多哈协议的剩余义务；另一方面，与阿富汗和其他地区参与者合作，建立一个新的情报共享机制，以监测恐怖分子的位置和行动。

https://foreignpolicy.com/2021/03/24/afghanistan-withdrawal-biden-troops-taliban/

14.《华尔街日报》：拜登政府应当探索新型中东和平进程

3月29日，《华尔街日报》网站发表美国外交学者沃尔特·拉塞尔·米德（Walter Russell Mead）的文章《如何为新中东带来和平？》。文章指出，旧的中东和平进程已经消亡，巴以争端将不再直接主导该地区的议程。新的进程要求美国与以色列和阿拉伯国家合作解决巴以争端，同时，美国针对伊朗地区安全的承诺将成为这一新和平进程的基石。如果美国明确承诺与以色列和阿拉伯国家合作以阻止伊朗争夺地区霸权，就能促进阿以和解，同时为巴勒斯坦人建立一个国家，并巩固中东的势力平衡。从成本和收益的角度来看，一方面，即使这样做需要付出恶化美伊关系的代价，但与以色列和阿拉伯国家制定区域协议也不会排除美国与德黑兰继续进行核外交的可能性；另一方面，探索新型中东和平进程能够帮助拜登政府恢复美国的声望和全球同盟。

https://www.wsj.com/articles/how-to-bring-peace-to-the-new-middle-east-11617057345?mod=opinion_lead_pos11

15. 大西洋理事会："美国盟友"成为令人讨厌的字眼

3月31日，大西洋理事会在其网站发布全球经济副主任和欧盟南欧前经济事务主任朱莉娅·弗里德兰德（Julia Friedlander）的文章《"盟友"什么时候成为了令人讨厌的字眼？》。文章指出，特朗普政府在与盟友打交道时错误地得出这样的结论：美国可以迫使或威胁盟友遵循其不公平的外交政策。一段时间以来，美国领导人经常采用严肃的措辞来表达某一政策的紧迫感，呼吁盟友做出必要的牺牲。但对合作伙伴来说，做出牺牲仅仅是一种选择，而非必须要做的事情。尽管拜登政府承诺重回联盟的轨道，但对于诸多美国的昔日盟友而言，至少在公开场合，"美国盟友"已成为一个不受人待见的词。作者认为，美国需要重回多边主义的轨道，重新构想联盟架构，并在集体行动中用实际向盟友证明，其追求的自我革新不是一个空洞的承诺。

https://www.atlanticcouncil.org/blogs/new-atlanticist/when-did-ally-become-a-dirty-word/

三　欧洲观察

1. 美国企业研究所：欧洲应引领世界的科技政策吗？

3月4日，美国企业研究所（AEI）刊登其客座研究员谢恩·特斯（Shane Tews）题为《欧洲应引领世界的科技政策吗？》的文章。文章认为，欧盟近日公布《数字市场法》（DMA）和《数字服务法》（DSA），旨在限制美国科技巨头在欧洲的市场行为，并使欧盟成员国在制定数字经济监管方法上具有自主性。《数字服务法》规定拥有超过4500万用户的公司要接受监管，如禁止与其他服务共享或合并数据，违反规定或将面临高达其年收入10%的罚款。作者认为，限制不会改善服务，反而会增加开发人员创新周期的成本。《数字市场法》针对的目标是被欧盟监管机构定义为"把关人"（Gatekeeper）的互联网公司，这些公司不能在平台上偏袒自己的服务。作者认为，与其终止自我优先，不如提高规则的透明度，让消费者自己选择对数据共享的接受度。《数字服务法》则要求数字平台对其网站上的内容负责，并对其审核程序保持透明，同时就恢复已删除内容的投诉做出新规定。欧盟认为算法的透明度或将缓解社交媒体平台通过算法鼓励思想泡沫和极端主义观点，但将付出更大的代价，毕竟专有算法是公司的核心竞争力。目前欧盟已经通过立法迫使美国科技公司披露算法信息以实现"公平竞争"。作者认为，美欧应在影响全球数据市场的数据权利与数据保护领域加强协调，共同获益，而不是分割数字的成果，各搞保护主义。

https://www.aei.org/technology-and-innovation/should-europe-really-be-leading-the-world-on-tech-policy/

2.欧洲外交关系理事会：网络安全应成为欧洲印太战略的关键部分

3月17日，欧洲外交关系理事会（ECFR）亚洲项目研究员埃利·波赫坎普（Elli Pohlkamp）发表了评论文章《为什么网络安全应成为欧洲印太战略的关键部分？》。文章认为，网络安全应该成为欧洲印太战略的关键部分，并且可以在印太地区为欧盟与其合作伙伴提供一个合作框架。网络空间威胁是21世纪一项最重大的挑战，到2025年全球网络犯罪损失估计将达到每年10.5万亿美元，并且非国家和国家行为体支持的网络攻击将会是越来越大的安全威胁。2020年12月，欧盟发布了新的《网络安全战略》，网络安全已成为欧盟最重要的非传统安全问题之一。文章指出，欧盟应以相同价值观为基础，加强与印太地区合作共同应对网络安全挑战。日本已将数字化转型作为优先事项，网络安全政策也在不断推进，而且日本已在数字领域与欧盟开展合作，因而可以成为欧盟最亲密的合作伙伴之一。文章强调，欧盟和日本都需在国际层面加强双边合作，加强应对网络攻击的能力，并成为塑造网络空间国际规则和标准的领导者。

https://ecfr.eu/article/why-cyber-security-should-be-a-key-part-of-europes-indo-pacific-strategy/

3.德国外交关系理事会：在中美竞争中处于困境的德国

3月17日，德国外交关系理事会刊登该理事会美洲计划研究员马库斯·杰格（Markus Jaeger）的文章《在中美竞争中处于困境的德国》。文章认为，尽管拜登政府发布的《过渡时期国家安全战略指南》不排除在某些政策领域与中国合作，但仍明确地将中国视为战略竞争对手。加剧的中美地缘政治和经济竞争的前景对德国来说是坏消息，德国与两国都有着高价值的贸易和投资关系。美国和中国是德国的第一大和第二大出口市场，也是德国外国直接投资的第一和第三重要目的地。中美之间的竞争可能会导致中美双方向德国施压，要求其支持各自的政策，包括经济脱钩、出口管制、投资管制等。德国对中美的经济依赖使其容易受到外交压力的影响。

https://dgap.org/en/research/publications/germany-between-rock-and-hard-place-china-us-competition

4.《外交事务》：英国须重视欧盟并保持谦逊的态度

3月23日，《外交事务》杂志网站刊登了欧洲对外关系委员会研究主管杰里米·夏皮罗（Jeremy Shapiro）及该委员会高级政策研究员尼克·维特尼（Nick Witney）合撰的文章《全球英国的幻想：英国必须习惯于它只是中等强国的事实》。文章认为，"全球英国"愿景与英国"脱欧"后的现实不符。英国只有接受自身只是中等强国的事实，并致力于同欧盟开展合作，方能扩展其全球影响力。文章首先指出，尽管英国最新政府报告《竞争时代的全球英国》（Global Britain in a Competitive Age）反映出英国在科技、安全、外交和发展等方面的乐观心态，但新冠肺炎疫情对英国造成的经济损失重大，其公共债务正不断攀升，且对欧贸易进出口限制在"脱欧"后持续显现，因此，前景并非绝对乐观。但文章也指出，英国仍是世界第五大经济体以及安理会常任理事国，军事、情报网络及国家软实力名列前茅，并且同欧盟关系密切。作者认为，英国当前拥有更多机会和灵活性来影响欧盟政策。英国应充分发挥此类优势，灵活处理和利用英欧关系，同时认清自身国家利益，减少不必要的承诺（例如介入印太事务）。

https://www.foreignaffairs.com/articles/europe/2021-03-23-delusions-global-britain

5. 皇家三军联合研究所：英国2021年国防部报告是对英国军队未来的一场赌博

3月23日，英国皇家三军联合研究所发表其军事科学主任彼得·罗伯茨（Peter Roberts）的文章《需要完美结合：英国2021年国防部报告》。文章指出，英国国防部近日向议会提交的2021年报告《竞争时代的国防》宣布，将在削减陆军规模的同时，加强该国的海军、特种部队和全球布局，这标志着英国武装部队定位的变化。作者指出，需要重视这份文件中以下三个问题：第一，重视常规军事力量；第二，推进内部财务改革；第三，文件认为，这些改革的成功，以及对武装部队能力和作战理念的改变，并不取决于国防部的努力，而取决于英国的盟国和对手能否赞同英国构想的未来。而作者认为，这份文件想要贯彻实施，就必须保证至少以上三个因素在未来10—15年内完美结合，共同发挥作用。这份文件能否成功实施是对英国军队未来的一场赌博，若其改革失败，英国军队将比今天更加虚弱。

https://rusi.org/commentary/requiring-perfect-alignment-uk-2021-defence-command-paper

6. 欧洲外交关系理事会：美中对抗及对欧盟的影响

3月25日，欧洲外交关系理事会（ECFR）刊发了其亚洲项目主任扬卡·奥尔特尔（Janka Oertel）的署名文章《美中对抗及对欧盟的影响》。文章指出，拜登已明确表示不会改变对中国采取的强硬立场，并且未来美中关系将由他所称的"激烈竞争"（extreme competition）主导。对于美国在欧洲和印太地区的盟友来说，美中日益紧张的关系将影响他们未来几年的政策选择。可以看到，欧中关系也在过去两年里发生了重大变化，尤其是欧盟在《2019年欧盟战略展望》中将中国视为一个系统性竞争对手，标志着欧洲大陆政策转变的开始。同样重要的是，疫情期间中国对欧洲的经济和外交态度，明显影响了欧洲对中国的整体情绪。迄今为止，欧洲政策制定者不愿服从与中国"脱钩"的趋势，仍希望通过对华贸易投资等方式找到应对全球挑战的合作领域。然而，欧洲不可能独自追求一个以欧洲利益为核心的国际议程，必须更多地关注大西洋两岸、印太地区盟友及其他合作伙伴的政策选择，促进并维护欧洲在多边行动和经贸关系方面的利益。

https://ecfr.eu/article/us-china-systemic-rivalry-repercussions-for-the-eu/

7. 卡内基欧洲研究中心：英国"脱欧"后的欧盟—英国外交政策关系

3月30日，卡内基欧洲研究中心网站发表中心访问学者斯特凡·雷恩（Stefan Lehne）撰写的《英国脱欧后的欧盟—英国外交政策关系》一文。文章基于2021年3月中旬英国政府颁布的《竞争时代的全球英国：安全、国防、发展与外交政策综合评估》，分析了英国"脱欧"对于欧盟外交政策的影响、"脱欧"对于欧盟政治格局的改变以及英欧未来的合作和竞争潜力。文章指出由于英国丰富的外交政策资源，"脱欧"确实会给欧盟带来冲击。但是欧盟外交实力软弱是其决策结构失灵、共同战略文化缺乏、内部严重分歧的结果，且在过去十年间英国的疑欧主义逐渐加深，因此英国"脱欧"给欧盟留下的外交缺口要比想象得小。最后文章分析了将决定中期及短期内欧盟与英国关系的四个主要因素："脱欧"带来的情感和政治影响、大西洋两岸关系的复苏可能推动英国与欧盟重新接触、外部挑战、英国和欧盟各自的内部政策趋势。

https://carnegieeurope.eu/2021/03/30/rivals-or-partners-eu-uk-foreign-policy-relationship-after-brexit-pub-84197

四 亚太观察

1. 卡内基国际和平基金会：分析印度永不结盟的大战略

3月3日，卡内基国际和平基金会刊登其资深研究员阿什利·泰利斯（Ashley J. Tellis）的评论文章《印度外交部长视野下的印度不结盟大战略》。

文章称，印度主流政治家仍然坚持不结盟且多边发展的政策，寻求全球秩序的平衡。在印度《不结盟2.0》政策文件中，提出这一大战略的核心目标是平衡国内政治团体的分裂，兼顾左派要求利用他国来谋取自身发展以及右派国家民族主义的不同利益，维持印度外交的战略空间，维护国内社会稳定。印度政策的现实主义属性突出权力的中心地位，充分利用国际地缘政治矛盾谋取自身利益，同时积极维护现有国际秩序规则，确保印度和平崛起。作者指出，尽管印度传统外交政策趋于保守，注重避免大国冲突，但它只会产生有限的回报。作者认为，在纷繁复杂的国际局势中，采取激进的外交政策可能会有意想不到的收获，有助于提高印度全球竞争力，平衡印度多民族的不同利益。

https://carnegieendowment.org/2021/03/03/non-allied-forever-india-s-grand-strategy-according-to-subrahmanyam-jaishankar-pub-83974

2.《日本经济新闻》：对抗中国的稀土战略

3月11日，《日本经济新闻》刊登题为《日美澳印将在稀土领域展开合作对抗中国》的报道。报道称，针对稀土供应依赖中国的情况，日、美、澳、印四国将在生产技术、开发资金、国际规则方面加强合作，以确保供应链安全。目前，中国占据了全球六成稀土生产份额，在稀土分离、精炼工程领域保持垄断，汽车制造、军事工业和风力发电等"脱碳"产品所需稀土都需中国供应，美国总统拜登已与日澳印首脑确认了分散供应链的必要性，强调通过合作应对中国，主要措施包括：研发不容易产生放射性废弃物的低成本精炼方法；在采掘和精炼方面出台联合融资方案，支持盟国和中国以外国家的稀土产业；推动国际能源署制定规则，以阻止中国实施出口管制。报道还援引三菱UFJ研究咨询公司研究员清水孝太郎的观点称，由于天然条件限制，日美澳印四国很难建立起完整的供应链，铽、镝等稀土很难从中国以外的国家采购到，因此，联合起来促使中国让步至关重要。

https://asia.nikkei.com/Politics/International-relations/Indo-Pacific/Quadtightens-rare-earth-cooperation-to-counter-China

3.《外交政策》：印度与西方的合作前景

3月19日,《外交政策》杂志发表印度国家安全咨询委员会前成员、新加坡国立大学南亚研究所所长拉贾·莫汉（Raja Mohan）的文章《印度与西方的合作前景》。作者认为，在不断深化的地缘政治变化中，新德里在许多方面都步步紧逼。印度可能会重新崛起，成为西方国家的东方伙伴。文章指出由美国领导的技术联盟一直试图减少当前西方对中国的依赖。美国在"四方安全对话"首脑峰会上推出的两项举措——关键科技工作组和东南亚疫苗供应链——凸显了印度在美国及其合作伙伴可信赖的技术供应链中扮演重要角色的前景。文章表明，从国家军事安全角度考虑，印度非常愿意以互惠互利的方式分担美国在太平洋地区的安全负担。鉴于印度的规模和长期潜力，印度在保护亚洲方面的贡献会相当大。实际上，自由和开放的印度太平洋战略和"四方安全对话"机制被认为是对印度作为西方合作伙伴这一主张的押注。华盛顿、东京和堪培拉也渴望加入"印度"和"太平洋"，并把不结盟的印度纳入条约盟友的组织。在两次世界大战中，印度都为盟军的胜利做出了重要贡献。因此可以想象，印度将成为建立新的全球秩序的贡献力量。

https://foreignpolicy.com/2021/03/19/india-modi-west-quad-china-biden-non-aligned/

五　中东观察

1.《外交政策》：新的中东地区冲突焦点

3月2日,《外交政策》网站刊登了美国约翰斯·霍普金斯大学高级国际问题研究院教授瓦利·纳斯尔（Vali Nasr）的文章《阿拉伯国家和伊朗不再是中东冲突的焦点》。文章称，美国二十年来一直将中东政治视作阿拉伯国家与伊朗间的拉锯战。但是自伊拉克战争以来，阿拉伯国家便不断陷入混乱，最有可能影响中东局势的实质上是伊朗、以色列和土耳其三个非阿拉伯国家间的竞争。美国的退出和伊朗的扩张共同加剧了阿拉伯国家的恐惧，促使其寻求同以色列达成和平协议。但和平协议事实上加剧了伊、以、土三国以及阿拉伯国家之间的竞争，可能导致更危险的区域军备竞赛和战争。除伊朗外，土耳其的系列扩张行为致使其与以色列、伊朗、沙特阿拉伯、阿拉伯联合酋长国等国关系恶化，并反映出埃尔多安欲重振昔日奥斯曼帝国影响力的野心。俄罗斯也正寻求通过外交平衡增强其在中东的存在。此外，以色列也不断拓展在阿拉伯世界的影响力，其与伊朗的双边关系持续恶化。文章认为，相关局势表明中东的驱动力是现实政治，而非意识形态或宗教。该地区相互重叠的竞争日益复杂化和难以预测，这增加了中俄在中东扩充影响力的机会。为此，拜登政府应关注土耳其、沙特阿拉伯和阿拉伯联合酋长国三边关系等重点议题，鼓励地区对话，尽快发挥美国在缓和地区局势方面的关键作用。此外要考虑伊核协议前景，加强盟友协调，与伊朗就其扩张行动及弹道导弹问题进行接触。总之，美国须将减少新的中东地区强国竞争作为优先事项。

https://foreignpolicy.com/2021/03/02/the-middle-easts-next-conflicts-wont-be-between-arab-states-and-iran/

2.《外交政策》：拜登政府应加速推进与伊协商

3月2日，《外交政策》杂志刊登约翰斯·霍普金斯大学高级国际研究院中东研究所教授瓦利·纳斯尔（Vali Nasr）的文章《拜登政府不断缩小的伊朗"机会之窗"》。文章称，在特朗普任上，美国撤出伊朗核协议并且重新开始对伊朗实行经济制裁，导致美伊两国直接冲突的风险大大增加。为扭转先前政府造成的损害，作者建议拜登政府必须从三个方面采取迅速行动。（1）加速撤销特朗普政府对伊新制裁。尽管伊朗可能会延续其在特朗普政府时期对美的最大战略耐心，但随着国内民族主义抬头，伊朗领导人可能利用地区紧张局势及其核威慑向美国施加压力。（2）积极改善伊朗民众的生计和福利。此举将平息伊朗民众对美国的愤怒，支持美伊两国进行建设性接触。（3）建立信任措施。措施包括取消对伊朗人的签证限制；解冻伊朗在亚洲银行中的部分资金；支持伊朗向国际货币基金组织请求特别贷款。同时，作者警告，快速推进核协议谈判也可能会为拜登政府带来新挑战，激化国会两党矛盾。

https://www.foreignaffairs.com/articles/united-states/2021-03-02/bidens-narrow-window-opportunity-iran

3. 卡内基国际和平基金会：美国—沙特关系中的缺陷

3月4日，卡内基国际和平基金会发布了由其中东计划访问学者亚斯敏·法鲁克（Yasmine Farouk）和哈佛大学政府系博士生安德鲁·莱伯（Andrew Leber）共同撰写的评论文章《重新调整的美国—沙特关系中缺少什么？人民》。目前，美国及其他地区有关制裁穆罕默德·本·萨勒曼王储、重新调整美沙关系的呼声越来越高。文章认为，尽管直接制裁穆罕默德王储能够带来强大的威慑作用，但仍不足以修复美沙关系中的"系统性问题"，也无法在美沙关系中正确呈现"美国价值"。长期以来，为了避免激怒沙特这一合作伙伴，美国少有针对沙特媒体或社会的政策，这却导致反美舆论与美国阴谋论席卷了沙特的各类媒体。作者认为，如果拜登政府希望恢复与沙特关系，就应该与沙特的人民进行接触，实行适度宣传，解释美国的对沙特政策；同时应当向沙特当局施加压力以配合美国政策，开放两国民众互动。作者也同时指出，沙特人认为在美国公众讨论中受到不公正待遇源于其当局不够直接开放的宣传政策。为了实现对外开放的愿景，沙特应当开放学者交流、鼓励在美沙特学生参与政治讨论等。最后，文章认为，"9·11"袭击后美沙关系受损近20年，要实现双方关系的重塑，两国人民都不应该继续被阴谋论裹挟。

https://carnegieendowment.org/2021/03/04/what-s-missing-inrecalibration-of-u.s.-saudi-relationship-people-pub-84015

4.《外交事务》：伊朗经济抵抗政策面临两难处境

3月17日，美国《外交事务》网站刊登弗吉尼亚理工大学的经济学教授、布鲁金斯学会非常驻高级研究员德贾瓦德·沙雷西-伊斯法哈里（Djavad Salehi-Isfahani）的文章《伊朗抵抗型经济政策的困境》。文章就伊朗"抵抗型经济"政策的内容、伊朗国内经济状况、外界对伊经济制裁所带来的影响及美伊两国国内对经济制裁手段效用的不同看法进行分析。文章指出，当前美伊双方对伊朗经济发展迹象的解读角度不同，部分美国人认为伊朗普通民众遭受的苦难最终将导致大多数民众反对其政府。伊朗最高领导人则认为短期伊朗经济遭受的损失将促进实现长期经济自给自足。作者认为，近年来，美国对伊经济制裁使伊朗经济发展遭遇严重挫折，但并未达到美国的目的。伊朗领导人并未忽视美国经济制裁所带来的后果，他们的分歧在于结束经济制裁的时间。伊朗总统哈桑·鲁哈尼急于与拜登政府在2021年6月选举前达成新协议，而伊朗国内各保守派势力包括最高领袖，则力图向西方国家与国内对手证明伊朗强劲的抵御能力。文章指出，伊朗国内保守派更关注经济总体的运行情况，而不是民众的生活水平在伊朗，除石油行业出口遭到严重打击意外，其他行业运行情况在经济制裁背景下依然保持稳定，在制造业领域的生产力甚至有所提升。最后作者指出，若想实现长期经济自力更生，未来伊朗仍需与美国达成新的协议。

https://www.foreignaffairs.com/articles/middle-east/2021-03-17/dilemma-irans-resistance-economy

5.IISS：美国对中东地区安全秩序的影响

3月31日，英国国际战略研究所（IISS）网站刊登了该所地缘政治尽调（Geopolitical Due Diligence）项目高级顾问约翰·雷恩（John Raine）撰写的文章《华盛顿返回重塑后的中东》。文章认为，当前中东两个相互竞争的地缘政治集团（一方以伊朗、土耳其为首，另一方以沙特、阿联酋为首）将迫使美国在接受新的战略平衡和将其作为美国新安全架构的基础之间作出选择。文章称，在美国战略收缩态势下，中东地区安全秩序迅速改变，非美国的投资与技术迅速介入，海湾国家已实现防务合作伙伴关系多样化。此外，以色列也凭借《亚伯拉罕协议》成为海湾地区安全的关键参与者，这种地区性解决方案降低了美国影响力。但文章认为，美国安全担保作用虽有不足，却具备俄、土等国缺乏的规模和经验，其作用依然重要，因此海湾国家需同美国实现新的协调。此外，未来两极化的中东可能出现新的平衡，但其稳定性会因美国作用的缺失而降低。如果美国默许中东的地区性解决方案，美国的安全担保角色及其影响力都将发生改变。

https://www.iiss.org/blogs/analysis/2021/03/washington-middle-east-geopolitics

六 非洲观察

《外交事务》：大国竞争即将在非洲上演

3月4日，美国特种作战非洲司令部退役空军少将马库斯·希克斯（Marcus Hicks）、现役陆军军官凯尔·阿特维尔（Kyle Atwell）和参谋长联席会议陆军军官丹·科里尼（Dan Collini）共同在《外交事务》撰文《大国竞争即将在非洲上演》。文章强调，非洲的大量自然资源储备、快速增长的消费市场和其他因素使其在现阶段大国竞争中具有重要战略意义，特朗普政府撤出美国在非洲的军事部署的决定不符合美国利益。作者认为美国应恢复其在非洲的军事存在，并通过打击叛乱武装来赢取非洲国家对美国领导地位的支持。美国以往的非洲政策主要以国家为单位，其后果是行动过于分散，无法有效打击跨国武装组织。作者建议在萨赫勒、乍得湖地区、非洲之角和非洲东南部四个地区制定长期且目标明确的区域战略，以援助为手段加强区域国家的治理水平，同时通过军事行动为经济建设提供必要的稳定环境，解决武装叛乱的源头问题。作者同时建议负责区域政策的官员直接向总统汇报，并有权协调美国在该地区的所有资源。

https://www.foreignaffairs.com/articles/africa/2021-03-04/great-power-competition-coming-africa

七　俄罗斯观察

1. 俄今日经济网分析碳中和愿景下的中俄能源贸易

3月24日，俄罗斯今日经济网发表亚历山大·梅利尼克（Александра Мельник）的文章《碳中和让中俄在能源市场免受欧盟威胁》。文章指出，尽管可能面临经济增长和资金缺口等压力，中国已做出分别在2030年和2060年实现"碳达峰、碳中和"的积极承诺，并正紧锣密鼓地制订行动计划。俄国家能源安全基金特别项目负责人亚历山大·佩罗夫认为，中国的"碳中和"承诺并不意味着其放弃油气等传统能源，中俄能源贸易还将因此免受欧洲可能实施的环保限制。目前，俄罗斯是中国的第二大石油供应国和第五大液化天然气供应国，而欧盟正在启动的碳边界调整机制将根据碳足迹大小对进口产品征收"碳关税"。佩罗夫表示，中国的控碳承诺意在向欧盟传递出其重视绿色发展的积极信号，以期避免欧盟碳边界调节税给中国经济带来冲击。

https://rueconomics.ru/506989-uglerodnaya-neitralnost-isklyuchit-ugrozy-es-dlya-knr-i-rf-na-rynke-energoresursov

2. CSIS：美俄在北极的关系——在气候问题上的改变

3月31日，美国战略与国际问题研究中心（CSIS）发表其负责欧亚大陆和北极项目的高级副主管希瑟·康利（Healther A. Conley）及该计划研究助理科林·威尔（Colin Wall）撰写的文章《美俄北极关系：在气候问题上的改变？》。文章称，随着俄美完成《新削减战略武器条约》续签，双边参与气候变化治理合作已成当务之急。然而双方的合作面临重重困难。俄罗斯气候政策言行不一，在战略制定上颇为重视减排和可持续发展，但实际上致力于开发北极航道，开采北极天然气和石油。其能源计划并不能够减少化石燃料的生产、燃烧和出口。美国也因在环境保护和北极经济发展之间犹豫不决而存在着政策矛盾，且美国缺乏足够的预算增强其在北极地区的实际存在。文章建议，在美俄关系危机不断的状态下，拜登政府应确定以下两个气候项目以突破上述难关，获得俄合作支持：加强对永冻土的观察研究，并支持北冰洋中部的渔业管理。一方面，永冻土一旦融化，将会给全球生态系统造成巨大影响。拜登政府可通过资金支持，发展俄罗斯也同样感兴趣的遥感观察项目，以鼓励关于永久冻土融化的研究。另一方面，冰岛、欧盟、中国、日本与韩国在2018年签署《预防中北冰洋不管制公海渔业协定》。除了欧盟外，其余签署国都是北极理事会的成员或常任观察员。美国可以在俄罗斯担任主席期间，通过该理事会促进北冰洋中部关于渔业的联合科学研究计划，从而加强美俄之间的合作意识。作者认为，当下正是美俄进行合作以便能于以上两个领域取得成功的时机。尽管这些举措并不会令举世瞩目，但将加强整个北极地区所急需的合作。

https://www.csis.org/analysis/us-russian-arctic-relations-change-climate

八 公共卫生

1.《报业辛迪加》：富裕国家需要推广疫苗以恢复全球经济

3月2日，《报业辛迪加》发表牛津大学布莱瓦尼克政府学院院长恩盖尔·伍兹（Ngaire Woods）评论文章《疫苗团结的萌芽》。文章称，富裕国家政府必须立即向脆弱国家捐赠新冠肺炎疫苗，为疫苗分配多边倡议机制提供更多捐助以确保切实的全球协作，并与制药公司合作提供更透明、非排他性的许可交易,而只有所有国家的疫情得到控制,全球经济增长才能恢复。文章指出,确保全球疫苗的迅速推广很困难,有如下原因:第一,新冠肺炎疫苗实施计划(COVAX)和获取"ACT加速计划"等有助于疫苗全球分配的国际机制资金不足,无法防止较贫穷的国家被迫挪用稀缺的预算和基础医疗资源。此外,贷款购买疫苗的非洲国家无法获得足够剂量;第二,尽管有些主要的疫苗生产企业已经表态将采取自愿许可制度,但依然缺乏专利的非排他性许可和技术转让;第三,疫苗的生产速度无法迅速提高,疫苗的生产规模有时难以扩大且需要严格的监督和质量控制;第四,疫苗民族主义兴盛,富裕国家储备的疫苗剂量已远超其需要,其他国家政府也在争相证明已为其公民采购了足够的剂量。文章认为,尽管如此,一些令人鼓舞的疫苗团结迹象正在出现,而富国政府必须兑现其团结的承诺,只有深度团结才能促进全球经济增长。

https://www.project-syndicate.org/commentary/rich-countries-must-show-covid19-vaccine-solidarity-by-ngaire-woods-2021-03

2.PIIE:亚太地区遏制新冠肺炎疫情的经验教训

3月5日,彼得森国际经济研究所(PIIE)发布研究员马丁·切尔兹皮帕(Martin Chorzempa)和黄天磊(Tianlei Huang)的文章《东亚和太平洋地区遏制疫情的经验教训》。文章指出,东亚和太平洋地区普遍都以较低的经济成本成功控制住了传染病。虽然该地区各地文化差异明显,但共性在于都采取了佩戴口罩、检测、接触者追踪、选择性隔离、边境管控和公共卫生信息沟通交流等手段。文章认为,以简单的"二分法"看待大流行病控制与经济增长是错误的。东亚和太平洋地区成功的疫情应对具有全球意义,如果西方国家像东亚和太平洋地区吸取"非典"教训一样,把新冠肺炎疫情的教训铭记于心,就可以更好地为日后的大流行病做好准备。文章还指出,西方国家有必要在控制流行病和保护个人自由间进行权衡。但总体而言,东亚和太平洋地区取得成功主要源于落实了持续性和强执行力的政府项目。虽然这些项目都是在面临小部分民众反对的情况下推行的，动用了强大的政治意志，但最终以其成果赢得了公众的支持。

https://www.piie.com/blogs/realtime-economic-issues-watch/lessons-east-asia-and-pacific-taming-pandemic

九 人工智能与新兴技术

1.《外交学人》：美国人工智能发展前景

3月3日，《外交学人》发表美国外交政策分析家雅各布·帕拉基拉斯（Jacob Parakilas）的文章《围绕AI的"联盟"可行吗？》。文章提及3月2日美国人工智能国家安全委员会发表的报告。报告称，美国未就人工智能时代竞争做好准备。报告建议建立"大西洋—太平洋安全技术伙伴关系"，将四方安全对话机制（Quad）、北约、五眼联盟、人工智能防务伙伴关系成员等盟国和伙伴聚集在一起，围绕一套共同的AI互操作性标准，以及开发和使用AI驱动新兴技术的共同作战原则，以此保持对中俄的AI技术竞争优势。文章称，该建议实施起来存在困难。首先，人工智能软件具有灵活性和适应性，不同的盟国对监控和科技的日常应用有着不同的法律规范和公众接受程度，不同导向的盟国间就美国的统一标准达成一致的过程也是极其复杂并且充满政治风险的。其次，部分盟国并不认同美国的地缘战略前景，尤其是可能不愿因在AI问题上配合美国而影响其与中俄在其他层面的合作。而且由于缺少如冷战中现实且明确的威胁，美国如何凝聚其盟友存疑，需要提供更有意义的激励举措，围绕技术挑战改革与重建联盟结构。作者认为，虽然AI领域存在潜在威胁，但认为2021年前后美国可以将世界大部分国家团结在其议程周围的想法是天真的。

https://thediplomat.com/2021/03/is-an-alliance-of-alliances-around-ai-feasible/

2. CSIS：更具强制性的网络战略

3月10日，美国战略与国际问题研究中心（CSIS）发表其高级副总裁兼战略技术项目主任詹姆斯·安德鲁·刘易斯（James Andrew Lewis）撰写的文章《更具强制性的网络战略》。作者通过与历史对比指出，网络领域冲突不再是传统的生存性威胁，各方承受风险的心理预期增加、强迫性行动的成本与谈判让步的动力下降，这使得传统的威慑性战略难以奏效。在网络领域，美国处于守势，需要制定更具强制性的网络战略。新的网络战略需接受风险，同时聚焦管控风险、信号传递和联盟体系构建。在风险管控方面，通过细分目标，合理选择并分配各类行动比例，避免过度刺激对手。同时与对手谈判制定网络领域的规范框架以避免风险升级。在信号传递方面，保持与对手、盟友和公众的有效互动，利用多轨沟通、以有利于美国的方式塑造舆论，强调和明确美国行动的合法性。在联盟体系构建方面，建立新的情报分享机制，加强与盟国行动协调，形成共同的战略计划。作者强调，新的网络战略需要承担并管控风险，不应以打败对手为目的，而是与其就网络空间内相关行为达成相互理解。

https://www.csis.org/analysis/toward-more-coercive-cyber-strategy

3. 布鲁金斯学会：全球人工智能条约谈判的时机已经到来

3月24日，美国布鲁金斯学会会长约翰·艾伦（John R. Allen）、副会长兼治理研究主管达雷尔·韦斯特（Darrell M. West）共同撰文《全球人工智能条约谈判的时机已经到来》。文章指出，随着人工智能（AI）、超级计算机、数据分析技术的兴起，将加速发动战争与交战的速度，国家安全的内涵与战争行为模式面临关键转折点。目前需在AI和其他新兴技术发展和应用的早期阶段就这些技术在战争中的使用原则进行全球协议的谈判。条约谈判应遵循以下关键原则：将人权、问责与平民保护等道德原则纳入AI技术为基础的军事决策过程；确保人类对自动化武器系统最终部署的控制能力；将AI技术排除在核武器作战指挥和控制系统之外；不无端采取传统数字手段或AI技术攻击各国关键基础设施，包括窃取商业数据、破坏电网、宽带及金融网络、摧毁医疗设施等；提高以 AI 技术为基础的武器系统的透明度；设立有效监管机制以确保技术使用符合国际规范。目前北约、欧盟及其他地区安全联盟正在就制定 AI 及其他新兴技术规范和政策进行磋商，这些规范需要得到中国和俄罗斯的支持，否则将面临自我限制而无法约束对手的境地。

https://www.brookings.edu/blog/techtank/2021/03/24/it-is-time-to-negotiate-global-treaties-on-artificial-intelligence/

撰稿：李欣芷、张琳菲、郑玮琨、张诚杨、张昭璞、杨舒涵、王乐瞳、凌邦皓、王叶湑、应越、蔡依航、黄瑛、凌邦皓、任怡静、许卓凡、郑乐锋、聂未希、崔元睿、郭一凡、李星原、黄婷、陈晖博、谭昊奕。

审核：马国春、贺刚、姚锦祥、苏艳婷、周武华、袁微雨、王静姝、许馨匀、朱荣生。

终核：肖茜。

4月专报

一 国际格局

1. 全球安全审查：北极地区大国竞争

4月12日，全球安全审查（Global Security Review）网站发表了科罗拉多州立大学科林斯堡分校政治学博士加布里埃拉·格里修斯（Gabriella Gricius）题为《北极地区大国竞争：美国、俄罗斯和中国》的文章。作者基于随着北极变暖在该区域不断加剧的美俄中三国竞争，分析了三国的战略目标与行动。首先，近年来，俄罗斯在北极地区的军事和商业设施不断增加，一些行动被认为攻防兼备。其次，中国将自己视为近北极国家（Near-Arctic Power），2013年以观察员身份加入北极理事会，提出了"极地丝绸之路"，声称将开发新航道，参与石油、天然气、渔业和旅游业等关键产业。尽管目前中国的利益似乎是经济和商业的，但以美国为代表的部分其他国家认为中国也在谋求地缘利益，尤其在北极圈地区谋求提升数字影响力。此外，中俄两国在北极开发方面的合作值得关注。最后，美国在北极的动作最具防御性，将该地区视为大国竞争的下一个战场，正缓慢增加军事和经济存在。随着拜登政府上台，美国对该地区表现出越来越大的兴趣，希望降低中国在该地区的影响力并遏制俄罗斯对该地区的军事化进程。作者认为，虽然美、俄、中三大国不会很快陷入全面战争，但各方越发尖锐的立场值得关注。

https://globalsecurityreview.com/great-power-competition-the-united-states-russia-china/

2.史汀生中心：美国需避免"一刀切"的多边主义

4月14日，史汀生中心发布了其高级研究员理查德·庞齐奥（Richard Ponzio）的文章《美国重归多边秩序的危险与陷阱》，认为拜登对多边主义的拥护是可喜的发展，但"一刀切"的"一揽子"多边主义在某些情况下可能适得其反。文章提出，短期内，拜登政府应将支持世界卫生组织的COVAX计划视为当务之急，同时恢复美国在世界贸易组织中的领导地位。未来二至三年，拜登政府应与国际货币基金组织和世界银行等世界主要多边组织合作，帮助受疫情影响最严重的低收入国家弥补发展融资缺口，在气候行动中担任领导者。但是，如果在每个问题上都寻求多边合作而不考虑具体背景，长远来看弊大于利。"一刀切"的多边主义可能会让多边机构（尤其是联合国）在其无力解决的问题上扮演主导角色，从而错失解决危机的机会，阿富汗和平进程正是因为多边参与而无法取得积极成果。

https://www.stimson.org/2021/perils-and-pitfalls-of-americas-return-to-the-multilateral-order/

3.美国外交学者网站："欧盟印太合作战略"不排斥与中国接触合作

4月20日，美国外交学者网站发布布鲁塞尔自由大学安全、外交和战略中心日本问题高级研究员埃娃·佩绍娃的文章《欧盟版"印太合作战略"的十个要点》。文章认为，印太地区的讨论已形成共同立场，可视为欧盟外交政策的里程碑。该战略十大要点如下：第一，以促进欧洲与伙伴国家、第三方、地区多边组织合作为核心；第二，不排斥中国，在共同关心的问题上与中国接触；第三，强调原则，避免明确指责特定对象；第四，在气候变化、生物多样性、疫情等软性议题上态度坚决；第五，承诺未来在海上安全方面采取更多行动,提高成员国海洋意识;第六,调拨更多资源,结合印太地区倡议,不断发展高质量和可持续的欧亚互联互通;第七,在贸易问题上更加积极主动,捍卫自身经济利益;第八,应对网络安全、海洋治理、灾害防治、海盗等跨国安全挑战;第九,将价值观置于印太合作战略突出地位,成为印太地区有原则的安全参与者;第十,该战略反映了成员国战略优先重点的差异、欧盟对地区安全挑战的看法以及欧盟作为外交政策参与者的本质,是欧盟外交政策里程碑。

https://thediplomat.com/2021/04/the-eus-indo-pacific-strategy-in-10-points/

4.《报业辛迪加》：多边合作能与大国竞争共存吗？

4月21日,《报业辛迪加》刊登联合国开发计划署前署长、布鲁金斯学会高级研究员凯末尔·德尔维什（Kemal Derviş）与布鲁金斯学会高级分析师塞巴斯蒂安·施特劳斯（Sebastian Strauss）共同撰写的文章《多边合作能与大国竞争共存吗？》。文章分析了拜登政府近期就全球多边主义合作提出的三项政策倡议,指出在大国竞争的背景下进行多边主义合作面临的困难,并评估倡议可能带来的影响。第一项重要倡议是美国新增6500亿美元特别提款权,这一倡议将使现有的特别提款权存量增加一倍以上,提高全球流动性,为紧急投资提供资金。第二项重大提议是允许各国根据最大和最赚钱的跨国公司在每个国家的销售情况对其征税,将全球最低公司税率定为21%。这一全球协议的达成面临很大困难,若协议达成,拜登政府在提高美国企业税率的同时又不会在国际上受到损害。第三项倡议是4月22—23日召开虚拟气候峰会,拜登政府提出雄心勃勃的减排目标,实现这一目标需要中国和新兴经济体做出巨大承诺,制订具体减排计划并付出实际行动。作者认为,拜登政府希望奉行一种整体方针,既支持全世界的民主和人权,同时在面临共同挑战时又与对手进行的双边和多边合作。

https://www.project-syndicate.org/commentary/us-china-cooperation-on-climate-corporate-tax-and-sdrs-by-kemal-dervis-and-sebastian-strauss-2021-04

二　美国观察

1.《国家利益》：拜登政府应重新考虑乌克兰政策

4月5日,《国家利益》刊登卡托研究所高级安全研究员、《国家利益》特约编辑泰德·伽林·卡彭特（Ted Galen Carpenter）的文章《拜登的乌克兰政策：乔治·W. 布什格鲁吉亚政策的重演》。文章指出，拜登政府正竭力向乌克兰保证美国与北约支持其对抗俄罗斯及俄支持的分裂分子。小布什政府曾令格鲁吉亚相信自己得到美国的坚定支持、为其提供武器甚至训练军队，赞扬格鲁吉亚民主，敦促北约给予格鲁吉亚成员国资格。但俄全面反攻后美并未履行承诺，格鲁吉亚不得不将南奥塞梯和另一地区交由俄罗斯控制。当前，拜登政府可能模仿小布什过度鼓励乌克兰令人担忧。俄已警告，若乌克兰加入北约将越过俄安全红线，吞并克里米亚即是一次回应。拜登政府继续犯错会导致两个后果：一是重蹈格鲁吉亚问题的错误，乌克兰在美国的夸大支持下对俄罗斯采取对抗性立场，遭受决定性的军事挫败并被羞辱，而美国领导人则谨慎地避免参战，这会使美国显得不负责任；二是美国必须履行对乌克兰安全承诺，对二者间冲突采取了军事反应，这可能引发核战争风险。因此，拜登政府亟须重新考虑对乌政策，不能履行对乌的安全承诺。

https://nationalinterest.org/blog/skeptics/joe-biden's-ukraine-policy-repeat-george-w-bush-georgia-182036

2.《外交政策》：成为美国盟友依旧很难

4月8日,《外交政策》网站刊登了新美国安全中心（CNAS）首席执行官理查德·方丹（Richard Fontaine）的评论文章《成为美国盟友依旧很难》。

文章指出，虽然拜登政府上台之后频繁与盟友互动，其"美国回来了"的口号重新向欧洲和其他合作伙伴宣示了美国将是一个值得信赖的盟友，然而成为美国的盟友依旧很难。首先，拜登政府国内经济政策影响到了与盟友的合作伙伴关系，如撤销美加Keystone XL输油管道项目，保留特朗普政府时期对盟友征收的关税等；其次，拜登政府对其盟友的政策立场感到担忧，如欧盟与中国签署了投资协定，德国与俄罗斯的"北溪2号"天然气管道项目等；再次，拜登政府关于提升民主和人权的行动将会与泰国、菲律宾、匈牙利和土耳其等盟友，以及沙特阿拉伯和阿联酋等亲密伙伴发生冲突；最后，最大的挑战来源于盟友在处理美中关系的问题上，他们是否应该加入拜登所谓的与中国的极限竞争之中。

https://foreignpolicy.com/2021/04/08/allies-us-europe-nato-trump-biden/

3. 美国企业研究所：拜登的预算计划阻碍了国家安全

4月9日，美国企业研究所发布伊莱恩·迈克考斯克（Elaine Mccusker）和麦肯齐·伊格伦（Mackenzie Eaglen）的评论文章《拜登的预算阻碍了国家安全》。文章指出，拜登政府的国防预算比五角大楼的最低要求少了270亿美元，这使美军再次陷入困境，更挤压了军事人员成本和老化设备的维护成本。拜登政府很可能将调整国防开支，将重点放在气候变化和流行病应对上，增加非国防开支。拜登虽然提出了1.9万亿美元的新冠纾困法案，并开始为另一项2.25万亿美元的基础设施刺激计划争取支持。削减国防预算对经济没有任何帮助，因为安全与繁荣是有内在联系的。国会应该认识到国防预算不足对美军和国家安全构成的潜在威胁。

https://www.aei.org/foreign-and-defense-policy/biden-budget-stalls-national-security/

三　欧洲观察

1. 欧洲对外关系委员会：欧盟应调整共同安全与防御政策

4月1日，欧洲对外关系委员会发布由高级政策研究员贾娜·普格里林（Jana Puglierin）撰写的分析文章《力量方向：欧盟的战略指南针》。文章认为，目前欧洲周边的安全局势对欧盟的危机管理能力提出了更高要求，但是布鲁塞尔目前缺乏采取集体行动的必要手段和政治意愿。一方面，对欧盟防务能力具有重要意义的英国和德国未能发挥作用，前者已经退出欧盟，后者则因为受制于本国宪法而对承担更多海外责任犹豫不决；另一方面，虽然法国有意推动共同安全与防御政策的落实，但欧盟内部其他成员国对此莫衷一是。作者建议，欧盟可以采取更灵活的处理方式，例如，授权个别有能力有意愿的成员国在海外采取行动，快速应对当地的突发事件，同时也将该国的行动置于统一的欧盟监督框架之下。此外，欧盟也可以探索与非欧盟国家加强伙伴关系，作为对共同安全与防御政策既有框架的补充。

https://ecfr.eu/article/direction-of-force-the-eus-strategic-compass/

2. CSIS：法国是欧洲与印太间的桥梁

4月1日，美国战略与国际问题研究中心（CSIS）发表欧洲、俄罗斯和欧亚项目访问学者皮埃尔·摩科斯（Pierre Morcos）的评论文章《法国：欧洲与印太间的桥梁》。文章指出，法国拥有相对广袤的领土、较强的海军投射能力、积极的外交接触，并与印太地区有着紧密的经济联系，这让法国认为自己是印太的一个"岛国"，足以充当欧洲与印太地区间的桥梁，并寻求扮演更重要的角色。一直以来，法国积极在印太地区参与高层对话和军事演习，在停止核试验、促进地区自治方面也发挥了建设性作用。法国于2018年成为首个接受"印太"概念的欧盟国家，并将"印太"定义为从波利尼西亚到吉布提的广泛地区，表现出其对印度洋和太平洋同等的重视。法国特别关注中国的态度，正努力在维持对华均势和避免局势升级之间取得平衡。法国认为自己是一个"调停、包容和稳定的力量"，旨在促进该地区的"稳定、以法律为基础的多极秩序"。据此，法国的行动路线有三：第一，促进地区均势；第二，坚定支持多边主义；第三，支持欧洲参与印太事务。文章认为，随着法美合作空间扩大，法国可以让自己在美国的印太战略框架下发挥重要作用，推动该地区志同道合的国家步调一致，还可以推动欧盟的印太政策，确保欧洲发挥更有价值的协调作用。

https://www.csis.org/analysis/france-bridge-between-europe-and-indo-pacific

3.卡内基欧洲中心：纠正关于欧洲的叙事

4月6日，卡内基欧洲中心主任罗莎·贝尔福（Rosa Balfour)发表了文章《反对欧洲文明：关于欧盟的叙事》。文章指出，关于欧洲的历史叙事有多种说法，一种是为饱受战争摧残的欧洲大陆带来和平与繁荣的良性力量，第二种是自由主义政策的推动者，还有一种是民族国家的保护者。而如今关于欧盟的叙事增加了包含文明特性的假定。例如，"欧洲主权"是"欧洲文明"的政治体现，"战略自治"是政策推动的结果，这些都反映了支持欧洲身份的政治努力。但是，通过诉诸欧洲身份来增强欧盟凝聚力的方法并没有抓住问题的根本，欧盟已成为国际政治对抗、甚至是世界两极分化的舞台。文章认为，出于政治、地缘战略、伦理和历史等方面的原因，欧盟追求"欧洲文明"将是一个错误，这可能导致欧盟成员国的分裂，并削弱其全球影响力和软实力。因此，关于欧盟的叙事，不应标榜欧洲对独特文明的"价值观"的所有权，而应看到"价值观"所有权的开放性赋予了欧盟力量。

https://carnegieeurope.eu/2021/04/06/against-european-civilization-narratives-about-european-union-pub-84229

4. 卡内基欧洲中心：欧洲在美伊核谈判中至关重要

4月8日，卡内基欧洲中心发布其非常驻研究员科尼利厄斯·阿德巴赫（Cornelius Adebahr）撰写的评论文章《欧洲虽然迟到了，但在美伊核谈判中仍至关重要》。文章指出，在疫情中，欧洲未能在美国对伊朗持续制裁的情况下为伊朗提供人道主义贸易与援助，因此在此次美伊核谈判中处于一个较弱势位置。对于欧洲而言，制订一项推动美伊双方达成一致的计划将是艰难的，且欧洲已经错过了拜登刚上任时的最佳会谈时机。伊朗即将到来的总统大选又将影响其外交动态，使得谈判再次被搁置。本周在维也纳进行的谈判是欧洲挽救这一项对其安全至关重要的协议的最后机会。尽管欧洲在美伊核谈判中起步缓慢，但如果没有欧洲的调停与努力，美伊将难以在相互不信任的氛围中达成任何协议。

https://carnegieeurope.eu/2021/04/08/europe-is-late-but-crucial-in-u.s.-iran-nuclear-talks-pub-84290

5.《外交学人》发文分析欧盟印太合作战略

4月19日，《外交学人》发布布鲁塞尔自由大学高级研究员伊娃·佩索娃（Eva Pejsova）的文章《欧盟印太战略的十个要点》。作者归纳了欧盟刚刚通过的"欧盟印度洋—太平洋合作战略"的十个要点。其一，与伙伴合作是欧盟印太政策的核心，欧盟应与拥有共同价值观的盟友、具有共同利益的国家以及地区多边组织开展灵活多样的合作以加强战略自主性并促进自身利益；其二，欧盟应采取更包容和平衡的做法，与中国在共同关心的问题接触和开展合作；其三，应避免点名批评某个具体国家，而是强调对地区稳定和人权的普遍威胁，从而提高欧盟战略的应变性和连贯性；其四，欧盟的当务之急是应对气候变化等全球议题和新冠肺炎疫情造成的社会经济影响，故欧盟应在双边、多边背景下带头推动联合国可持续发展议程；其五，海上运输通道的自由、开放和安全涉及欧盟的战略利益，故欧盟应加强在印太地区的海军存在以确保航运安全；其六，随着欧盟增加对印太战略资源投入、与更多志同道合的国家发展伙伴关系并与印太地区现有倡议衔接，高质量和可持续的互联互通将成为更加重要的议题；其七，欧盟应深化与印太国家的经济合作以促进该地区竞争环境的公平，并推动供应链多样化以增强欧盟的经济弹性，更加积极主动地捍卫自身的经济利益；其八，欧盟应加强与印太国家在海洋治理、灾害预防、打击海盗、网络犯罪和非法交易等方面的跨国合作以促进安全；其九，欧盟是一个有原则的地区事务参与者，促进民主、法治和人权符合当地稳定的需要及欧盟在该地区的长期战略利益；其十，"欧盟印度洋－太平洋合作战略"反映了欧盟各成员国战略重点、安全观的差异，并凸显了欧盟在外交领域的参与，是欧盟外交政策的里程碑。

https://thediplomat.com/2021/04/the-eus-indo-pacific-strategy-in-10-points/

6.《外交政策》：寻求团结的欧洲极右势力

4月23日，《外交政策》官网刊登意大利记者米歇尔·巴贝罗（Michele Barbero）的文章《欧洲极右势力寻求团结》。文章指出，随着近年极右翼势力在欧洲多国迅速发展，并逐步影响当地政坛，这一团体开始寻求增强其在欧洲议会的影响力。目前，极右翼势力内部保守主义和身份民主两大群体正在寻求联合。意大利北方联盟、波兰法律与公正党和匈牙利青年民主主义者联盟这三大政党正试图建立统一战线，防止欧洲受到多元文化主义影响，阻止移民以及捍卫家庭传统。如果这一联盟成功建立，它将成为欧洲议会的第二大阵营。但作者认为，各个政党对俄罗斯采取的不同态度使这一联盟的形成困难重重。由于不同的历史文化背景以及经济和安全利益，波兰法律与公正党与美国联系紧密，坚决反对俄罗斯，然而意大利北方联盟、法国国民联盟和德国选择党则反对欧盟针对俄罗斯的制裁。部分新兴极右翼政党还可能会在欧洲议会提起远超过他们自身能力的法案，从而破坏联盟统一性。此外，各大右翼政党在欧洲议会的比例分配也将影响联盟形成。

https://foreignpolicy.com/2021/04/23/europe-far-right-division-europeanparliament-poland-hungary/

7. 欧盟安全研究所建议欧盟在全球核军控中发挥更大作用

4月28日，欧盟安全研究所（European Union Institute for Security Studies）发布由高级分析员克拉拉·波特拉（Clara Portela）撰写的报告《欧盟的军备控制挑战》。报告称，长期以来欧盟支持国际军控的主要方式是提供资金和技术援助，以支持条约的执行和国际机构的工作，这一曾经奏效的措施难以应对当前的复杂挑战。一方面，美俄《中导条约》（INF）废止，《新削减战略武器条约》（New START）险些废弃，《伊核协定》（JCPOA）前途未卜，对欧盟安全造成巨大压力。欧盟在地缘上直接受到上述核导军控条约的影响，但是布鲁塞尔却因自身不是缔约方而缺乏话语权。另一方面，欧盟各国在核不扩散问题上也缺乏协调。部分成员持更激进的立场，支持《全面禁止核武器条约》（TPNW），法国则予以拒绝，并主张将其核威慑范围覆盖整个欧盟。报告建议，欧盟可以利用其内部成员的多元性而接触不同立场的国家，从而发挥桥梁作用，促进全球层面的军控对话；此外，欧盟还可以发挥其知识优势，提出被废止军控条约的替代方案供有关方面磋商讨论。

https://www.iss.europa.eu/content/eu%E2%80%99s-arms-control-challenge

8. 彭博社：欧洲应在美中竞争中扮演何种角色

4月29日，彭博新闻社刊登专栏作家哈尔·布兰兹（Hal Brands）的文章《欧洲应当直面中国对世界的"威胁"》。文章首先指出，尽管欧洲强大的经济实力和军事实力有望使其在美国和中国在印太地区的竞争中扮演重要角色，但由于大部分欧洲国家与该地区在地理上相距甚远，它们对"中国威胁"的认知相对滞后。文章还分析了两种关于欧洲应在美中竞争中扮演何种角色的观点。第一种观点认为，美国应该欢迎欧洲进入印太地区，鼓励欧洲国防利益"全球化"。这不仅有助于维护印太地区的自由和开放，还可以扩大双方在该地区的影响力，从而帮助美国更有效地应对中国。第二种观点是美国应该优先保证欧洲安全防务的"区域化"。这类观点认为，相较于要求欧洲将有限的军事力量分散到印太地区，美国应该说服其在非洲和中东等地承担更多的防务责任。作者认为，尽管从军事角度看第二种策略更为高效，但是这种方式存在两个问题：首先，如果美国因欧洲积极承担防务责任而减少参与该地区事务，北约可能会面临分裂；其次，如果美国鼓吹中国仅是对美国、而非对欧洲的威胁，那么"中国威胁论"实则仅是为了打压中国而存在。因此，美国在美中竞争中取胜的唯一办法就是联合欧洲，促使美中竞争从"双边"向"多边"转化。

https://www.bloomberg.com/opinion/articles/2021-04-29/europe-needs-to-embrace-china-s-threat-to-the-world?srnd=opinion

9.《报业辛迪加》：欧盟必须在中美竞争中采取行动

4月30日，《报业辛迪加》网站刊登德国联邦前副总理、外交部部长西格马·加布里尔（Sigmar Gabriel）撰写的文章《欧洲必须做什么》。文章认为，世界力量中心正加速向亚洲转移，而现有美欧联盟关系并不能有效维持世界秩序。欧盟并不赞同美国把中国视为敌人，欧盟认为中国亦敌亦友。基于此，文章认为美欧之间的合作应着眼构建更加积极的盟友战略，同时避免中美之间的冲突。作者建议拜登政府应通过向美国在欧洲和印度太平洋地区的盟友提供贸易优惠以实现共赢，而非施加关税甚至制裁。对欧盟而言，其总体目标应是重新掌握外交自主权。首先欧盟各国应认清其科技领域相较于中美两国的劣势地位，因此应提升科技实力。同时，欧盟应善用其在设计多边规则和规范方面的经验，助力创建一个明确的框架，以在更广泛的全球化体系下管控中美竞争。最后作者呼吁以美欧为首的西方国家应共同重塑资本主义与民主，追求更具社会包容性的全球资本主义形式。

https://www.project-syndicate.org/onpoint/europe-in-the-sino-american-century-by-sigmar-gabriel-2021-04

10. 威尔逊中心：欧盟与美国的研究与创新（R&I）合作有了新的机会

4月30日，威尔逊中心发布由美国驻柏林大使馆前经济学专家奥利弗·齐格勒（Oliver Ziegler）和中心欧洲与国际业务发展部门学者杰伦·迈耶（Gereon Meyer）共同撰写的文章《欧盟与美国的研究与创新合作——机会之窗》。文章指出，在经历了四年的跨大西洋冲突后，由于白宫权力更迭、美中关系有所变化，欧洲有机会再次与美国进行研究与创新上的合作。作者认为，目前美中竞争仍在继续，拜登政府开始寻求与欧洲关系的改善，希望借盟友力量减轻在如5G网络扩展、半导体芯片等领域所受压力。目前，欧盟正在积极推行"地平线欧洲"（Horizon Europe）跨国科研计划，进行合作伙伴的谈判，也在重新评估国际研究与创新合作的条件，力图打造一个互惠、安全、符合欧洲价值观的公平竞争的环境。在过去，美国常以资金不足、准入条件、法律障碍等原因拒绝参与该计划。但现在，拜登政府对跨大西洋联盟共同应对挑战产生了浓厚兴趣，欧盟则对该计划能力有着充分自信，这是双方重新商定研究与创新合作条件的良好机会。因此，欧盟应当考虑对合作条件进行灵活解释，而美国则应该改变特朗普时期不愿与欧洲合作的外交政策。

https://www.wilsoncenter.org/article/eu-us-research-and-innovation-cooperation-window-opportunity

四 亚太观察

1. 美国传统基金会：拯救美菲同盟需加强经济与安全合作

4月5日，美国传统基金会发布其海战与先进技术高级研究员布伦特·萨德勒（Brent Sadler）的报告《菲律宾：经济方略和安全利益可以拯救关键同盟》。报告着眼于明年菲总统选举的潜在机遇，就美菲关系现状提出对策建议。报告称，强化美菲军事同盟以威慑中国符合两国共同利益，然而，诸多因素导致美菲关系出现裂隙：驻菲美军在融入当地社会、增进互惠互利方面表现不佳；美国《过渡国家安全战略指南》忽视了菲律宾与南海因素，国际发展金融公司也偏离了通过海外基建抵消中国影响的目的。为此，报告建议通过以下举措强化美菲全方位同盟关系：建立美菲外交、经济和安全对话机制，涵盖防务安全、经济发展、围绕南海的外交和法律等系列事宜；以菲总统选举为契机，制订加强同盟关系为期两年的一揽子计划；强化军事存在与扩大对菲投资并重，突出同盟的全面性质。

https://www.heritage.org/defense/report/the-philippines-economic-statecraft-and-security-interests-can-save-critical

2.《外交学人》：美日峰会及美日韩合作

4月6日，《外交学人》刊登兰德公司高级政治学家斯科特·哈罗德（Scott W. Harold）的文章《美日峰会及与韩国的合作》。文章指出，美日领导人将在4月16日的华盛顿会晤中讨论疫情、经济合作、缅甸局势等紧急问题，但紧张的日韩关系可能使得与韩国的同盟合作被忽略。日韩合作对美国家安全有直接影响，美必须发挥主导作用、缓和双方关系，以防他国介入对美造成负面影响。美可能希望日韩建立一种面向未来、基于价值观的关系以应对中朝威胁。尽管拜登政府在促进美日韩三边合作上取得了良好开端，但涉美利益的复杂问题仍将出现：第一，两年内日本将拥有"敌人基地反击能力"，可能引发韩国担忧。美应协调日本向邻国做好解释工作；第二，韩国表示将积极考虑于2021年加入CPTPP。韩国加入将助美抵消《中欧投资协定》和RCEP的影响；第三，美、日、韩与澳、加、印以英和欧盟等关键行为体将共同定义与中国的大国竞争。各国将加强协调、替代"一带一路"倡议和华为5G。拜登恢复美日韩三边关系还面临两国国民的负面预期，日韩将启动议会选举可能使接触更加困难，但美表示将通过新冠肺炎疫情和奥运会等合作促进接触。

https://thediplomat.com/2021/04/the-japan-us-summit-and-cooperation-with-south-korea/

3. 兰德公司：日本是拜登政府亚洲政策的核心盟友

4月12日，兰德公司发布政治学家杰弗里·霍农（Jeffrey W. Hornung）的文章《拜登将日本置于美国亚洲政策的中心》。文章回顾了"自由开放的印太战略"（FOIP）的发展过程，并提出，多种迹象表明美日同盟是拜登政府在印太地区对外政策的中心。以美国的战略制定为例，拜登政府本可以继续其印太接触战略，但仍选择沿用特朗普政府的"自由开放的印太战略"。美国在与日本发表的"2+2"声明及四方领导人共同声明中都重申了支持该战略的承诺。"自由开放的印太战略"最早由日本前首相安倍晋三提出，主张由美日印澳四国共同保卫从印度洋到西太平洋的海域。除了采纳日本的战略理念之外，拜登政府对日本的重视还体现在国家安全领域和对华政策。目前来看，日本似乎是拜登政府优先考虑的国家之一。

https://www.rand.org/blog/2021/04/biden-puts-japan-at-the-center-of-us-policy-in-asia.html

4.《外交政策》：美对印制裁将破坏"四方安全对话"机制

4月12日，《外交政策》杂志网站刊登了美国印第安纳州资深参议员托德·杨（Todd Young）撰写的文章《制裁印度将破坏"四方安全对话"机制》。文章认为，拜登正处于处理美印关系的关键时刻：一方面，其对"四方安全对话"机制的维护将巩固美印关系良性发展的基础；另一方面，如果拜登同意制裁采购俄制武器防御系统的印度，也可能对美印关系造成破坏。文章回顾了"四方安全对话"的发展历程，称其当前重点在于应对"中国威胁"和维护自由开放的地区秩序。作为该机制中唯一与中国接壤的国家，印度角色至关重要，其政策已开始从不结盟转向在决策独立性与采取必要措施保护印度战略资产之间寻求平衡，且对西方军事需求正逐步上升。因此美国应通过外交接触竭力维护美印关系。如果拜登同意根据《以制裁反击美国敌人法》（CAATSA）对购买俄制武器的印度实施制裁，将会破坏美印关系以及"四方安全对话"集体对抗中国的能力。制裁行为难以阻止印度购买俄制武器，且极易被印度国内反对与西方接触的政策人士利用。俄罗斯也可借助美国对印制裁而重新成为印度的首选军事伙伴。文章建议拜登行使CAATSA法案赋予总统的豁免权，允许印度购买俄罗斯武器。这将避免让俄罗斯取得地缘战略胜利并更好地应对中国挑战。

https://foreignpolicy.com/2021/04/12/united-states-india-quad-china-russia-s-400-caasta-waiver-biden-modi/

5.《东亚论坛》刊文分析美日同盟面临的认知分歧

4月13日，《东亚论坛》网站刊登了日本早稻田大学亚太研究科助理教授本·阿西翁（Ben Ascione）撰写的文章《优先处理美日同盟的认知分歧》。文章称，美日应把握此次领导人会晤的机会，直面分歧，深化合作。恢复对美日同盟的信任并深化合作将成为拜登与菅义伟会谈的首要议题。但是，在美国要求盟友承担更多责任以及中国持续崛起的背景下，美日同盟将面临出现严重认知分歧的风险。首先，在应对中国崛起方面，尽管美国两党对华态度日趋强硬，但日本近年来却更倾向于对华合作而非对抗。日本正迅速拓展同中国开展"第三方市场合作"，并且试图避免对华实施经济制裁。文章建议美国做好日本采取更加温和对华态度的准备，同时应对日作出更多安全承诺。其次，在朝核问题方面，虽然美日领导人均对朝持强硬态度，但日韩历史问题将阻碍拜登恢复美日韩三边合作的努力。最后，美日可在应对气候变化和疫情方面加强合作：一方面，两国具备推动能源转型的潜力，并可能由此建立清洁能源合作伙伴关系；另一方面，两国拥有卫生合作经验，可加强信息交流，支持多边卫生合作机制。

https://www.eastasiaforum.org/2021/04/13/priority-on-dealing-with-us-japan-alliance-perception-gap/

6.印度观察者研究基金会：两次外事访问与印度对外政策的转变

4月14日，印度观察者研究基金会刊登其战略研究项目部主任、伦敦国王学院教授哈什·潘特（Harsh Pant）的文章《两次外事访问与印度对外政策的转变》。文章认为，外事访问有时可以暗示对外关系的根本转变。上周，印度接待俄罗斯外交部部长谢尔盖·拉夫罗夫和美国总统气候特使约翰·克里：前者是为俄罗斯总统访问印度做准备，后者是评估印度在气候问题上的意图。这些短暂的访问能揭示印俄和印美关系的发展状况。就印俄关系而言，两者的伙伴关系正偏离原有战略轨道，分歧正在凸显。俄罗斯在印太地区站在中国一方，这向印度表明，俄罗斯作为一个濒临衰落的伙伴需要依靠中国来展示大国能力。此外，从试图将印度排除在阿富汗和平进程外到给予巴基斯坦空白支票，俄罗斯试图使巴基斯坦成为俄罗斯南亚政策的中心支柱。就印美关系而言，在确保实现美国的气候目标方面，印度的作用至关重要，两者的合作也越发密切。这两次访问都凸显了印度外交政策的新现实。理想情况下，印度希望与俄、美均保持良好关系。过去几年，印度做了许多努力，但并未能显著改善印俄关系，原因是两国看待各自与西方和中国关系的方式不同。文章最后指出，印美关系是新德里本世纪的战略伙伴关系，两国在应对各自的战略挑战方面有相似的战略框架，愿意共同努力管控分歧，这类同于20世纪的印苏合作关系。

https://www.orfonline.org/research/a-tale-of-two-visits-and-a-shift-in-indian-foreign-policy/

7. 潘基文：联合国应协同东盟对缅采取行动以防止暴力升级

4月20日，《外交学人》网站发布美联社记者詹妮弗·佩尔茨（Jennifer Peltz）的文章《联合国前秘书长敦促对缅采取"强有力的行动"》。文章指出，联合国前秘书长潘基文于周一安理会会议上释放了敦促对缅采取行动的信号，突出强调了联合国与东盟国家的作用，要求各方努力以制止缅甸军事政变后的血腥镇压，国际组织避免干涉国内事务的承诺不能成为"在严重侵犯人权的情况下不采取行动"的借口。潘基文还表示，在强烈谴责针对和平抗议者的暴力行为、要求军方保持"最大限度的克制"以外，联合国安理会应运用可使用的一系列工具防止暴力进一步升级。对于东盟，潘基文与古特雷斯都认为，针对缅甸当前的紧张局势，地区协调一致做出强有力的国际反应至关重要，东盟国家需最大程度发挥其影响力，与联合国一道援助缅甸和缅甸人民。

https://thediplomat.com/2021/04/former-un-leader-presses-for-strong-action-on-myanmar/

8.威尔逊学者中心：贸易问题不再阻碍美日关系的发展

4月22日，美国威尔逊学者中心刊登地缘经济部副主任、东北亚问题高级研究员后藤至保子（Shihoko Goto）的文章《贸易问题不再阻碍美日关系的发展》。文章指出，刚刚结束的美日元首会晤表明，贸易关系不再是美日关系发展的障碍。相反，在应对中国方面，贸易关系可以成为一个途径。虽然这并不意味着美日两国贸易关系进展良好——美日仍在贸易不平衡的问题上存在龃龉，但是两国元首会晤的重点在于促进贸易合作以应对中国威胁。此前，日本希望与中国保持稳固关系的同时，进一步发展与美国的关系。3月美日"2+2"会晤后，日本对中国对外行为的立场表明，日本正越发坚定地站在美国一边，甚至在台湾问题上挑战中国的核心利益，日本在中美之间保持平衡的努力告终。美日不仅在安全关系上更加稳固，经济合作也前所未有地紧密交织。美日的经济关系将更多地关注经济复原力，维持印太地区自由和公平的经济交往规则，而不再关注双边贸易均衡。与此同时，两国有望在新兴技术领域合作以同中国展开竞争。文章最后指出，两国元首会晤表明，日本对美国构成经济威胁的时代已经结束，日本将一方面受到美国联合对抗中国的安全和经济威胁的施压，另一方面也会推动日本在制造业之外的创新经济竞争中努力。

https://www.wilsoncenter.org/blog-post/when-trade-no-longer-hampers-us-japan-ties

9.《外交政策》：东盟无法改善缅甸局势

4月23日，《外交政策》刊登加州大学伯克利分校研究员奥伦·沙尔梅特（Oren Samet）关于东盟难以积极推动缅甸局势改变的评论性文章。文章指出，虽然东盟各国作为缅甸的邻国均不希望看到缅甸陷入混乱之中，但其"以共识为基础"的决策模式会最终阻碍对缅甸问题的积极处理。即将到来的东盟峰会并不能给出具体的解决方案，在此次峰会中，东盟邀请缅甸军政府最高领导人敏昂莱（Min Aung Hlaing）而非更具有国际合法性的"民族团结政府"（National Unity Government）这一举措，充分说明东盟并没有清楚认识缅甸问题的本质。虽然个别区域领导人提出给予缅甸人道主义援助，但这是东盟标志性举措，并不能从根本解决人为造成的灾难。作者认为，在缅甸问题中需要的是政治决议，而非治标不治本的人道主义援助。文章最后提议，虽然东盟不能发挥有效作用，但缅甸邻国手中均有筹码可以防止情况进一步恶化，例如，泰国政府和缅甸军方将领有较好私人关系，新加坡和缅甸维系着重要的经济纽带，印度尼西亚政府希望能与缅甸民族团结政府代表会面等，这些都是积极改善缅甸目前局势的信号。文章最后总结，东盟在缅甸问题上的表现进一步凸显了分裂且制度僵化的东盟在地区危机问题上的无力。

https://foreignpolicy.com/2021/04/23/asean-summit-myanmar-coup-diplomacy-min-aung-hlaing/

10.《亚洲时报》：中日脱钩的神话

4月23日，中国香港《亚洲时报》发布驻日记者威廉·佩塞克（William Pesek）的文章《中日脱钩的神话》。文章认为，尽管菅义伟在联美制中的道路上越行越远，但其也意识到中国是日本摆脱通缩困扰的唯一解，所谓日中脱钩是一种"歌舞伎表演式脱钩"。中国经济强劲复苏，已然成为日本经济增长的唯一动力源，日本对华出口激增与对美出口疲软形成鲜明对比，使得近期升温的美日同盟关系略显尴尬。尽管日本科技巨头曾计划逐步迁出中国以维护供应链安全，但随着《区域全面经济伙伴关系协定》（RCEP）的签署、中美差距进一步缩小，深化日中经济联系成为日本企业界的主流，市场规律正提醒营义伟不可远离中国。文章总结称，兼顾企业诉求、国内政治与日美关系是摆在营义伟面前的难题，其对华政策的真实想法与表述之间存在割裂。

https://asiatimes.com/2021/04/the-myth-of-china-japan-decoupling/

11.《报业辛迪加》：印度疫情大暴发

4月26日，《报业辛迪加》网站刊登了联合国前副秘书长沙希·塔鲁尔（Shashi Tharoor）的评论文章《印度疫情大暴发》。文章指出，两个月前，向60多个国家紧急提供数百万剂疫苗之后，印度渴望成为全球大国的愿望得到了切实的推动。然而，现在印度感染人数超过1700万，官方死亡人数现已超过19万。文章认为，印度疫情的恶化原因主要有以下几点。第一，象征主义高于实际对策。此外，印度政府在应对疫情时，迷信取代了基于科学的政策。第二，忽视了世界卫生组织的建议。第三，过度集权的问题。印度中央政府并未授权国内28个邦的州政府来设计符合当地情况的战略，反而过度集权进行指挥。第四，随着危机逐渐开始失控，印度中央政府在没有足够资金的情况下向州政府转嫁了越来越多的责任。第五，当疫情看似逐渐减弱时，政府开始沾沾自喜，2020年底淘汰了检测、追踪及人员及其接触者隔离等措施。第六，超级传播活动层出不穷：选举集会和宗教节日将没有佩戴口罩的人群聚集在一起。第七，尽管印度生产了全球60%的疫苗，但印度政府没有采取任何措施扩大再生产，同时也不允许进口外国疫苗，也未帮助扩大现有的生产设施，导致了在4月中旬全国疫苗短缺。随着疫情越来越失控，已经没有人认为印度能够领导全球。

https://www.project-syndicate.org/commentary/causes-of-india-covid19-surge-by-shashi-tharoor-2021-04

五 中东观察

1.CSIS：重新谈判伊朗核协议时需注意五大问题

4月7日，美国战略与国际问题研究中心（CSIS）在其网站发表阿利·伯克战略主席安东尼·H.科德斯曼（Anthony H. Cordesman）的文章《重新谈判伊朗核协议中需要注意的其他问题》。文章指出，截至目前，对于伊朗核协议的公开辩论的焦点几乎完全集中在防止伊朗获得足够用于制造核武器的裂变铀和钚，已有的谈判并没有试图解决海湾、中东和北非地区未来军事平衡的总体稳定问题。美国退出伊核协议，伊朗不断发展以及该地区局势日益不稳定的事实都说明伊核协议的谈判必须涵盖更广阔的议题。作者认为，伊朗核协议重新谈判有五大问题至关重要。第一，伊朗可以设计、试验和部署什么样的核武器？裂变材料固然重要，但其并不能保证一个国家能够以可预测的产量设计和组装出一种可靠的武器。第二，伊朗可以设计、试验和部署什么样的核弹和导弹弹头？核弹和导弹弹头的实际交付使用也面临着同样严重的不确定性，但伊核协议中没有列出任何方式来测试炸弹或导弹弹头。第三，伊朗的常规导弹精确打击能力在替代核突破方面有多重要？就最初的伊核协议进行谈判的各方都没有预料到伊朗能够以多快的速度研制出一系列具备精确打击能力的导弹和无人战斗机，但这些武器将对以色列和阿拉伯海湾国家造成威胁。第四，伊朗在离心机研发和储存方面能走多远？假设伊朗在离心机产量和可靠性方面取得进展，就可能部署秘密反应堆来生产钚。第五，生化武器是一种替代品吗？目前看来，伊朗显然有能力开发基因先进的生化武器，而这类武器确实具有核武器级别的杀伤力。

https://www.csis.org/analysis/other-sides-renegotiating-jcpoa-iran-nuclear-agreement

2. IISS：伊中合作协议

4月7日，英国国际战略研究所（IISS）发布了由卡米尔·朗斯（Camille Lons）和梅亚·诺文斯（Meia Nouwens）共同写作的文章《中国和伊朗的协定：大惊小怪？》。文章称，吸引了全球目光的《中伊25年全面合作协议》（以下简称《协议》），是中国外长王毅本次访问中东的最大成就。《协议》将会扩大中国在能源、银行、电信和基础设施等领域的影响力，推进两国军事合作，并使中国得到伊朗25年的石油供应。但文章对该《协议》的开创性持怀疑态度。在经济方面，由于美国制裁，中国在伊投资和基建规模有限，媒体宣传的4000亿美元预算可能性很低。在政治和安全方面，《协议》中安全相关的部分亦不足以令中伊成为军事同盟。中国也不会大幅提升其参与海湾事务的程度。相反，作者认为中伊最看重的仍是其与美及西方的关系。因此，伊中协议不会威胁到伊核谈判，更不会代替伊朗与西方关系。该《协议》并非国际关系的转折，而是中伊关系的自然进展，并不会使伊朗的外交和安全政策发生重大变化。

https://www.iiss.org/blogs/analysis/2021/04/china-iran-deal

3. 澳大利亚国际事务研究所分析中伊协定的赢家和输家

4月9日，澳大利亚国际事务研究所发布会长助理伊恩·杜金（Ian Dudgeon）的评论文章《中伊全面战略伙伴：赢家和输家》。文章认为，中伊都是赢家，美国是主要的输家，其他欧亚国家也受到了负面影响。中伊签署协议时发表的联合声明提到了加强两国政治关系，追求共同战略利益，加强国防、技术、情报、反恐缉毒方面的合作，扩大经济联系，特别是在金融、矿业、能源、农业和基础设施领域，并且在这些领域与"一带一路"倡议对接。该协议增强了伊朗政权的合法性和地位，并且保障了伊朗"和平使用核能"的权利。协议的达成开拓了中国的对伊投资前景，也使中国获得了在中东新的政治和军事立足点。然而，伊朗应该意识到，不应在政治、战略和经济上过度依赖任何一个国家。由于中东局势复杂，中国也应更加谨慎地处理对伊关系。文章认为，美国是最大的输家。特朗普退出伊核协议仅仅促使伊朗与中俄建立更紧密的关系，这与美国的利益相矛盾。由于中国在中东地区的贸易和投资上的优势扩大，其他欧亚国家也可能在该地区处于不利地位。该协议给本已处于战略变革过程中的中东地区带来了短期和长期的挑战。

https://www.internationalaffairs.org.au/australianoutlook/the-iran-china-comprehensive-strategic-partnership-winners-and-losers/

4.《纽约时报》：抛弃阿富汗是历史性错误

4月19日，《纽约时报》专栏作家布雷特·斯蒂芬斯（Bret Stephens）发表评论文章《抛弃阿富汗是历史性错误》。文章回顾了美国在阿富汗建设中不可或缺的作用，包括性别平等、文化建设等，并同时指出由于美军将重心放在阿富汗军队的装备支持和人员训练上，因此，美国在阿富汗付出的代价并不高昂：自2015以来，只有不到20名美军士兵在阿富汗敌对行动中丧生。作者警告从阿富汗撤军将严重损害美国承诺的影响力。威慑政策的效果不仅仅取决于物质力量，战略可信度同样重要，因此，从阿富汗撤军对乌克兰等急切需要美国保护的盟友和国家而言是一个沉重的打击。从长远来看，美国信誉被损害带来的影响是不可估量的。文章同时指出目前有约1.7万曾受雇于美国政府或军队的阿富汗公民在申请美国签证，如果拜登政府不及时签发签证，这些人极有可能遭到清算。

https://www.nytimes.com/2021/04/19/opinion/afghanistan-biden-troops.html

5.兰德公司：中国不必成为美国在中东的敌人

4月19日，美国兰德公司发布该公司国防分析师阿什莉·罗德斯（Ashley L. Rhoades）与中东公共政策中心主任达莉娅·达萨·凯（Dalia Dassa Kaye）的文章《中国不必成为美国在中东的敌人》。文章认为，中伊协议为两国经济方面的深化合作奠定了基础，但是，无论规模大小，中国对伊朗的大量投资并不意味着"中国—伊朗轴心"的建立。美国过度关切中伊关系进展，但是中国在中东并不是美国的对手。美国与其将精力和稀缺资源花费在不可行的目标上，例如试图将中国"赶出"该地区，不如重新平衡自身的投资。中国在中东的行动并不总是损害美国利益，中国影响力的增强并不一定会侵蚀美国在该地区的力量，有时美国甚至可能会发现与中国有重叠的利益，如推进中东核不扩散目标、人道主义救灾与援助行动和反海盗巡逻等。在面对全球众多挑战的同时，美国应该在竞争中寻求与中国合作的潜在机会。

https://www.rand.org/blog/2021/04/china-does-not-have-to-be-americas-enemy-in-the-middle.html

6.卡内基国际和平基金会：美国应在巴以问题上转变政策

4月19日，卡内基国际和平基金会发布其访问学者扎哈·哈桑（Zaha Hassan）、中东项目主任丹尼尔·李维（Daniel Levy）、中东项目研究分析师哈拉马尔·基尔（Hallaamal Keir）及研究中心副主任马万·穆沙（Marwan Muasher）的文章《打破巴以问题的现状》。文章认为，拜登政府应该抛弃特朗普的"和平促繁荣"计划，放弃重启和平进程，转而制定以权利为核心的战略方针。作者提出，美国在巴以问题上的政策转向应该重点考虑四方面的内容：优先考虑权利和保护人民；逆转特朗普政府的政策，重申国际法；明确对巴勒斯坦和以色列的期望；支持新的多边方法和问责制。为了达成目标，美国可以采取以下行动：不支持巴勒斯坦建国，支持居住在以色列控制领土内的人享有平等权利；重启美国和巴勒斯坦的双边政治接触，将美国驻耶路撒冷领事馆与驻以色列大使馆分开；向联合国提供资金以解决巴勒斯坦难民问题；在哈马斯承诺不针对以色列平民的前提下促进哈马斯与法塔赫和解；结束对加沙的封锁；重申以色列定居点违反国际法；建立监督问责机制确保美国的援助不被用于侵犯人权；维护联合国关于巴以冲突的决议；避免加剧中东地区军备竞赛。美国的参与应更好地推动公正持久的政治解决方案，促进以色列和巴勒斯坦人的尊严和安全。

https://carnegieendowment.org/2021/04/19/breaking-israel-palestine-status-quo-pub-84167

7.《外交政策》：阿富汗需要的不是美军而是稳定

4月20日，《外交政策》在其官网发布由波士顿大学国际关系学院的访问助理教授迈克尔·哈什（Michael F. Harsch）和其研究助理泰勒·惠特尔（Taylor Whitsell）共同撰写的文章《阿富汗不需要美军而需要稳定》。文章指出，美国在阿富汗可以实施"稳定岛屿"（Islands of Stability）战略，即以区域驱动的方式稳定脆弱国家，使美国在不需要地面部队的情况下，帮助扩大阿富汗当地的和平与繁荣局势。"稳定岛屿"战略是指在脆弱的、易受冲突影响的国家中建设具有较高安全水平、能够提供公共服务的区域。阿富汗、伊拉克、叙利亚和索马里等国拥有的该类型区域在面对冲突时表现出了非凡的韧性。文章表明，以区域为导向的战略核心在于权力下放，当公民拥有发言权、领导人负起责任以维持安全和提供基本服务时，稳定的区域才更有可能繁荣。此外，对这些地区的基础设施进行有针对性的投资，可以对周边地区产生积极的溢出效应。文章认为美国从阿富汗撤军后，应当专注于三个领域：一是在阿富汗政府和塔利班进行和平谈判背景下，推动权力下放；二是实施长期援助项目，为地方领导人提供激励，使他们能够长期开展工作；三是抑制外国的颠覆行动，即对这些地区及其邻近地区采取谨慎一致的国际措施。

https://foreignpolicy.com/2021/04/20/afghans-dont-need-u-s-troops-they-need-islands-of-stability/

六　非洲观察

《外交政策》：非洲的恐怖主义亟待国际社会的关注

4月19日，《外交政策》杂志发表美国企业研究所（AEI）研究员艾米丽·埃斯特尔（Emily Estelle）的文章《为什么专家们无视非洲的恐怖主义？》。文章指出，非洲国家的萨拉菲主义运动遭到忽视，如上个月发生在莫桑比克北部帕尔马镇的流血事件几乎没有引起美欧的注意。作者认为，美国对莫桑比克危机和其他类似袭击的反应如此有限的原因在于，关注非洲的政客往往刻意回避那些需要军事解决的问题，美国不想派遣部队前往非洲投入长期任务。早期在阿富汗和伊拉克的反恐失败导致美国转向强调当地条件和非军事反应，但不可能依靠软实力击败当地已经掌握大权的极端分子，这些武装组织正在加强在非洲以外发动袭击的能力。"大国竞争"战略框架流行意味着美国必须降低反恐任务的优先级，因为这会分散美国对中俄的注意力。作者认为，非洲"圣战"问题之所以存在盲点，是决策者不敢接手这项棘手的任务，持久的解决方案需要财政和权力结构的彻底改革。国际社会负有同样的责任。

https://foreignpolicy.com/2021/04/19/why-experts-ignore-terrorism-in-africa/

七 俄罗斯观察

1. CSIS：美国应调整对俄战略

4月6日，美国战略与安全研究中心（CSIS）网站刊登了该中心欧洲、俄罗斯和欧亚项目主任希瑟·A.康利（Heather A. Conley）、副研究员塞勒斯·纽林（Cyrus Newlin）以及乔治城大学亚洲研究主任迈克尔·J.格林（Michael J. Green）等合撰的文章《"四方安全对话"的回归：俄中会组建自己的阵营吗？》。文章认为，"四方安全对话"机制发展的同时也加速了俄中战略合作，但这并非意味着国际体系必定走向分裂或俄中必将结盟。俄中战略合作将给美国及其盟友体系带来严峻挑战，美、澳等国应在印太地区寻求同俄罗斯实现某种程度的缓和。文章回顾了俄中近年来在国防和军事技术等领域的合作进展，指出俄中在反对印太地缘政治竞争、摆脱西方技术控制和制裁方面存在共同利益。但文章认为,这一现状可能是美国对俄"战略忽视"的产物。即在美国日益重视中国威胁的政策背景下,俄罗斯只有选择同中国深度合作方能提升本国在印太等地区的战略地位。文章分析称,美国未来应是:第一,竭力保持俄印经济和安全关系;第二,推动美俄军控谈判以向中国施加压力;第三,挖掘亚洲盟国同俄罗斯的经贸增长点;第四,就北极开发问题同俄展开沟通;第五,增加"四方安全对话"机制的灵活性和开放性,扩展未来同俄沟通的渠道。

https://www.csis.org/analysis/return-quad-will-russia-and-china-form-their-own-bloc

2.《外交政策》:制裁无法中止"北溪2号"天然气管道工程,而外交手段可以

4月9日,《外交政策》刊登了美国国务院前政策规划官员爱德华·菲什曼(Edward Fishman)关于华盛顿应该通过与柏林外交谈判来解决"北溪2号"天然气管道项目的政策建议文章。文章指出,目前该项目的主导权掌握在德俄政府手中,且双方均已介入以保持项目的顺利进行。美方需要考虑通过外交手段改变德俄一方的立场。考虑到欧盟对于俄罗斯天然气的高度依赖,这一计划是普京处理与欧盟关系的筹码,俄罗斯方面不太可能与美国达成一致。如果华盛顿想终止这一计划,只能通过与柏林交涉。对于华盛顿而言更糟糕的是制裁还有可能恶化美德关系,使更多德国民众反对拜登政府并支持项目尽快完工。作者在最后提出将制裁推迟到德国大选结束后应是华盛顿最明智的选择,并给出两点理由。首先,出于政治考量,默克尔本人不希望在卸任前看到"北溪2号"完工。其次,德国绿党对于这一项目也是持反对意见,而绿党极有可能进入下一届德国新执政联盟。因此拜登政府应抓住机会通过外交手段与默克尔政府谈判:为了换取柏林将这一项目的完工推迟到9月之后,华盛顿应承诺在这一时期内不对德资公司进行制裁。

https://foreignpolicy.com/2021/04/09/sanctions-wont-stop-nord-stream-2-

diplomacy-will/

3. 莫斯科卡内基中心：未来英俄关系走向

4月28日，莫斯科卡内基中心网站刊登了该中心主任德米特里·特列宁（Dmitry Trenin）撰写的文章《俄罗斯可以从英国新的外交政策战略中期待什么？》。文章首先回顾了最新出台的《英国国防与外交政策综合评估》的主要内容。认为该评估强调非军事力量的作用以及加大国防开支，但总体上，其变革设想仍符合英国既有的外交政策方向。在地缘政治方面，英国"脱欧"后仍将以欧洲国家的身份参与"五眼联盟"。在意识形态层面，英国将紧随美国抗衡中俄，其目标在于建立以西方价值观为基础的国际秩序，恢复西方国家的世界主导性地位。在地缘战略重点方面，英国将转向印太地区并努力建立同中国的竞合关系。文章在上述分析基础上探讨了英俄关系走向，指出该评估将俄罗斯视作"英国安全最严重的威胁"，应采取多项措施与俄罗斯展开对抗。除非俄罗斯对其外交路线作出根本性修改，否则英俄两国很难合作。文章认为，当前英俄开展双边政治接触的频度和预期成效均较低，但可尝试利用多种形式在全球和地区问题层面进行接触与合作。相关领域涉及气候变化、核军控、医疗卫生以及全球战略稳定等方面，同时也应寻求在非政治领域开展非官方接触。

https://carnegie.ru/commentary/84287

4.《国会山报》：俄罗斯扩展影响力的"叙利亚模式"

4月28日，《国会山报》发布中东报道和分析中心主任塞思·弗兰兹曼（Seth J. Frantzman）的文章《俄罗斯通过叙利亚获得权力》。文章指出，叙利亚内战是俄罗斯全球影响力的转折点。借由武装介入叙利亚内战，俄罗斯成功阻止了巴沙尔政权的倒台并在与伊朗、土耳其的合作中有效扩展了自身在该区域影响，使美国日趋边缘化。以叙利亚危机为开端，俄罗斯通过俄乌冲突、向利比亚派遣雇佣军、促进叙利亚和谈以及对北约成员国军售等各种手段不断提升其全球影响力。目前，埃及、海湾诸国和以色列等传统美国盟友都在观望俄下一步行动。随着美国从阿富汗撤军，俄或将填补美国留下的权力真空，从而扭转其阿富汗战争以来在该问题上的失败形象。因此，美国应仔细审视俄罗斯扩展影响力的"叙利亚模式"，并在此基础上找到应对之道。

https://thehill.com/opinion/international/550280-russias-path-to-newfound-power-has-been-through-syria?rl=1

5.莫斯科卡内基中心：美俄关系新模式

4月29日，莫斯科卡内基中心主编亚历山大·鲍诺夫（Alexander Baunov）发表分析文章《升级与退避：美俄关系新模式？》。文章称，此轮俄乌边境危机表明，美国和俄罗斯或已形成新的互动模式，即双方都先借助蓄意制造紧张局势以显示自身实力，之后又同时有意识地相互退避，这种行为方式作为外交中的工具性手段，造成双边关系在紧张与缓和之间摇摆。在俄罗斯方面，莫斯科先通过在俄乌边境大举增兵，向北约显示自身的决心和意志，但随后又有意营造缓和气氛，例如俄军暂停大规模边境军事演习，普京在国情咨文中并未强调军事安全和地缘政治问题，甚至还公开邀请乌克兰总统泽连斯基进行对话等。在美国方面，拜登政府在强硬地表达对乌克兰的支持并施加对俄制裁之后态度也有所缓和，例如听从俄罗斯的建议召回本国驻俄大使，并未采取措施将俄罗斯排除在SWIFT国际金融体系之外，也未对俄罗斯债券在二级交易市场实施新的制裁。作者认为，这种美俄新关系模式的成因是双方既存在地缘政治矛盾，又在应对气候变化、军控、应对新冠肺炎疫情等领域存在利益交换的空间，这种紧张与缓和之间的摇摆有可能延续至美俄元首峰会之时。

https://carnegie.ru/commentary/84432

八 公共卫生

《报业辛迪加》：G7须加强合作以提升全球疫苗接种率

4月15日，《报业辛迪加》网站发布英国前首相和财政大臣戈登·布朗（Gordon Brown）、埃塞俄比亚外交部前部长及现任世界卫生组织总干事谭德塞（Tedros Adhanom Ghebreyesus）等六人联合署名的文章《七国集团须采取行动，为世界接种疫苗》。文章指出，当前，疫苗不平等、不公正现象仍在日益加剧，发达国家与发展中国家乃至不发达国家间的接种程度差距巨大，不利于世界经济与公共卫生的向好发展。七国集团应就2020年6月峰会上支持人类抗击新冠肺炎疫情的财政行动计划达成一致，使世界各国获得公平接种疫苗的机会。文章强调，七国集团须立刻加大对"获得抗击新冠肺炎工具加速器"（ACT-A）的支持力度，同时鼓励发展中国家自力更生接种疫苗，倡导公开分享相关知识、信息与技术，以更好地带动全球疫苗生产能力，提升疫苗接种率。一方面，七国集团可借助现成的融资机制与多边金融机构为ACT-A提供财政支持；另一方面，七国集团亦可借助世界卫生大会这一多边平台，保证各国政府更好实施抗疫工作，并协同民间组织推进国际合作的有效开展。

https://www.project-syndicate.org/commentary/g7-must-finance-equitable-global-covid19-vaccine-access-by-gordon-brown-et-al-2021-04

九 人工智能与新兴技术

1. 大西洋理事会：如何解决国家人工智能政策盲点

4月29日，大西洋理事会（Atlantic Council）网站刊发了斯坦福大学"以人为本"人工智能研究院研究员索拉布·米什拉（Saurabh Mishra）、经合组织人工智能工作组主席基思·斯特里尔（Keith Strie）文章《计算取胜：解决威胁国家人工智能雄心的政策盲点》。文章指出，人工智能正在引发全球竞争和经济增长的重大结构性变化，未来十年内，人工智能将会产生数万亿美元的新价值。从2017年6月到2020年12月，全球已经有60多个国家和地区制定并发布了国家人工智能战略，但其中许多战略只是空想，不够详细也无法付诸实践。目前，各国在制订人工智能发展计划时，相关政策过分集中于数据和算法，然而却忽略了良好的数据、广泛可接受的衡量标准以及人工智能计算能力与有效利用之间的关系。文章认为，人工智能战略的完备程度预示着该国在全球数字经济竞争中的能力。各国的政策制定者都必须衡量国内人工智能的计算能力、思考如何有效使用，以及如何以一种有弹性的方式推进构建人工智能发展所需要的计算基础设施。

https://www.atlanticcouncil.org/blogs/new-atlanticist/computing-to-win-addressing-the-policy-blind-spot-that-threatens-national-ai-ambitions/

2.CSIS：确保信息和通信技术及服务供应链的安全

4月2日，美国战略与国际问题研究中心（CSIS）发表战略技术项目总监詹姆斯·安德鲁·刘易斯（James Andrew Lewis）的评论《确保信息和通信技术及服务供应链的安全》。文章指出，"数字互疑时代"已经到来，美国应思考数字技术或服务中的交易是否会扩大美中竞赛的风险，此类交易是否应被禁止，以及美国是否对中国供应商产生了有风险的依赖。使用中国信息通信技术的风险程度评估应依据六个指标：第一，设备是否连接到中国的服务器或网络，服务是否由中国的服务器或网络运营或管理；第二，中国产品或服务可以获得哪些数据；第三，数据存储在哪里；第四，谁控制或拥有数据；第五，谁是产品或服务的用户；第六，美国公司在华提供类似产品所受待遇如何。基本的问题是，中国在美的网络服务收集哪些数据，使用这些服务会制造哪些其他机会，包括对网络和设备的访问。风险不可避免，但并非所有的交易都产生风险。因此，供应链无须完全脱钩，更好的网络安全保障和有针对性的法规可以降低风险。为达到这一目标，美国应采取平衡的方法，使用渐进式和最小化的监管降低风险，同时最大程度减少过早或过度的监管对美国公司造成的损害。

https://www.csis.org/analysis/securing-information-and-communications-technology-and-services-supply-chain

十　气候变化

1.《日本经济新闻》：日本应从亚洲低碳化进程中寻出路

4月21日，《日本经济新闻》发布神户大学（Kobe University）研究员松尾宏文（Hirofumi Matsuo）关于日本应加强低碳化技术的研究以提升其亚洲地位的分析性文章。作者指出，虽然中日之间出现正面冲突可能性极小，但如今美中之间的对立使日本被迫卷入冲突可能性不断上升，所以日本需要寻找一条出路来提升自己在亚洲的地位。亚洲作为世界经济增长中心，同时也面临极大的低碳化压力，日本可以通过解决气候问题提升在亚洲的话语权。首先，日本在氢燃料和氨燃料领域已经先人一步。其次，日本在半个世纪前就正式引入液化天然气，由此确立了在该领域的优势地位，借助技术领先，率先建立覆盖亚洲的脱碳供应链将是日本千载难逢的好机会。文章认为，日本外交活动应当围绕技术和资金、合作伙伴以及规则制定展开，同时，在基础设施建设项目上，最好与中国实现分工协作，避免展开竞争。对于日本来说，通过加强低碳化技术发展来吸引亚洲国家的关注，这将更有效地提升日本在亚洲的地位，对中国主导亚洲的价值观形成牵制。

https://www.nikkei.com/article/DGXZQODK1616J0W1A410C2000000/

2.卡内基欧洲研究中心：法国应对气候问题的新方法

4月22日，卡内基欧洲研究中心网站刊登诺森比亚大学研究员伊恩·巴贝隆（Ian Babelon）、民主团体（Democratic Society）气候项目主任娜迪亚·尼克（Nadja Nickel）和民主理论研究员保罗·皮埃里（Paola Pierri）共同撰写的文章《法国应对气候问题的新方法》。文章指出气候问题的应对措施与民主政治之间的关系业已成为各国辩论焦点，气候大会必须探索和创新公众参与的形式。法国奥尔良市在涉及可持续能源气候行动计划的关键领域，致力于促进生态转型和公民参与。文章进一步指出，与气候相关的治理问题的另一个挑战是如何协调不同级别的公民参与，与传统气候大会相比，法国奥尔良市论坛模式的参与人员包括公民、社会活动家、学者和经济行为者，以及政府官员。最后文章指出，就长期影响而言，该模式的最大优势之一是培养了公民技能和对民主的信任，在解决气候问题上也更具有可行性。

https://carnegieeurope.eu/2021/04/22/novel-approach-to-local-cl,imate-action-in-france-pub-84363

3.《华尔街日报》：美中或可借天然气撬动气候变化合作

4月26日，《华尔街日报》网站发布专栏作家纳撒尼尔·塔普林（Nathaniel Taplin）的文章《美中或可借天然气撬动气候变化合作》。文章认为，加强美中在天然气开发和贸易方面的合作，既可以帮助中国实现"从2026年开始削减国内煤炭消费"的目标，也能缓和两国关系，是为一举两得。原因如下：第一，虽然煤炭占比在中国能源结构中一直稳步降低，但是在混合发电方式下，煤电与新的风力涡轮机和太阳能发电厂的配合并不十分理想，所以煤电的生命力依然顽强；第二，美国正与卡塔尔、澳大利亚等国争夺亚洲天然气市场的份额，若有中国助力，美国未来出口终端的目标会更有可能实现。基于以上，美中气候合作不仅是为了避免气变问题发生最坏的情况，也是为修补存在脱钩风险的双边关系。美中在天然气方面存在明确的利益一致性，如今这种利益的重合在双边关系中已不多见，两国应该抓住机会。

https://www.wsj.com/articles/how-to-add-gas-to-u-s-china-climate-cooperation-11619402874?mod=hp_lista_pos3

4. 美国对外关系委员会：全球气候协定的成功与失败

4月29日，美国对外关系委员会（CFR）网站刊发了其研究员林赛·梅兹兰（Lindsay Maizland）的研究报告《全球气候协定：成功与失败》。报告指出，自20世纪90年代初以来，各国就如何应对气候变化展开了一系列谈判，并达成了包括《联合国气候变化框架公约》、《京都议定书》以及《巴黎协定》等一系列重要协议。虽然在承诺减缓全球变暖方面达成了普遍共识，但各国政府在最大责任国和减排目标设定方面仍存在较大分歧。在是发达国家还是发展中国家对气候变化负有更大责任的争论中，《京都议定书》只要求发达国家减少排放，而《巴黎协定》则认为气候变化是一个全球问题，呼吁所有国家都应制定减排目标。报告认为，仅《巴黎协定》并不能有效减缓全球变暖，可以建立一个气候俱乐部，或者制定适用于特定行业减排的新条约作为《巴黎协定》的补充。

https://www.cfr.org/backgrounder/paris-global-climate-change-agreements

撰稿：王欣然、谭昊奕、杨雨霏、郑乐锋、马浩林、张诚杨、李星原、张昭璞、王叶湑、许卓凡、黄瑛、包坤极、杨滨伊、柳盈帆、王乐瞳、陈晖博、凌邦皓、李璇、崔元睿、郭一凡。

审核：马国春、贺刚、姚锦祥、苏艳婷、周武华、袁微雨、王静姝、许馨匀、朱荣生。

终核：肖茜。

5月专报

一 国际格局

1.《报业辛迪加》：美中之间是"合作性竞争"关系

5月6日,《报业辛迪加》网站5月6日发表美国哈佛大学教授约瑟夫·奈的文章《美中竞争的逻辑》。文章认为,尽管中国实力不断增强,美国依然享有诸多优势：第一,地理位置优越,不受领土争议困扰,与周边国家关系友好；第二,能源储量丰富,完全满足需求；第三,美元是世界货币,因此美国拥有雄厚的金融实力；第四,美国的劳动力队伍在扩大,科研创新实力依旧全球领先。但中国在新兴科技领域取得的进步已不再是过去依靠模仿的旧方式,美国原有的制裁无论是从方式还是理由上都不再有效,美国应当着力增强自身实力。虽然随着亚洲经济实力增强,世界权力开始出现转移,但亚洲内部有自身的权力平衡模式,中国受到日本、印度与澳大利亚的制约,因此说中国将统治世界是不准确的。在未来数十年内,依然没有国家能够在综合实力上挑战美国。尽管在有些领域,美国通过采取单边行动,可以起到解决部分问题的作用,但在气候变化与新冠肺炎疫情治理方面,美国无法仅凭一己之力解决问题。美国需要与中国合作,也要相信中国合作的诚意。"合作性竞争"并非易事,需要美中双方共同努力。

https://www.project-syndicate.org/commentary/joe-biden-us-china-relations-cooperative-rivalry-by-joseph-s-nye-2021-05

2.《国家利益》：拜登政府不应同时对抗中俄

5月11日,《国家利益》网站刊登了卡德学院安全研究高级研究员特德·盖伦·卡彭特（Ted Galen Carpenter）撰写的文章《拜登政府未能设定明智的外交政策重点》。文章称，拜登政府同时对中俄两国实施强硬政策的做法并不明智，也有违基辛格关于美国要防止中俄走近的战略原则。文章从三个层面对拜登政府的外交政策进行分析回顾：在总体层面，美国不仅正在同时对抗中俄两个大国，而且在中东等其他地区的实质性战略投入仍在增长，相关举措将使美国陷入过度扩张和战略透支的风险；在对俄政策层面，拜登政府及民主党把俄罗斯视作党派斗争工具和美国的"生存威胁"，并不断增加美俄对抗趋势；在对华政策层面，拜登政府在经贸、安全等领域继续对中国奉行强硬路线，相关举措并不比特朗普政府时期明智。文章称，拜登政府模糊的外交政策重点和战略短视正在加速中俄全方位合作的进程。鉴于中国不断壮大的经济实力和常规军事力量，拜登政府当前最为明智的做法是修复美俄关系，防止中俄走近，以使美国能够专注于对中国的战略竞争。

https://nationalinterest.org/blog/skeptics/biden-administration-failing-set-intelligent-foreign-policy-priorities-184926

3.《外交事务》：大国竞争有利于发展中国家

5月21日,《外交事务》刊登伦敦政治经济学院荣誉教授布兰科·米兰诺维奇（Branko Milanovic）的文章《大国竞争有利于发展中国家》。文章指出，相比冷战时期美国强调的"直接援助"和"现代化理论"，美国目前仍未明确其对外援助的政策方向。美国长期坚持的体制改革并不能解决发展中国家的贫穷问题。相反，通过"一带一路"倡议和亚洲基础设施投资银行，中国对外援助不仅为当地提供贷款资金，还涉及大规模基础设施建设。同时，中国对外援助拒绝干涉他国内政的理念广为受援国家欢迎。作者认为，为提高在发展中国家的影响力，美欧必须摒弃那种鼓吹体制改革、诋毁国家在经济发展中作用的做法。他建议美国向发展中国家提供有形的商品，比如水坝、电网、供水和排污系统，同时加强受援国家教育、卫生、无线网络建设。作者认为，这种美中之间的大国竞争能够促进发展中国家的经济增长，从而减少全球贫困。

https://www.foreignaffairs.com/articles/china/2021-05-21/competition-can-be-good-developing-world

4.《外交学人》：在东南亚建立美韩数字联盟

5月21日，《外交学人》杂志刊登了美国陆军战争学院助理教授拉米·金（Lami Kim）的评论文章《在东南亚建立美韩数字联盟的理由》。文章指出，中国正在寻求占据东南亚地区数字化转型中的主导地位，这将进一步增加东南亚国家对中国的经济和技术依赖，同时也会限制美国的影响力。然而，美韩可以合作共同对抗中国在东南亚地区数字领域的主导地位。近七十年来，韩国一直是美国值得信赖的盟友，而且韩国企业在数字领域具有相对竞争优势，可以成为美国遏制中国抢占地区数字化主导地位的合作伙伴。对于韩国来说，与美国在东南亚电信市场合作将有助于推进韩国的"新南方政策"，并减轻对中国的经济依赖。

https://thediplomat.com/2021/05/the-case-for-a-us-south-korea-digital-alliance-in-southeast-asia/

5.《外交学人》：美国不应将"一带一路"倡议视作威胁

5月22日，《外交学人》网站发布美国纽约州立大学新帕尔茨分校经济学助理教授徐赛兰（Sara Hsu）的文章《中国的"一带一路"倡议是否对美国构成威胁？》。文章指出，"一带一路"倡议多次被贴上"债务陷阱"标签，但已有诸多证据足以反驳：一方面，中国并未通过过度放贷或有意投资亏损项目实施对"一带一路"沿线国家的控制；另一方面，"一带一路"倡议不仅覆盖非洲、拉美等欠发达国家和地区，更包括东亚、欧洲等发达国家和地区，并事实上实现了基础设施层面的互联互通，带动了贸易和外国直接投资，加快了工业化进程和经济增速。文章强调，对美国而言，鉴于美中紧张关系，美国或不愿加入"一带一路"倡议，但仍与中国在基建领域存在合作面；对于中国而言，应致力于提高"一带一路"倡议实施的信息透明度，从而帮助美国和其他国家了解倡议内容与利好，增进对华信任。

https://thediplomat.com/2021/05/is-chinas-belt-and-road-initiative-a-threat-to-the-us/

6.《国家利益》：美国的中亚合作机遇

5月23日，《国家利益》杂志发表路易斯维尔大学政治学教授查尔斯·E.齐格勒（Charles E. Ziegler）的文章《美国的中亚合作机遇》。文章指出，拜登未来针对中亚的外交政策可能会保留特朗普政府时期"中亚战略"的部分内容。例如，支持中亚国家的主权和独立、减少该地区的恐怖主义威胁、扩大对阿富汗稳定的支持、促进人权和法治，以及鼓励美国投资。作者认为，美国需要南亚和中亚国家协助其维持区域稳定。美国可选择乌兹别克斯坦和印度作为"海上平衡器"，让两国承担更多责任。乌兹别克斯坦方面，华盛顿鼓励乌兹别克斯坦总统拉夫卡特·米尔齐约耶夫进行内部改革，并争取中亚国家参与反恐。印度方面，作为印太战略的主要参与国，其目标和利益与美国的目标和利益紧密契合，因此有潜力成为美国在中亚地区的重要盟友。

https://nationalinterest.org/feature/america%E2%80%99s-central-asian-dilemma-185684

二 美国观察

1. 兰德公司：拜登应考虑在印太地区强调价值观的弊端

5月3日，兰德公司发布高级国防分析师德里克·格罗曼斯（Derek Grossman）的文章《拜登应考虑在印度太平洋地区强调价值观的弊端》。为了在与中国的竞争中胜出，拜登政府曾主张美国必须加强其在印太地区的同盟与伙伴关系。如果拜登像特朗普政府那样，将国家利益放在首位，那么一些关键盟友国家将更愿意协助美国进行美中竞争。然而，种种迹象表明拜登将会把价值观放在首位。近期，拜登参加了有史以来第一次和澳大利亚、日本和印度的四方峰会，拜登希望"四方安全对话"（Quad）在该地区发挥决定性作用。该集团建立在共同的民主价值观上，但也可能不尽如人意。例如，在印度新冠病毒病例激增的情况下，美国政府不同意新德里要求推特删除批评印度政府应对危机的评论，共同价值观的裂痕会触及四方精神的核心。文章认为，并不是说拜登在印太地区将价值观置于国家利益之上是错误的或被误导的，在美国近代史上，总统在两者之间摇摆不定，通常会提出混合政策。但是，如果想要在与中国的大国竞争中胜出，考虑到强调价值观这一方法的潜在缺点，以确保它不会破坏最终成果，这对美国来说才是有益的。

https://www.rand.org/blog/2021/05/biden-should-consider-downsides-of-stressing-national.html

2. 大西洋理事会：美国与欧盟应共同应对数字威胁

5月3日，大西洋理事会在其网站发表美国中央情报局前官员哈里·汉娜（Harry I. Hannah）的文章《美国和欧盟如何共同应对数字威胁》。文章指出，美国及其盟友在数字和信息领域面临着重大且不断增长的威胁。由于各国政策、法律法规和民间组织标准各不相同且存在差距，西方在网络防御以及数字和信息治理方面存在漏洞。作者认为，为应对共同的数字威胁，美国应与欧盟在数字和信息领域建立强有力的合作关系，并将其作为美国国防战略的一部分加以推进。这种合作关系将由美国带头，利用欧盟强大的监管能力，有效地统一西方在国家层面和民间层面对数字和信息环境的治理。而这一合作关系将要求美国和欧盟双方妥协，以改善集体安全为目标，实施有利于对方的改革。但作者同时指出，这种合作关系也面临挑战，欧盟会担心美国过度强调军事和情报利益，这可能会削弱公民自由和隐私。同样，以牺牲开放性发展为代价来强调数字安全的军事努力，可能会扼杀信息革命的商业基础。美国私营企业也可能会抵制影响其商业模式和利润的举措。

https://www.atlanticcouncil.org/blogs/new-atlanticist/how-the-us-and-eu-can-counter-digital-threats-together/

3.《纽约时报》：美国离开阿富汗前，拜登必须做这些事

5月4日，《纽约时报》刊登众议员迈克尔·麦考尔（Michael McCaul）和前驻阿富汗大使瑞恩·克罗克（Ryan Crocker）文章《美国离开阿富汗前，拜登必须做这些事》。文章指出，拜登政府决定全面撤出阿富汗的日期是武断的，这一举动会导致阿富汗重蹈伊拉克局势的覆辙，在美军撤出后迅速被伊斯兰极端主义势力填补权力真空。显然，塔利班组织不会参与阿富汗和平进程，美军的撤出会使塔利班重新主导阿富汗局势，美国及其盟友安全受威胁，美国应对威胁的能力将受损。在撤军日期业已决定的前提下，拜登政府应当增强美国感知威胁的能力，特别是与阿富汗邻国达成情报、监测和补给等方面的合作，以在威胁到达美国本土前做好预警。拜登政府还承诺维持对阿富汗的人道主义和发展援助，然而一旦塔利班重新掌控阿富汗局势，非政府组织等的援助行动将很难进行，因此，拜登政府必须制定战略以保护美国大使馆、外交人员和援助人员。此外，美国还必须保障阿富汗妇女儿童已经获得的权利，虽然没有美军的存在这一保障将变得困难。最后，阿富汗有许多民众以担任翻译等形式来支持美军，美国承诺给予他们特殊赴美签证，这一承诺大部分尚未兑现。美国必须保障这部分人的权利，因为他们的境遇在

塔利班的统治下将变得极为困难。

https://www.nytimes.com/2021/05/04/opinion/biden-afghanistan-withdrawal.html

4.《亚洲时报》：美国应恢复在东亚的核武器部署

5月6日，香港《亚洲时报》发布美国国防部贸易安全政策前副次长斯蒂芬·布莱恩（Stephen Bryen）撰写的文章《恢复美国在东亚核武器部署的理由》。文章指出，20世纪40年代末至70年代，美国在本土以外部署大量核武器，存放于包括北约盟国在内的27个国家。在欧洲，美国通过北约同德国、英国、意大利和土耳其达成核武器共享和打击任务授权协议，在华约发动大规模袭击时由盟友对有关目标进行核打击。在亚洲，美国致力于阻止韩国和中国台湾的核武器计划，并在1972年后撤出所有部署在冲绳的核武器和约200件在中国台湾的核武器；关岛基地也调整为仅接纳美国本土部署轮换的战略轰炸机。如今，美国在太平洋西北部、东亚和北亚基本上没有任何战术核能力和足以震慑冲突的战术核武库。美国虽仍然承担着支持盟友、抵御该地区冲突的责任，但目前难以有效威慑攻击力强的对手以维持力量平衡和保护盟友的承诺。

https://asiatimes.com/2021/05/the-case-for-restoring-us-nukes-in-east-asia/

5.美国传统基金会：拜登基础设施计划的四大问题

5月7日，美国传统基金会发布政策分析师大卫·蒂奇（David Ditch）的文章《拜登基础设施计划的四大问题》，指出了"拜登方案"的缺陷。其一，破坏性的增税将减少企业雇佣新员工的动力，降低企业家创业的积极性，将导致经济增长放缓。其二，提高联邦基础设施支出实际上不能创造就业。拜登方案模仿了奥巴马的刺激计划，然而2013年的分析显示，基础设施支出的增加导致建筑工人从私营部门转向联邦项目。其中新创造的就业机会非常有限。其三，中央计划模式对经济有害。联邦政府加大对经济的控制，更多地参与地方基础设施建设，如学校和供水系统，以及渗透到对能源、制造业、住房等私营部门的微观管理，将导致更糟糕的结果。因为从工资、个人健康到环境等指标来看，市场更自由的国家的人民生活质量更高。其四，拜登的计划只会把约4%的开支用于高速公路和桥梁，并将在公共交通上投入更多资金，然而后者的客流量还不到前者的十分之一。这种计划的侧重点有错误，因为它不符合美国的实际地理条件。拜登计划只会减少而非增加就业，降低而非提升国际竞争力。

https://www.heritage.org/budget-and-spending/commentary/4-big-problems-bidens-infrastructure-plan

6. 东亚论坛：华盛顿正在与中国打一场输球

5月9日，东亚论坛网站发布布朗大学沃森国际和公共事务学院的访问学者傅立民（Chas W. Freeman Jr.）的文章《华盛顿正在与中国打一场输球》。文章指出，虽然华盛顿对中国发动了贸易战，但是效果不佳，因此，美国企图通过"极限施压"的方式削弱中国。美国将中国视为对其军事主导地位的威胁，并试图加以遏制。但是，中国对美国的挑战更多的应该是经济和技术层面的。作者认为，试图加强相互束缚的对抗性政策只会加剧美中之间的敌意，美国应该利用中国的能力为其利益服务。第一，美国要让市场在贸易和投资方面发挥主要作用，为敏感部门的贸易建立一个框架。美国在保障国防利益的同时，合理利用中国在维持供应链稳定方面的作用。第二，美国应该在全球治理改革方面与中国合作，解决共同关心的全球性问题。第三，从美元霸权向多边货币秩序的过渡似乎成为必然，美国需要与中国合作来维护美国的全球影响力。第四，美国应该推动台海两岸谈判和互谅互让。第五，美国应该扩大对华领事关系，恢复同中国的交流渠道，促进美国国内的中国研究。第六，加强中国邻国对美国的依赖，而不是让这些国家更加自主。

https://www.eastasiaforum.org/2021/05/09/washington-is-playing-a-losinggame-with-china/

7.《外交政策》刊文分析如何促进美印关系发展

5月11日,《外交政策》网站刊登了印裔美国人组织Indiaspora高级项目主管阿曼·塔克（Aman Thakker）撰写的文章《如何促进美国最重要的伙伴关系？》。文章认为，拜登政府已将印度和印太地区视作外交优先方向，且美印在战略与安全层面拥有一致性，因而美印关系将继续发展。但美印在贸易等领域的分歧也警示两国政府，必须平衡两国具有竞争利益的领域，克服疑虑，追求长期目标。两国可协作应对三个重要挑战：第一，在阿富汗撤军方面，印度需理解拜登政府面临的国内压力及其战略调整，而美国也应重视印度在维护阿富汗和平、限制巴基斯坦方面的关切；第二，在贸易分歧方面，两国应承诺迅速完成悬而未决的贸易协定，并加强高新技术合作；第三，在印度采购俄制武器方面，美国需适当克制，认清本国在印太地区的长期战略利益以及印度的大国平衡目标。

https://foreignpolicy.com/2021/05/11/india-united-states-partnership-biden-coronavirus-afghanistan/

8.《国家利益》刊文分析拜登政府对韩政策

5月11日,《国家利益》网站刊登了青年外交政策专家组织（YPFP）亚太地区研究员詹姆斯·帕克（James Park）的文章《拜登不应以向首尔施压的方式促使其"战略清晰"》。文章称，韩国文在寅政府正通过"战略模糊"在美中之间开展平衡外交。美国对韩单方面施压并不足以使其改变策略，因为韩国在解决朝核问题方面难以离开中国。文章称，为使韩国转向"战略清晰"，拜登政府须打消韩国上述顾虑，改变当前等待朝鲜自愿返回谈判的被动政策，最大程度同朝鲜接触以增强美国外交主动性。美国可为恢复美朝对话做出早期让步，通过提供疫苗援助、减少美韩军事行动、任命美朝和谈特使等方式获取朝鲜信任，引导朝鲜重回核谈判并签署相关协议，逐步构建全面解决朝核问题的框架。此举是减少韩国对中国依赖的最佳方案。

https://nationalinterest.org/blog/korea-watch/biden-shouldn%E2%80%99t-pressure-seoul-%E2%80%98strategic-clarity%E2%80%99-184936

9.《外交政策》：五角大楼预算前瞻

5月13日，《外交政策》刊登其记者罗比·格莱默（Robbie Grammer）、杰克·德奇（Jack Detsch）对五角大楼预算提案的前瞻，文章指出三点预算中值得关注的问题。首先，中国是本次预算提案的重心。美军印太司令部3月初向国会提议将"太平洋威慑计划"（the Pacific Deterrence Initiative）的拨款从2021财年的22亿美元增加到2022财年的46亿美元，并计划在未来五年中为此投入273亿美元。这一计划旨在加强美国在印太地区的军事力量。其次，在美国将重心转向中国的过程中，美国海军相比陆军将获得更多的军费支持，但事实上，考虑到目前拜登面临党内进步派削减防务开支要求的压力，所以他很可能放弃特朗普时代打造500艘海军战舰的计划。最后，预算之争还会出现在发展核弹与战斗机的选择之间。一方面，部分参议员要求军事官员重视和升级"核三角"。另一方面，拜登政府仍希望挽救陷入困境的F-35计划，而这将面临更多审查。

https://foreignpolicy.com/2021/05/13/biden-security-pentagon-defense-budget-plans/

10.《外交政策》：拜登国家安全战略对盟友过于乐观

5月13日，《外交政策》杂志刊登了康奈尔·奥弗菲尔德（Cornell Overfield）评论文章《拜登国家安全战略对盟友过于乐观》。文章指出，拜登政府在其发布的《国家安全战略临时指南》中表示要恢复美国在国际机构及盟友伙伴关系中的领导地位，反复强调重振盟友伙伴关系来扩大美国的力量。然而，该《战略指南》把同盟友和伙伴的合作视为理所当然，却忽视了美国与其盟友之间的利益分歧。因此，拜登政府应将管理联盟中的分歧纳入战略规划，并在必要时做出妥协或牺牲。同时，重振联盟也有可能被解读为让一些东欧的国家回到二线盟友的地位，并牺牲他们的利益来恢复与美国传统盟友的关系。最后，文章认为联盟管理将是拜登政府应对一系列威胁时面临的主要挑战，因为在特朗普之后安抚盟友的代价将比以往任何时候都高。

https://foreignpolicy.com/2021/05/14/biden-national-security-strategy-us-allies-partners/

11.《报业辛迪加》：拜登外交政策需矫正路线

5月14日，《报业辛迪加》刊登美国外交关系协会高级研究员、乔治城大学国际关系教授查尔斯·库普乾（Charles A. Kupchan）的文章。作者认为，拜登政府以民主与专制冲突为基调的外交政策存在战略性错误，不但无益于遏制中国，反倒会推动中俄联系紧密，甚至可能削弱民主盟友之间的团结。文章表示，冷战时对苏遏制、分化政策不适用于中国。今日中国凭借自身实力对美构成全方位竞争，与苏联不可相提并论。美国与中俄之间的利益不同，紧张关系不可避免，但在全球化不可逆转的背景下，多边合作应对全球问题也实有必要。各国彼此依存，美国各民主盟友也无意在两国间选边站，世界不可能重返彼此脱钩的两个阵营。作者建议，美国应放弃意识形态划界，一面联合欧洲盟友努力拉拢俄罗斯"向西"，一面对华淡化意识形态竞争，就具体问题寻求务实的解决办法。美国应做好自己的事，与盟友一道解决全球问题，同时保持耐心与克制应对中国挑战。

https://www.project-syndicate.org/commentary/biden-foreign-policy-cold-war-ideology-or-twenty-first-century-pragmatism-by-charles-a-kupchan-2021-05

12. 兰德公司：专注于竞争阻碍了美国国防部合理分配资源

5月18日，兰德公司刊登高级政治学者拉斐尔·科恩（Raphael Cohen）

的文章《应把"竞争"一词剔除出国防战略报告》。文章认为,"国家间战略竞争"也许是国际形势客观现实,但是不应责成国防部以此为战略目标。战略应当是具体且有规范含义的,而非模糊且仅为描述性的。国防战略应当为国防部提供清晰愿景,说明什么对美国重要,而什么不应当做。然而将"竞争"作为目标,只能明确对手是谁,而在哪些领域、如何竞争以及为什么竞争并不清楚。竞争是手段而非目的。竞争的泛化应用阻碍国防部明确任务,精准使用资源。中俄作为全球性大国,势力无处不在,但并非处处都影响到美国的国家安全,而且其中很多问题仅适用外交手段解决。同时,应明确国防部与其他政府部门区别分工,改变应对中俄模糊的"全政府"策略。

https://www.rand.org/blog/2021/05/its-time-to-drop-competition-in-the-national-defense.html

13.布鲁金斯学会刊文分析美国外交政策

5月24日,布鲁金斯学会发布外交政策研究总监迈克尔·奥汉隆(Michael O'Hanlon)的文章《坚定而克制的宏伟战略》。文章认为,拜登政府需要一个更具前瞻性和远见的外交政策框架。拜登的国家安全战略应坚定地致力于捍卫美国及其盟友的领土、人口、政体和经济,以及全球经济所依赖的自由开放的环境。但是,美国也需要表现出克制。美国应该避免在任何超级大国的对决中第一个发声,应该避免在中国或俄罗斯附近区域发生冲突。依靠不对称的防御与威慑,在军事行动上保持更强的灵活性,对美国而言更有意义。总而言之,美国的军事力量应主要用于支撑以规则为基础的全球秩序,维持全球战略环境的基本稳定。但在其他涉及价值观的目标上,如民主、人权、环境政策等,虽然也很重要,但美国应当更有耐心,更多通过非军事手段来加以实现。

https://www.brookings.edu/blog/order-from-chaos/2021/05/24/a-grand-strategy-of-resolute-restraint/

14. 卡内基国际和平基金会：《全球脆弱性法案》成功的关键——选取适当合作国家

5月26日，卡内基国际和平基金会网站刊登民主、冲突和治理项目高级研究员雷切尔·克莱因费尔德（Rachel Kleinfeld）的文章《选取全球脆弱性法案的适用国家》。2019年美国国会通过了《全球脆弱性法案》（Global Fragility Act, GFA），该法案旨在通过与脆弱国家的全面合作，改善全球安全，减少冲突外溢带来的威胁。作者指出，尽管美国安全重心已转向大国竞争，但脆弱国家带来的包括恐怖主义在内的安全威胁并未消退，俄罗斯、中国亦在脆弱国家内部与美国展开竞争。GFA提供了更为综合性的消除国家脆弱性的方式，避免这些国家倒向中俄。作者强调，GFA的援助方式不应仅是资金和技术支持，更应与这些国家建立长期关系，重建脆弱国家与其社会之间的关系。这也要求美国选取适当的合作国家。GFA的实施应从与接触对象国社会的长期接触开始，寻找机会窗口，在其社会剧变或政治变革时施加美国影响。作者呼吁拜登政府加快开展GFA合作，在国会资金的支持下应对脆弱国家带来的挑战，服务美国利益。

https://carnegieendowment.org/2021/05/26/picking-global-fragility-act-countries-pub-84610

15.《外交政策》：拜登能否维持东南亚和平？

5月30日，《外交政策》杂志网站刊发印度尼西亚前驻美大使迪诺·贾拉尔（Dino Djalal）文章《拜登能否维持东南亚和平？》。文章认为，过去四年美国在东南亚的外交和政治投入不断减少，美国在东南亚未发起任何重要的地区合作倡议，对地区多边机制的参与度较低。东南亚希望美国能够以正确的方式扩大对东南亚事务的参与。第一，东南亚各国不希望看到中美在东南亚的竞争加剧，希望拜登能缓和中美紧张局势，并将对抗保持在可控范围内。第二，不希望看到美国重演蓬佩奥式激进的反华言论，东盟国家奉行不干涉内政原则，支持中国关于自主选择发展路径的立场。第三，东南亚国家不希望看到东盟的中心地位被削弱，应由东盟管理该地区事务。最后，东南亚各国希望看到中美在该地区进行合作。中美两国在基础设施、海上安全、气候变化、抗击新冠肺炎疫情等领域可以探讨合作，这不会改变两国的全球竞争态势，却能改善中美在东南亚地区的互动状况。

https://foreignpolicy.com/2021/05/30/biden-asean-southeast-asia-china-us-rivalry-geopolitics/

三　欧洲观察

1.欧洲议会研究中心：欧盟委员会主席冯德莱恩的施政进展

5月3日，欧洲议会研究中心（European Parliamentary Research Service）发布报告《冯德莱恩的六大政策优先领域：2021年春季情势》，总结欧盟委员会主席冯德莱恩2021年在六大施政领域的工作进展。报告认为，到目前为止，这些政策因受新冠肺炎疫情影响而受到阻碍，但是并未偏离原定议程。第一，在环保方面，冯德莱恩提出将推动欧洲在2050年成为首个"气候中立大陆"，成为全球循环经济的领导者，消除污染并保护生物多样性。第二，在数字经济方面，呼吁欧洲保卫"数字主权"，赋能高新技术制造业和中小企业，建立统一的欧盟数字服务市场。第三，在经济发展与公平方面，推动完善社会保障网络，支持中小企业投资融资，强化欧盟经济和货币联盟，建立更公平的税收体系。第四，在外交方面，力主建设欧盟"战略自主性"，支持国际多边主义，并特别注重加强同巴尔干和地中海沿岸邻国的联系。第五，在社会政策方面，主张发扬"欧洲的生活方式"，呼吁建立"欧洲卫生联盟""欧洲安全联盟"，发展更适应数字时代的教育体系，推动各国签订关于移民和难民的新公约。第六，在政治体制方面，号召推进欧洲民主，发扬欧盟价值观、基本人权和法治，组织召开"欧洲的未来"等会议。报告总结道，冯德莱恩自上任以来提出397项政策倡议，其中四分之一已经或即将付诸实施，五分之一已获立法程序通过，另有半数在立法进程中，仅有26项被否决或搁置，总体来看进展良好。

https://www.europarl.europa.eu/RegData/etudes/IDAN/2021/690584/EPRS_IDA(2021)690584_EN.pdf

2.IISS：俄罗斯与欧洲对抗的后果

5月5日，英国国际战略研究所（IISS）俄罗斯和欧亚大陆高级研究员奈杰尔·古尔德-戴维斯（Nigel Gould-Davies）发表题为《普京在俄欧关系低谷期有何收获？》的文章。文章列出了俄罗斯与欧洲对抗的后果。第一，俄罗斯在乌克兰边界的军事行动弊大于利。虽然大规模的军事集结检验了俄罗斯军队的动员能力，且使其在未来可能冲突中具有先手优势，但同时也极大团结了欧洲内部的抗俄情绪：德国总理、法国总统和欧洲高级代表均在公开和私下场合严厉谴责俄罗斯，并称已经做好了长期面对艰难局势的准备。第二，美国近期对俄罗斯的金融制裁提高了美国经济胁迫的手段和能力。一位美国高级官员称美国对近期的制裁效果感到满意，认为制裁达到了迫使俄罗斯部分撤军的预计效果。作者认为，更具对抗性的俄欧关系、更统一的跨大西洋的观点和美国更娴熟及有效的经济制裁手段是普京不愿看到的结果。

https://www.iiss.org/blogs/analysis/2021/05/russian-western-relations-putin

3.美国《防务新闻》：北约保卫欧洲只是白日梦

5月5日，美国《防务新闻》周刊网站刊登了由美国前助理陆军部长帮办马修·坎布罗德（Matthew R. Kambrod）撰写的文章《北约保卫欧洲只是白日梦》。作者指出，北约的强大威慑力已经不复存在。一方面，相比于冷战高峰期，美国派驻欧洲的兵力在奥巴马政府任内减少了85%；另一方面，欧洲向北约增援的战略空运力量也大幅减弱，且欧洲无法在增援北约与保障自身安全之间实现两全。尽管美国在欧洲部署的军事力量一度十分强大，甚至能对俄罗斯构成现实威胁，但目前美国军事力量下降，北约已经被削弱了。由此，作者认为，今天的北约无法保卫欧洲，欧洲也没有自我保卫的能力，只有恢复美国派驻北约的军事力量，才能够避免俄罗斯的威胁，并恢复美国与北约在欧洲与全世界的外交可信度。

https://www.defensenews.com/opinion/commentary/2021/05/05/nato-defending-europe-is-a-pipe-dream/

4. 欧洲对外关系委员会：欧洲在地中海的数字主权

5月6日，欧洲对外关系委员会发布其研究员马特奥·科伦坡（Matteo Colombo）、费德里科·索尔弗里尼（Federico Solfrini）和阿图罗·瓦尔维利（Arturo Varvelli）共同撰写的研究报告《网络效应：欧洲在地中海的数字主权》。报告指出，互联网海底电缆正在日益成为地缘政治竞争的焦点。基于中国在地中海地区数字基础设施领域的影响，欧盟和美国应重新构建跨大西洋科技议程，欧盟应积极致力于制定更强有力、更广泛的政策。一是应在数字基础设施关键问题上制定联合目标，让美国企业按照欧盟在数据保护和税收方面的规定运营；二是推动欧盟电信公司之间开展更广泛的合作，形成协同效应；三是鼓励通过外交途径解决地中海东部专属经济区争端；四是保护互联网基础设施和用户数据安全；五是寻求推进与非盟的伙伴关系，通过在互联网基础设施方面的合作改善与非洲国家之间的经济关系。

https://ccfr.cu/publication/network-effects-europes-digital-sovereignty-in-the-mediterranean/

5. 欧洲对外关系委员会：欧盟应将巴尔干国家纳入一体化框架

5月10日，欧洲对外关系委员会发布瑞典前首相兼外交大臣卡尔·比尔特（Carl Bildt）的评论文章《非正式文件和B计划的危险》。文章认为，巴尔干地区在历史因素的影响下形成马赛克化的种族和文化格局，很难融入以单一民族国家为基础的地区国际体系，因此只能通过欧洲一体化进程保证当地的和平与稳定。欧盟曾在2003年决定向所有巴尔干国家开放入盟申请，以控制持续十年之久的地区冲突。然而，由于疑欧情绪的兴起和欧盟内部改革的停滞，欧洲一体化进程的动力不足，布鲁塞尔对巴尔干地区事务的兴趣迅速减弱，仅出台若干非正式文件涉及此问题。作者认为，欧盟应当重新加强与巴尔干各国的接触，并将其纳入欧洲一体化框架，以免当地政治冲突死灰复燃。

https://ecfr.eu/article/the-balkans-non-paper-and-the-dangers-of-plan-b/

6.欧洲对外关系委员会：德国需采取更具雄心的气候行动

5月11日，欧洲对外关系委员会在其网站发表研究员朱尔·科内克（Jule Könneke）和拉斐尔·洛斯（Rafael Loss）合撰的文章《德国如何再次成为气候领导者》。文章指出，德国宪法法院近期废除了部分2019年通过的《气候保护法》。主要原因在于，德国宪法法院认为，该法案设定了2050年实现碳中和的目标，却只规定了到2030年的具体实施步骤，将不必要的负担转移给了后代，有违代际公正。法院主张采取相应措施，以防止未来出现不可接受的"彻底节制"限制。这一做法暴露了政治家关注任内短期成果与气候危机带来的长期挑战之间的矛盾。尽管德国宪法法院并非首个做出类似裁决的欧洲法院，但这是默克尔挽救其气候遗产的最后机会，力争在欧盟层面实现对"欧洲绿色协议"的全面支持。要做到这一点，一方面取决于欧盟自身的气候政策改革能否顺利通过，欧盟拟于2021年7月宣布气候变化一揽子改革计划，包括到2030年将欧盟温室气体排放量较1990年水平降低55%；另一方面也取决于德国能否在气候变化问题上显示出可信的全球领导力，如提高气候融资规模、帮助脆弱国家应对气候变化影响等。

https://ecfr.eu/article/out-of-order-how-germany-can-become-a-climate-leader-once-more/

7.《外交政策》：欧洲究竟有多无助？

5月21日，《外交政策》杂志网站刊登哈佛大学国际关系学教授斯蒂芬·沃尔特（Stephen M.Walt）的文章《欧洲究竟有多无助？》。文章指出，尽管大西洋两岸外交决策圈的传统观点是欧洲无法独自处理周边安全问题，必须依靠美国所提供的军事保护，但在应对俄罗斯的直接军事冲突问题上，欧洲大陆在人口数量、平均预期寿命、GDP总量和国防支出等多个指标方面均处于优势地位。英法的核威慑以及欧洲国防工业所生产出的坦克、空对空导弹、潜艇和战斗机等世界一流常规武器使欧洲大陆能够与俄罗斯在东欧抗衡。文章指出，那种认为欧洲内部存在战略混乱的悲观看法是不全面的。文章认为，地理位置差异所引发的不同威胁感知并不会影响战略协调，欧洲各国仍能形成共同利益，从而采取统一行动。同时，特朗普政府的全球撤军行为使欧洲决策者重新评估美国在北约的特殊存在。未来，北约的欧洲成员国将承担维护地区力量平衡的重任，而美军将不再在欧洲防御中起主导作用。

https://foreignpolicy.com/2021/05/21/exactly-how-helpless-is-europe/

8. 德国《国际政治季刊》：欧洲对华战略的脆弱性

5月30日，德国《国际政治季刊》（*Internationale Politik Quarterly*）2021年春季刊发表由哥伦比亚大学历史系主任、欧洲研究所所长亚当·图泽（Adam Tooze）撰写的文章《欧洲对华战略的脆弱性》。文章认为，由于疫情形势新变化，欧盟应对2020年底制定的"打造实务合作的轴心关系"这一对华政策作出新调整。从短期来看，欧盟在对华问题上除了与美国站在一起几乎别无选择，而实际上美国与欧盟有着两种不同的对华战略构想。美国将贸易、投资、技术、安全等不同政策领域联系在一起，与中国开展多领域竞争。而欧盟制定的多轨对华方略与美国所推行的政策形成鲜明对比，欧盟主张从多个方面考虑与华关系，不允许某一个方面主导其他方面。另外，文章指出，美方将美中关系定义为大国冲突，是没有认识到多极世界的逻辑，欧盟则主张采取多管齐下的战略，在一定程度上达成妥协。但事实上，欧盟的自主性相比于美国与中国而言更弱，其多轨战略十分脆弱，可能会受到来自中美的双重压力，欧洲应当对此保持警惕。

https://ip-quarterly.com/en/fragility-europes-china-strategy

四　亚太观察

1.《外交学人》：中印斯里兰卡三角的经济学

5月1日，《外交学人》杂志发表学者乌麦什·莫拉穆达利（Umesh Moramudali）题为《中印斯里兰卡三角的经济学》的文章。文章指出，斯里兰卡正在努力平衡中国和印度的经济影响。斯里兰卡与新兴的全球强国中国之间的关系在很大程度上是经济上的而非政治上的。当前，斯里兰卡经济正在努力应对国家内部所面临的经济问题。一方面，由于外币流入不足，斯里兰卡正在努力偿还外债。另一方面随着新冠肺炎的疫情流行且情况进一步恶化，旅游业收入也遭受重创，进而减少了斯里兰卡的主要外币流入。到目前为止，斯里兰卡仍过度依赖中国来解决其经济外部问题，导致其与印度的经济关系停滞不前。同时，斯里兰卡政府也试图不激怒印度，与印度保持友好的邻国关系。在这种背景下，斯里兰卡现正寻求在中国、印度和国内民族主义者之间的平衡，同时一直在努力使该国免于潜在的经济危机。就目前情况来看，斯里兰卡政府面临的问题并不容易解决。

https://thediplomat.com/2021/05/the-economics-of-the-china-india-sri-lanka-triangle/

2.《外交事务》：日本不会与中国决裂

5月4日，《外交事务》杂志刊登美国进步中心亚洲高级研究员托拜厄斯·哈里斯（Tobias Harris）的文章《中日关系的惊人力量》。文章认为，尽管美日领导人在联合声明中明确将中国视为同盟面临的主要挑战，并正式承认将共同在军事与经济方面遏制中国,但日本的地理、经济及国内政治决定其不可能与中国根本决裂。相反,日本在批评中国行为的同时仍致力于与中国建立互利的战略关系。从经济方面看,日本对华外国直接投资总额与日本对西欧主要经济体投资大致相当,对华贸易一直是日本经济增长的重要来源。即使是安倍这样的相对鹰派,也不能忽视日本与中国经济相互依赖的现实以及日本商界和政界内部呼吁日中关系更加稳定的声音。自民党中希望与中国建立更好关系的重商主义者相对反华鹰派更占上风,公明党也长期主张日中友好。作者同时注意到,近年来日本的亲华团体与鹰派不断争夺影响力,与美国的联合声明表明菅义伟不会恢复其前任与中国的友好外交,反而接受了美日印澳的"四方机制"。尽管华盛顿呼吁与中国"脱钩",但日本试图使其与中国的经济关系免受地缘政治紧张的影响。

https://www.foreignaffairs.com/articles/china/2021-05-04/surprising-strength-chinese-japanese-ties

3. 卡内基国际和平基金会:印法澳的印太战略合作前景

5月13日,卡内基国际和平基金会发表卡内基印度部总监鲁德拉·乔杜里(Rudra Chaudhuri)及其研究分析师施巴尼·梅塔(Shibani Mehta)的文章《印度、法国和澳大利亚可以共同实现什么?》。文章聚焦于近期印、法、澳三方外长间对话。该对话反映出三国均致力于印太地区的战略合作,并在从限制非法捕捞到在印太地区建立疫苗供应链等一系列问题上具有合作意愿。文章认为,三国间松散却坚定的合作代表了一种多边主义的模式。这种外交合作模式可以被视作迈向更为有效的全球治理的中间步骤,并能够弥补现行多边主义的不足。该三国的合作可为印太地区的非法捕鱼制定更清晰的规则,从而限制各国利用捕鱼扩大势力范围。三国认为,技术共享将是未来最有希望的合作领域,通过国际电信联盟制定规则,三国有望于未来实现共享技术和网络安全信息,并于一国建立半导体代工厂保障供应链安全。未来几年内,三国亦有可能就确保疫苗供应链展开积极协调。然而,文章认为,在国际外交中诸如此类的合作愿景数量众多,合作能否成功的关键在于制定并公开政策落实时间表,打消人们对于此种多边政治的疑虑。

https://carnegieindia.org/2021/05/13/what-can-india-france-and-australia-achieve-together-pub-84513

4.《日本经济新闻》:日美两国在减排问题上联合对华施压

5月14日,《日本经济新闻》网站刊登其特约撰稿人三木理惠子(Rieko Miki)的文章《日美两国针对中国在减排问题上被视作"发展中国家"提出异议》。文章指出,日美两国正试图在减排问题上对中国施压。两国政府的首要诉求是取消中国因被视为发展中国家而享有的优惠待遇,中国在1994年生效的《联合国气候变化框架公约》中被划分为发展中国家并延续至今。目前,日美两国已就具体措施进入协调阶段,研究建立相关机制阻止中国获得发展中国家才能获得的援助。此外,两国政府还有意拉拢欧洲国家在减排问题上对中国施压。如果中国在这一问题上被视为发达国家,中国则需要为更高的减排目标投入巨额资金。

https://asia.nikkei.com/Spotlight/Environment/Climate-Change/Japan-and-US-take-aim-at-China-s-developing-status-on-emissions

5.《南华早报》:新冠肺炎疫情帮助中国增强东南亚地区影响力

5月18日,《南华早报》刊登柬埔寨亚洲愿景中心(Asian Vision Institute)主任昌·凡纳里斯(Chheang Vannarith)的评论文章《新冠肺炎疫情如何帮助中国在东南亚大陆提升软实力?》。新冠肺炎疫情暴发后,东南亚国家对中国迅速果断地推进防控措施做出积极评价,并向中国提供政治、外交和人道主义援助。2020年2月14日,东盟公开表示对中国克服新冠肺炎疫情充满信心。同时,东南亚各国领导人反对将新冠肺炎疫情政治化,并呼吁世界卫生组织及时开展国际合作。在国内的疫情得到初步控制后,中国及时向东亚国家提供必要援助。东南亚研究所开展的民调显示,中国被视为该地区提供最多援助的国家。柬埔寨、老挝、缅甸和泰国等国的领导人均感谢中国提倡的疫苗多边主义，并表示珍惜与中国的良好关系，愿意继续加强与中国在抗击疫情和其他方面的合作。

https://www.scmp.com/week-asia/opinion/article/3133852/how-covid-19-helped-china-boost-its-soft-power-mainland-southeast

6.《经济学人》：超半数日本民众反对举办奥运会

5月22日，《经济学人》杂志发表社评文章《日本国内反奥运情绪增加》。文章认为，日本目前防疫形势十分严峻，今年已有超过8000例死亡病例，新变种病毒使地方卫生系统不堪重负，且日本国内疫苗接种速度十分缓慢。日本计划在两个月内举办奥运会，届时将有来自200多个国家和地区的约15000名运动员和大约90000名随行人员进入日本。日本首相菅义伟多次承诺日本将"安全和可靠"地举办赛事。日本政府计划在奥运村和比赛场地周围建立隔离区，预测80%的运动员和随行人员将在开赛前接种疫苗。此外，比赛将不允许外国公民观看，有关本地居民是否可以观赛的决定预计将在6月做出。众多医学专家反对举办奥运会，认为上述措施无法有效保证当地居民安全。由于可能会优先供应奥运会，本地居民的疫苗资源可能受到大幅度压缩。另外，为观赛或为奥运会工作而大量增加的日本国内人口流动将使防疫工作变得更加艰难。至于为何日本国内疫苗接种速度缓慢，文章指出，问题出在后勤供应能力不足与官员害怕担责上。目前日本储存超过1000万支疫苗，但出于预约网站和接种点经常出现技术故障，且日本法律对能够操作疫苗接种的医护人员有严格限制，日本目前至少接种1针疫苗的成年人口比例只有4.5%。民调显示有超过60%的民众反对举办奥运会，超过80%的民众认为疫苗接种速度太慢。首相菅义伟的内阁支持率也达到了历史最低。

https://www.economist.com/asia/2021/05/20/opposition-to-the-tokyo-olympics-is-intensifying-in-japan

7.《外交学人》：拜登推动韩国与美国印太战略接轨

5月24日，《外交学人》官网发表由韩国事务分析师加布里埃拉·贝纳尔（Gabriela Bernal）撰写的文章《拜登推动韩国与美国印太战略接轨》。文章指出，韩国总统文在寅和美国总统拜登5月21日举行的峰会不仅加强了双边联盟，而且推动韩国进一步与美国在印太地区整体战略保持一致，包括考虑共同努力促进湄公河次区域可持续发展、保障能源安全；重申南海的海上安全等。文章认为，此次峰会结果显示韩国将采取重要措施来增强其地区政治影响力，并加强其作为美国在印太地区重要外交伙伴的地位。长期以来韩美同盟被称为该地区和平与稳定的关键，本次首脑会议充分显示双方都将采取措施以展现联盟的真正潜力。

https://thediplomat.com/2021/05/biden-pulls-south-korea-closer-in-alignment-with-us-indo-pacific-strategy/

8. 美国对外关系委员会：美韩领导人会议成果和意义

5月25日，美国对外关系委员会（Council on Foreign Relations，CFR）发布朝鲜问题高级研究员斯科特·斯奈德（Scott Snyder）的文章《美韩领导人会议：恢复昔日关系？》。文章指出，根据两国领导人在会议期间达成共识，双方将在供应链弹性、疫苗、气候变化和半岛无核化等方面开展合作。在供应链弹性方面，两国将投资250亿美元以解决半导体芯片短缺的问题，以减少对中国相关产品的依赖；在疫苗方面，美承诺立即为韩国军方提供疫苗，双方也将建立美韩全球疫苗合作伙伴关系，将美国技术和韩国生产能力相结合，联合志同道合的国家应对生物威胁；在气候变化方面，韩国承诺将在11月联合国气候变化大会前提高其减排承诺，双方还将在海洋垃圾和塑料污染等领域开展合作；在半岛无核化方面，韩方赞同美国对新任朝鲜问题特别代表的任命，此举可被视为双方向朝鲜发出的一个谈判信号。文章强调，近期美国同日韩等盟友的外交活动或意味着拜登试图建立和巩固一个由亚欧地区志同道合国家组成的联盟，这将有助于美国在高科技、公共产品供给等方面展开与中国的竞争，并恢复民主治理模式的可信性。此外，美国对韩供应链合作还力图打破韩方的一个长期思维定式，即韩国需要依靠中国以获得经济机会。

https://www.cfr.org/in-brief/us-south-korea-summit-relationship-restored

9.印度"出版物"网站：印度应分散外交风险，避免过度追随美国

印度"出版物"网站5月31日发表卡内基印度中心主任鲁德拉·乔杜里的文章《拜登领导的美国已经与中国进行接触，这也是印度现在该做的》。文章表示，当前虽然美国已同中国展开全面竞争，这种竞争不等于美国对华实际接触的结束，而是要"在对美国利益和价值观有利的条件下，与中国保持明智、稳定的共存"。为实现这一目标，拜登政府制定"重建更美好未来"计划，但其中两点成效如何尚无定论：一是在意识形态、情感和物质上重建美国；二是在全球范围内建立民主国家联盟。前者表明美国当前的关注重点是在国内，后者则反映出其对外强化民主意识形态的做法略显傲慢，并面临质疑和推行阻力。对印度而言，现在判断美国总体思路和对华竞争活动可能带来的影响为时尚早，因此有必要明确三个结论：一是在深化对美关系的同时，应积极发展同欧盟和英国的经贸联系；二是应在"四方安全对话"机制中投入更大精力，并积极发挥其他印太地区多边组织的作用，如印度—法国—澳大利亚三边机制等；三是只有在印中边境紧张局势真正得到缓和时，印度才能发现通往更具竞争力的对华关系的道路。

https://theprint.in/opinion/bidens-us-is-donc-cngaging-with-china-this-is-what-india-should-do-now/667867/

五　中东观察

1.CSIS：美国从阿富汗撤军无法解决阿富汗和平问题

5月10日，美国战略与国际问题研究中心（CSIS）发表了阿雷·伯克战

略委员会主席安东尼·科德斯曼（Anthony H. Cordesman）题为《阿富汗的实际选择》的文章。文章认为，鉴于阿富汗国内的动荡局势，撤军并不能带来和平。美国应该重点思考今后在此地区的角色问题，作者提出了四个方向：（1）处理阿富汗政府与塔利班交战问题；（2）达成某种实际有效的和平解决方案；（3）确保阿富汗不会成为极端分子袭击美国及其潜在盟友的中心；（4）继续训练和保护阿富汗国防和安全部队。作者依次分析了四个方向的可能进展。在塔利班方面，美军撤军后其可能获得更多优势拒绝停火，甚至可能继续推进，建立正式政府。阿富汗中央政府高层处于分裂之中，内部腐败，无法实现对许多农村地区的有效控制，在军事上几乎完全依赖美军援助，这与阿富汗国内贫困、失业等问题一同构成阿富汗和平进程的挑战。因此，阿富汗也可能会出现一些攻击美国或该地区外国家的极端势力。就和平进程本身而言，各方尚无对其如何落实的具体计划和措施。作者总结，目前美国的撤军可能解决不了任何问题，需进一步讨论真正切实有效的和平解决方案。

https://www.csis.org/analysis/real-world-options-afghanistan

2.《纽约时报》：巴以冲突应继续作为各方核心议题

5月11日，《纽约时报》发表其专栏作家托马斯·弗里德曼（Thomas Friedman）的文章《以色列、巴勒斯坦和他们的邻国担心这是不是一场大规模冲突的开始》。文章认为，近期在耶路撒冷发生随后蔓延至加沙地带的暴力活动不会成为巴以大规模冲突的开始，因为相关各方都不愿看到冲突升级：以色列将难以得到左派拜登政府的支持；阿拉伯国家希望和以色列进行生意往来，不希望为了捍卫巴勒斯坦人民而陷入泥潭；巴勒斯坦当局则担心自己无法控制巴勒斯坦的民众。这一轮巴以冲突源于巴以对"圣城"耶路撒冷由来已久的争夺。此外，TikTok也为以视频方式传播巴以仇恨提供了平台。文章指出，近年以色列国内逐渐形成共识，认为其对巴勒斯坦的控制已常态化，巴以和平也不再成为以大选的核心议题，这种对巴立场是幼稚且危险的。特朗普政府推动的《亚伯拉罕协议》（Abraham Accords）在为阿以带来和平的同时也造成了和平假象；而拜登政府当前的优先事项在于重启伊核协议而不是应对巴以问题。此外，内塔尼亚胡很可能利用当前巴以冲突局势来维护自身政治安全。文章最后指出，如果相关各方能够明白掌控民意符合自身的利益，局势就能降温；若此次冲突发展为自下而上的动乱，各当局将面临巨大挑战。

https://www.nytimes.com/2021/05/11/opinion/jerusalem-rocketsisrael.html

3.美国和平研究所：近期巴以冲突的原因

5月12日，美国和平研究所网站发布巴以冲突项目研究员罗伯特·巴伦（Robert Barron）的文章《什么引发最近的巴以冲突？》。文章认为，当前巴以冲突的直接背景是：第一，以色列安全部门拆除了东耶路撒冷的巴勒斯坦人在斋月期间进入旧城阿克萨清真寺祈祷的主要通道；第二，东耶路撒冷巴勒斯坦人占多数的谢赫·贾拉社区紧张局势不断升级，以色列政府下令让一些巴勒斯坦家庭离开家园。此外，冲突爆发还与巴以领土范围内的政治环境有关：首先，以色列国内近两年一直无法组建政府导致权力真空，叠加右翼意识形态，使以色列朝着更加民族主义和"鹰派"的方向发展；其次，由于大选临近，哈马斯在冲突中表现强硬使其声望大增，而巴勒斯坦现总统阿巴斯及其所在政党法塔赫却由于非暴力抵抗导致声望下降。文章建议，为使冲突降温，美国不仅需要重新确立美国的领导地位并与盟国一起稳定巴以局势，还要向各方施加压力，迫使双方停止挑衅行为。

https://www.usip.org/publications/2021/05/what-sparked-latest-israeli-palestinian-confrontations

4.路透社：土耳其总统谴责西方对以色列问题无所作为

5月18日，路透社在其官网发布题为《土耳其总统塔伊普·埃尔多安谴责西方大国对以色列问题无所作为》的文章。文章指出，土耳其总统塔伊普·埃尔多安（Tayyip Erdogan）批评西方大国对以色列和巴勒斯坦之间的暴力行为无动于衷。作为巴勒斯坦的捍卫者,埃尔多安总统在过去一周内与世界各国领导人建立联系,呼吁西方大国关注此区域问题,希望对以色列采取坚决行动以减弱该区域激烈的暴力敌对行动。埃尔多安总统以"用流血的双手写下历史"批评美国总统拜登批准向以色列出售军事武器的行动。埃尔多安总统同时谴责奥地利于周五在维也纳联邦总理府上空悬挂以色列国旗的行为,而支持以色列的奥地利总理则称该行为在冲突中是团结一致的表现。

https://www.reuters.com/world/middle-east/turkeys-erdogan-condemns-biden-approval-arms-sales-israel-2021-05-17/

5.《外交事务》:土耳其将不会重返西方阵营

5月19日,《外交事务》网站刊登欧洲外交关系委员会高级研究员阿斯利·艾丁塔斯巴斯(Asli Aydintasbas)的文章《土耳其将不会重返西方阵营:安卡拉的强硬外交政策》。埃尔多安执政以来,对融入跨大西洋"俱乐部"、成为欧盟成员国兴趣日减,反而转向俄中两国。作者指出,这并非代表土耳其要远离欧洲向俄中靠拢,土耳其仍将保持与欧洲的密切联系。但这些变化反映了土耳其外交政策的深刻调整,其长期政策是寻求战略自主,谋求成为地区霸权。作者认为,土军事能力的提高与美国中东地区撤军有关,同时也为土耳其向其境外投射军事力量、建立地区霸权创造了条件。土耳其独立外交政策一方面宣传土耳其例外主义,煽动国内民族主义情绪;另一方面也体现了埃尔多安在美俄及其他地区大国竞争间寻求平衡,为自身塑造国际环境创造空间的制衡外交策略。尽管从大选预测来看,埃尔多安不一定能再次胜选,美国联盟复兴和政府变化可能带来土外交政策的波动,但作者认为,长期来看,土耳其独立外交政策已成大势,这些波动不会阻挡其维护土耳其在东地中海主权、加大军事防务投入并积极参与地区事务。

https://www.foreignaffairs.com/articles/turkey/2021-05-19/turkey-will-not-return-western-fold

6.《纽约时报》：以色列减少对美依赖的原因

5月24日，《纽约时报》在其官网发布国际冲突和外交事务专栏记者马克斯·费舍尔（Max Fisher）撰写的文章《以色列减少对美依赖，美国影响力也随之降低》。文章指出，曾经依靠美国武器转让的以色列如今不再需要美国保护其免受与邻国的冲突，一是因为以色列外交自主性增强，培养了独立于美国的外交盟友，并致力于军事自治；二是以色列与邻国实现睦邻友好关系，认为不需要美国在其与巴勒斯坦的冲突中发挥调解作用；三是以色列经济繁荣，逐渐不再依赖美国经济援助。以色列不是第一个从大国援助中寻求独立的小国，但与单纯经济援助不同，美国协助以色列建立了军事和外交独立，同时降低了自身影响力。

https://www.nytimes.com/2021/05/24/world/middleeast/Israel-American-support.html

7.《外交事务》：伊朗需要核协议来牵制俄中

5月25日，《外交事务》杂志发表了印第安纳大学杰出教授贾姆希德·乔克西（Jamsheed K. Choksy）和印第安纳大学卢迪信息学、计算和工程学院战略情报高级讲师卡罗尔·E. B. 乔克西（Carol E. B. Choksy）共撰的《伊朗需要核协议牵制俄罗斯和中国》一文。文章首先分析了伊朗政府仍需要核协议的原因。一方面，伊朗在军事上的获得远超过它被限制的。伊朗已经大大推进了其核计划，美退出协议使其得以寻求更高水平的铀浓缩活动，一旦恢复协议或谈判，伊朗可保持突破能力或继续试验核武器。另一方面，伊朗通过协议在经济和地缘政治上获益很大。来自美国的直接和间接财政压力使伊朗依赖少数贸易伙伴，通过恢复核协议取消制裁，特别是银行限制利于伊朗恢复经济独立性。同时，恢复协议也将降低中国与俄罗斯两个大国对伊朗的影响力，使其更注意地缘政治自主权。因此，伊朗准备再次与华盛顿合作并在推进谈判时表现出相当大的灵活性，伊朗敦促美解除制裁并宣布愿为此修改并恢复遵守协议。作者认为这将有利于伊核协议的完善与升级，利于堵塞浓缩和监测漏洞，管理先进的离心机，延长弹道导弹禁运等问题的重新讨论。为了实现这些目标，美国需与伊朗直接谈判，并强调加强核协议将减少制裁风险，通过谈判，美伊有望达成"更长、更强"的协议并为进一步建设性接触开辟道路。

https://www.foreignaffairs.com/articles/iran/2021-05-25/iran-needs-nuclear-deal-keep-russia-and-china-bay

六　俄罗斯观察

1. 莫斯科卡内基中心：美俄难以复制"第二次世界大战"时美苏历史经验

5月5日，莫斯科卡内基中心发布中心主任德米特里·特雷宁（Dmitri Trenin）等撰写的评论文章《无法想象、无可避免、不可能的联盟："第二次世界大战"时期苏联与西方关系的历史经验》，文章通过对照俄美关系历史，分析两国目前达成"大交易"的可能性。文章称，第二次世界大战期间，德国对苏联和西方都构成明确威胁，所以双方别无选择地克服利益分歧和意识形态矛盾结盟；战争结束后，共同威胁消失，战时同盟不可能继续维系。在冷战结束之后，俄美都曾有机会借助共同应对恐怖主义而达成"大交易"并以此改善双边关系，但是美国拒绝给予俄罗斯平等的合作伙伴地位。特朗普时期，俄美关系也曾出现缓和的趋势，但这是基于特朗普的实用主义外交政策以及两国领导人之间的"化学反应"，而且美国国内政治因素很快扼杀这一可能性。近年来，新冠肺炎疫情、军备控制和气候变化问题本可以促成俄美"大交易"，但是由于拜登政府强调意识形态，并对俄罗斯采取有违外交礼节的举措，所以两国很难复制"第二次世界大战"时期的历史经验。

https://carnegie.ru/commentary/84459

2. 英国皇家三军联合研究所：俄罗斯对印度—太平洋安全概念的应对

5月24日，英国皇家三军联合研究所（RUSI）发布国际安全研究项目主任尼尔·梅尔文（Neil Melvin）撰写的报告《俄罗斯与印太安全概念》。报告指出，俄罗斯因其21世纪在亚洲政策目标受阻反对"印太"概念。作者分析了俄与中、印、日关系的未来走向：俄中将继续作为灵活的战略伙伴而非正式结盟，在应对美威胁的需求下深化合作；俄会继续保持与印度"特殊和优先的战略伙伴"关系，尽管双方继续共享利益，但美国因素导致双方分歧加大；俄发展对日关系旨在遭受国际孤立时获取与美国关键盟友接触的机会，但双方有限的远东经济能源合作关系发展缓慢，领土纠纷持久未决，军事安全关系趋于恶化。整体而言，俄以强化外交努力、参与区域调解、构建多样化且各有差异的双边关系、增强军事存在等举措，意在长期立足这一具有战略价值的地区，支持既定的"亚太"概念及现有多边架构，应对"印太"概念的挑战。但作者也指出，俄能力有限，其现有平衡举措越发难以为继。

https://rusi.org/publication/emerging-insights/russia-indo-pacific-security-concept

七 公共卫生

1. CSIS：拜登放弃疫苗专利是以牺牲欧洲为代价的决定

5月10日，美国战略与国际问题研究中心（CSIS）刊登其国际业务高级顾问威廉·艾伦·赖因施（William Alan Reinsch）的文章《事件变得复杂起来》。文章认为，拜登政府支持放弃疫苗知识产权是一个不明智的决定，不能解决实际问题，不会立即促进疫苗分发，还可能破坏全球知识产权保护以及美国在该问题上的领导地位，并使美国的对手更容易窃取美国的技术。文章分析，对官员们而言这只是一项道德决定，表明美国尽可能广泛地传播疫苗的决心，他们认为这是一个明智的马基雅维利主义行为，拜登政府在没有牺牲很多的情况下，在国内进步左派和发展中国家上获得了赞誉，使其他发达国家（特别是欧洲）看起来很糟糕，因此，这将是一个政治上的胜利。以此为例，美国正在以占领道德制高点的方式明智地追求其在全球的领导地位，这在很大程度上是以牺牲欧洲为代价的。

https://www.csis.org/analysis/plot-thickens

2. 欧洲对外关系委员会：欧盟的疫苗外交

5月19日，欧洲对外关系委员会（ECFR）发表欧洲拓展计划项目协调员特夫塔·凯尔门迪（Tefta Kelmend）、项目主任尼库·波佩斯库（Nicu Popescu）及副主任乔安娜·霍萨（Joanna Hosa）的文章《疫苗护照：欧盟应如何在下一轮疫情外交中获胜》。文章指出，在疫情早期的"口罩外交"中，相较于中俄对一些欧盟成员国家在医疗设备方面的慷慨解囊，欧洲的经济援助并不引人瞩目。在随后的疫苗外交中，欧盟在接种率和对外援助方面的表现也不亮眼。在疫苗外交方面落后其他国家的情况下，欧盟推出疫苗护照或令其与邻国间的关系更为紧张。2021年3月，欧盟委员会对外界披露了"数字绿色证书"计划：即任何疫苗接种完成者，核酸检测为阴性或新冠肺炎康复者，其身份状态均可通过手机应用程序查询，从而出国或国内旅行。该计划仅适用于居住在欧盟境内的欧盟公民和外国公民，且仅承认欧洲药品管理局授权的疫苗。作者指出，除可能对公民隐私及平等权侵犯外，欧盟在"数字绿色证书"计划中是否承认其邻国颁发的疫苗证书以及欧盟如何对待接种了未获授权的中国或俄罗斯疫苗的阿尔巴尼亚、塞尔维亚、土耳其、俄罗斯和乌克兰公民这两大难题，或将影响欧盟的对外形象。作者建议，欧盟应制定长期政策以帮助邻国的疫苗接种，并与邻国讨论疫苗证书的兼容性问题，从而提升其未来声誉。

https://ecfr.eu/article/vaccine-passports-how-the-eu-can-win-the-next-round-of-covid-diplomacy/

3.《外交事务》：美国应转变在全球卫生领域的领导风格

5月21日，《外交事务》网站发布开放社会基金会公共卫生项目主任乔纳森·科恩（Jonathan Cohen）的文章《美国在全球卫生事务上的领导须超越指挥与控制的层面》。文章指出，疫情当前，尽管拜登政府重申美国在全球卫生和发展方面的领导地位，但美国需树立一种新的领导风格，强调权力分享与公共安全网络建设，并容纳更多样化的声音，而不能仅停留于发号施令、任意指挥的层面。具体而言：第一，美国需在疫苗供应问题上克服稀缺心态（Scarcity Mentality）和零和思维，与日、印、澳等国家展开合作，扩大全球疫苗生产能力，使其他国家减少对美国援助的依赖并提升自身抗疫能力与水平；第二，美国应帮助发展中国家与欠发达国家在经济发展与疫情控制间求取平衡，推进累进税收和债务减免等政策，从而为美国盟友与伙伴提供用以保障社会稳定的财政空间；第三，美国应善用专业知识、部署专业人士，帮助各国应对疫苗接种中的不平等、不公正问题，并努力实现直接向地方和国家团体提供援助的比例目标。

https://www.foreignaffairs.com/articles/united-states/2021-05-21/us-global-health-leadership-must-go-beyond-command-and-control

4.《报业辛迪加》：美中是后疫情时代经济复苏的领先者

5月24日，《报业辛迪加》网站刊登了鲁比尼宏观协会主席努里埃尔·鲁比尼（Nouriel Roubini）的评论文章《后疫情时代经济复苏的领先者和落后者》。文章称，虽然主要经济体正在从疫情引发的经济衰退中迅速恢复，但其他经济体却萎靡不振，还有一些经济体仍然处于严重危机状态。这些全球不平等现象的持续情况将取决于很多因素，并对社会、政治和地缘政治稳定产生深远影响：首先，许多地区的疫苗接种工作进展过于缓慢，毒性强的新菌株的出现是否会引发反复的停顿周期。其次，如果有太多公司破产，劳动力市场开始出现滞后现象，缓慢或不够强劲的复苏可能导致永久性伤害。最后，不平等的加剧可能会成为不稳定和总需求低迷的突出来源。文章认为，考虑到所有这些不确定性，美国、中国和作为中国全球供应链一部分的亚洲新兴市场的复苏将更为强劲，但是欧洲和日本的情况不容乐观；对于许多新兴和发展中经济体而言，高人口密度、较弱的卫生保健系统以及较低的疫苗接种率也使其复苏前景十分脆弱。这次危机可能会导致国家内部和国家之间的不平等加剧。

https://www.project-syndicate.org/commentary/covid-recovery-uneven-geography-increased-inequality-by-nouriel-roubini-2021-05

八　新兴技术

"四方安全对话"观察：如何利用四方安全对话对抗中国的数字文化圈

大西洋理事会5月18日发表该机构南亚中心非常驻高级研究员马克·林斯科特、该机构南亚中心非常驻研究员、亚洲集团副总裁迈阿南德·拉古拉曼的文章《如何利用四方安全对话对抗中国的数字文化圈》。文章称3月举行的"四方安全对话"峰会虽展示了团结力量，但仍掩盖不了成员国在跨境数据流、数据隐私、数字税收、支付、竞争、电子商务等基础技术问题上日益加剧的分歧、摩擦。文章认为，从国家安全角度来说，不能仅把数字贸易战作为商业刺激因素，忽略在战略技术问题上的合作。美、日、澳、印应寻求利用政策工具以遏制中国企业发展，如要么正式禁止华为，要么禁止其参与5G试验。要在全球范围内对抗中国的"数字文化圈"，需要全球网民大规模选择非中国平台。从根本上说，这是一个关于全球数字经济中的竞争与权力问题。在这方面，"四方安全对话"面临的战略需求与各成员国的经济目标相抵触。四国认为有必要寻找中国平台的替代品，但也希望本国企业在取代中国公司的过程中获取商业利益。文章认为，四方合作的起点应是适度和务实的，寻求渐进的结果，但鉴于其利害关系重大，各方应具有紧迫感。文章提出四点建议：第一，扩大关键和新兴技术问题四国工作组的范围，以涵盖广泛的数字问题,包括数据治理和执法合作;第二,初期工作重点应放在调查"四方安全对话"单个伙伴之间现有的数字协议上。认识到大多数协议都不包括印度,应提高印度话语权;第三,努力制定一套关于数字贸易治理的原则;第四,应与各国主要科技公司CEO互动,创造机会在棘手的数字问题上结盟,探寻应对之道。

https://www.atlanticcouncil.org/blogs/new-atlanticist/how-to-leverage-the-quad-to-counter-chinas-digital-sinosphere/

九 气候变化

布鲁金斯学会:美国气候目标的阻碍

5月10日,布鲁金斯学会能源安全与气候倡议主任萨曼莎·格罗斯(Samantha Gross)发表题为《阻碍美国气候目标的障碍是政治而不是技术因素》的文章。美国在4月21日发布国家自主贡献量(NDC)计划书:2030年前,美国碳排放量将比2005年减少50%—52%,总计将比2020年减少39%—45%。作者赞赏这一决定,但对美国政府履行该承诺的能力表示担忧,并强调该计划书里并未详细阐述美国政府将采取哪些政策来实现这一目标。文章指出,电力和交通领域将是减排计划的重中之重。电力生产是美国温室气体的第二大来源,占总碳排放量的25%。拜登政府计划在2035年前建立无碳电力系统,并通过美国就业计划实现清洁电力标准,使用零碳电力和对电力存储的减税实现美国电力系统的现代化改造。交通领域是美国最大的温室气体排放源,占总排放量的29%,且比电力领域更难实现减排。拜登政府计划通过建立公共充电桩和新能源汽车的补贴加大公众对绿色能源出行的需求。作者强调,共和党对美国就业计划的阻力极大,且西弗吉尼亚州的民主党参议员乔·曼钦(Joe Manchin)明确表示不会支持提案,因此,民主党很有可能无法得到多数选票使法案通过。目前也没有迹象表明共和党会在清洁电力或电动汽车问题上做出让步。

https://www.brookings.edu/blog/planetpolicy/2021/05/10/barriers-to-achieving-us-climate-goals-are-more-political-than-technical

撰稿：王乐瞳、郭一凡、郑乐锋、蔡依航、张琳菲、李星原、柳盈帆、李璇、聂未希、陈晖博、崔元睿、李星原、黄婷、杨滨伊、郑乐锋、任怡静、张诚杨、马浩林、王叶滑、柳盈帆、黄瑛、许卓凡。

审核：马国春、贺刚、姚锦祥、苏艳婷、周武华、袁微雨、王静姝、许馨匀、朱荣生。

终核：石岩。

6月专报

一　国际格局

1.英国皇家联合军种研究院：美国需思考东地中海战略

6月1日，英国皇家联合军种研究院在其网站发表牛津大学圣安东尼学院国际关系博士塞缪尔·拉马尼（Samuel Ramani）的文章《地中海东部地区的美国》。文章指出，美国对地中海东部地区的战略模糊不清。第一，拜登政府尚未制定对土耳其的政策。但随着拜登任期的推进，两国可能会找到一些利益共同点。比如，在促进阿富汗内部对话、黑海安全、对叙利亚边境的人道主义援助方面，两国享有共同利益。第二，美国缺乏在利比亚的外交蓝图，拜登政府几乎没有开出稳定利比亚局势的药方。第三，拜登政府没有明确其对叙利亚重建的构想。目前美国对叙利亚的关注集中在对叙利亚的人道主义援助方面，而基本上回避了叙利亚宪法谈判和重建等关键问题。作者指出，随着拜登政府采取措施恢复国际社会对美国全球领导地位的信心，明确其对地中海东部地区的战略将是关键一步。

https://rusi.org/commentary/us-eastern-mediterranean-region

2. 大西洋理事会：拜普峰会难以缓和俄乌关系

6月1日，大西洋理事会在其网站发表乌克兰学者奥列克西·冈察连科（Oleksiy Goncharenko）的文章《拜登—普京峰会：乌克兰不应期待奇迹发生》。文章指出，拜登和普京将于6月16日在瑞士日内瓦会晤。美方表示，此次峰会的目标是与俄罗斯建立一种可预测的稳定关系。乌克兰将不可避免地成为本次会议议程上的重要议题。但作者认为，几乎没有理由期待本次峰会在俄乌关系正常化方面取得任何突破。相反，这次会议可能产生的结果是双方重申当前现状，拜登强调支持乌克兰领土完整，而普京则将继续关注北约东扩和乌克兰当局的反俄行动。有鉴于此，作者指出，在国内，乌克兰应当加强国家武装力量的建设和现代化进程，以应对俄罗斯可能在多条战线发动大规模进攻的最坏情形；在国际上，乌克兰必须巩固现有关系，主动加强乌克兰的地缘政治地位。

https://www.atlanticcouncil.org/blogs/ukrainealert/biden-putin-summit-ukraine-should-not-expect-miracles/

3. IISS：美韩取消弹道导弹射程限制

6月2日，英国国际战略研究所（IISS）发表其国防和军事分析员蒂莫西·莱特（Timothy Wright）的文章《美韩取消弹道导弹射程限制》。文章称，美韩新协议解除了长达40多年美对韩弹道导弹的最大射程限制。1979年美韩签订《韩美导弹指南》，开始限制韩国弹道导弹的射程和有效荷载。本次取消限制很大程度上是为应对多年来朝鲜核导计划的发展，并响应韩朝小规模冲突后韩方的要求。此次取消射程限制将进一步扩大韩国导弹的攻击范围，引起多方反应。除朝鲜"攻击性"的回应之外，有专家认为这会进一步恶化韩中、韩日关系。总之，韩国得以实现其历代政府所追求的"导弹主权"，并强化其常规军事能力，这也将对地区产生深远影响。

https://www.iiss.org/blogs/analysis/2021/06/us-south-korea-ballistic-missile-range-limit

4.《国会山报》：美中可通过建设性对话避免冲突

6月3日,《国会山报》发布美空军负责国际事务的前副部长助理布鲁斯·莱姆金（Bruce Lemkin）的文章《中国综合症：拖延和避免冲突之路》。作者认为，20年前美中《海上军事安全磋商协议》（MMCA）的签订和在朝核问题上的立场协调凸显了两国对话的力量和重要性，美应致力于寻找美中存在共同利益的领域，并在此基础上促进两国开展建设性对话。然而，美国试图与中国对话的努力应建立在实力、伙伴关系和原则的基础上。作者强调，美中战争是可以避免的，这有赖于两国建立涵盖半岛无核化、知识产权保护、应对气候变化和危机管控等不同议题的多轨并行对话网络。

https://thehill.com/opinion/national-security/556054-the-china-syndrome-delaying-or-averting-the-path-to-conflict?rl=1

5.德国马歇尔基金会：重新定义欧盟—土耳其关系

6月3日，德国马歇尔基金会（German Marshall Fund）在其官网发表卡德里·塔斯坦（Kadri Tastan）等7位研究员共同撰写的论文《重新定义欧盟与土耳其关系的模式与议程》。文章主要内容包括：欧土关系现状及分歧背景；欧土关系三种不同形式（候选资格、交易合作、相互遏制）；欧土关系挑战和危机；拜登政府以及美土关系对于欧土关系的影响；英国脱欧后欧土贸易合作前景；能源领域欧土合作潜力与局限性；不同类型移民协议对于欧土关系发展的影响；欧土外交和安全政策关系框架以及合作规范和制度基础。文章指出，当前欧盟与土耳其的关系已经进入了新时代，地中海紧张局势以及该地区国家间地缘政治摩擦让欧盟开始重视土耳其。文章建议，应当努力维持欧土双边关系，勾勒新议程框架，制定政策并解决挑战。

https://www.gmfus.org/publications/defining-new-modes-models-and-agendas-eu-turkish-relations

6.《外交学人》：为什么这次我们不能在中俄美关系中期待稳定的"二对一"动态

6月4日,《外交学人》发表了越南外交学院研究员黄武乐泰（Vu Le Thai Hoang）和阮胡伊（Huy Nguyen）撰写的文章《现代中俄美三角：为什么我们这次不能期待稳定的"二对一"动态》。文章指出，尽管世界政治格局有多极化趋势，但美俄中三国的大国关系仍占据国际关系的主导位置。尽管中俄关系建立在长期合作框架之上，却存在利益不对称的问题。也因此，虽然两国在对美关系中都承受巨大压力，但仍然希望能在合适的时机与美合作。目前，随着中美两国相对于俄罗斯的实力差距日益扩大，中美战略竞争关系基本锁定，俄罗斯则将扮演"常量"的角色，持续利用其影响力改变三角关系平衡。然而，与冷战时期不同，在现代中俄美三角关系中，各国间复杂且相互交织的利益会影响到战略竞争的每一个方面，任何双边合作都并非与第三方形成"零和"关系，即三角关系由"二对一"转向了"一对一加一"的局面。作者认为，大国关系的转变对于中小国家而言既是机遇又是挑战，大国不应以牺牲中小国家的安全与稳定作为其相互竞争的代价，而应将它们视为真正共同利益伙伴，促进区域和平、安全与繁荣。

https://thediplomat.com/2021/06/the-modern-china-russia-us-triangle/

7.《报业辛迪加》：G7税改方案符合世界发展潮流

6月7日,《报业辛迪加》网站刊登了哈佛大学肯尼迪政府学院国际政治经济学教授丹尼·罗德里克（Dani Rodrik）撰写的文章《G7的税率管制和超级全球化的终结》。文章称，即便七国集团财长会议通过的全球税改方案尚存在细节方面的争议，但仍可将其称为一项重要的历史性协议。文章首先总结了该协议的两项核心内容，一是对大型企业征收全球最低15%的税率；二是相关企业的部分全球利润将被返还至其经营所在国。文章认为，这些内容充分表明，曾迫使各国争相为大型跨国企业提供更优惠政策的超级全球化法则正在被改写。文章称，尽管存在该协议划定税率较低、限制发展中国家吸引外资能力等反对声音，但该协议所设定的低门槛可以缓解发展中国家忧虑，而利润的全球分摊则能使高税收地区降低部分损失。文章称，全球规则须制止所谓"避税天堂"等以邻为壑的行为，而七国集团全球税改方案正是朝正确方向迈出的重要一步。

https://www.project-syndicate.org/commentary/g7-corporate-tax-agreement-end-of-hyper-globalization-by-dani-rodrik-2021-06

8.《南华早报》：亚洲供应链仍比以往任何时候都强大

6月7日，中国香港《南华早报》发表汇丰银行亚洲经济研究部联席主管弗雷德里克·诺伊曼（Frederic Neumann）的文章《随着生产从中国向东盟转移，亚洲的供应链仍比以往任何时候都强大》。作者认为，目前亚洲的供应链仍在蓬勃发展，虽然美中贸易作为全球经济的核心"驱动因素"受到破坏，但亚洲的供应链仍非常有竞争力，制造业几乎没有倒退。美国虽并未减少对亚洲供应链的依赖，但转向了东盟生产者，表明亚洲供应链正在发生转变而非萎缩。同时，随着"中国+1"战略兴起，各大企业在保留在华生产的同时，将部分产能转移到东盟地区。因此，进入东南亚的外国直接投资开始超过进入中国的外国直接投资。作者指出，中国供应的许多产品为东盟的出口提供了动力，中国与东南亚的贸易现在超过了与美国或欧盟的贸易，中国与东盟之间的供应链将更密切地融合。疫情凸显了亚洲供应链的重要性，有助于防止更大规模的供应中断。

https://www.scmp.com/comment/opinion/article/3135941/production-shifts-china-asean-asias-supply-chains-remain-stronger

9.《外交政策》：亚洲开发银行的绿色未来

6月8日，《外交政策》杂志网站刊登印度自由撰稿人里希卡·帕蒂卡（Rishika Pardikar）的文章《亚洲开发银行的绿色未来》。文章指出，亚洲开发银行（简称："亚开行"）近期声明拟禁止为任何煤炭开采、新石油和天然气田的开采活动提供资金；将不会为煤电开发和升级的项目提供贷款；支持成员国的绿色能源转型；等等。这些政策将把能源部门的资金引流至可再生能源产业，促进亚洲国家能源转型。然而，政策草案表明亚洲开发银行仍将为天然气项目提供有条件的资金，也不排除对化石燃料部门的间接投资；亚洲开发银行还区分了天然气供应链的不同阶段，允许资助天然气终端与储存设施。这些模糊的条件给亚洲开发银行继续资助化石能源部门特别是天然气留下空间，说明亚洲开发银行在促进亚洲绿色能源转型方面的举措尚不充分。文章认为，亚洲开发银行对天然气行业的关注，或因为其最重要的资金来源国美国和日本在天然气行业有逐利需求。此外，私人和商业资本也在推动天然气行业的发展。

https://foreignpolicy.com/2021/06/08/adb-finance-coal-ban-green-transition/#

10. CSIS 刊文分析北约未来如何应对中国挑战

6月8日，美国战略与国际问题研究中心（CSIS）网站刊登了其欧洲、俄罗斯和欧亚项目访问学者皮埃尔·莫克斯（Pierre Morcos）撰写的文章《北约转向中国：一条充满挑战的道路》。文章认为，北约日益重视来自中国的影响，并可能将其定为本月布鲁塞尔会晤的重要议程。但在制定对华战略之前还需认清误区，明确方向。文章首先回顾了来自中国的"挑战"和北约的既有政策，称中国在欧洲日益增长的经济影响力和外交自信，以及与俄罗斯日益增长的军事关系均对北约造成"安全威胁"。因此，北约已将其对华政策置于"北约2030"议程之中。然而，北约在对华问题上尚缺乏凝聚力。此外，北约必须注意：第一，应明确中国并非俄罗斯或苏联，不会对北约构成传统意义上的军事威胁。北约不宜片面看待中国崛起，还应同中国就共同面临的挑战展开接触；第二，北约应首先对中国及其自身进行充分评估，确定中国如何以及在何处影响北约成员的核心利益；第三，北约须加强同欧盟的合作，利用欧盟在技术、法律和经济领域的优势。

https://www.csis.org/analysis/natos-pivot-china-challenging-path

11. 东亚论坛：欧盟印太战略避免陷入中美竞争

欧洲政策中心战略委员会成员、欧盟事务著名评论员莎达·伊斯兰的文章《欧盟印太战略应避开陷阱》，其认为，欧盟印太战略应当强调自身作为重要经济体在印太地区发挥的作用，避免陷入日益紧张的美中竞争中。关于欧盟的印太战略，最为重要的是要在扩大经济利益与在支持全球"民主"与"人权"之间达到平衡，欧盟需尽量避免陷入战略陷阱。第一，欧盟应该给美中竞争降温而不是火上浇油，因此需要鼓励地区国家进行范围更广、更包容的对话。第二，欧盟应当积极融入印太经济一体化框架，可通过协商加入《区域全面经济伙伴关系》（RCEP）或《全面与进步跨太平洋伙伴关系协定》（CPTPP）。第三，欧盟要避免忽略或简单化处理地区复杂的现实，如不应忽略这一地区出现"民族主义、民粹主义以及民主倒退"等。第四，欧盟需防止将与盟友的关系"浪漫化"或将竞争对手"妖魔化"。第五，欧盟须顶住压力，避免追随美国将中国描述为"生存威胁"的说辞。第六，欧盟可通过发挥自身在规则制定方面的优势，为正在成型的地区规范贡献力量。

https://www.eastasiaforum.org/2021/06/10/avoiding-pitfalls-in-the-eus-indo-pacific-strategy/

12.《国会山报》：迈向美国主导且基于规则的世界新秩序

6月11日，《国会山报》发表明尼苏达州圣保罗麦卡莱斯特学院教授安德鲁·莱瑟姆（Andrew Latham）的文章《迈向美国主导且基于规则的世界新秩序》。文章分析了美国国家情报局最新发布的《全球趋势2040》（GLOBAL TRENDS 2040）报告。该报告概述了未来二十年间包括人口、环境、经济和技术等因素在内的深层结构性力量；讨论了这些结构性力量对社会、国家及国际体系的影响，并提出可能的未来情景作为结论。报告论述了国际体系的可能变化：没有国家可以在所有地区占据主导地位，广泛的竞争者将一起塑造国际体系；上述结构性力量转变以及治理模式分歧或将加剧中国与以美国为首的西方联盟的竞争。在大国塑造全球规范的同时，地区大国和非国家行为体会在大国忽视的问题上发挥主导作用。这种高度多样化的互动或将导向冲突的地缘政治环境，并破坏全球多边主义。第二次世界大战以来建立的基于规则的秩序将面临日益难以承受的压力。报告认为，基于20世纪中叶经济、社会和技术基础所建立的国际秩序将被结构性变化侵蚀，其消亡不可避免。

https://thehill.com/opinion/international/557568-toward-a-new-us-led-rules-based-world-order?rl=1

13.《外交事务》：美国应避免与中国进行意识形态竞争

6月11日，《外交事务》杂志网站刊登了康奈尔大学教授托马斯·佩平斯基（Thomas Pepinsky）和杰西卡·陈·韦斯（Jessica Chen Weiss）合作的评论文章《制度的冲突？》。文章指出，拜登政府强调世界各地民主面临的挑战是正确的，但美国和其他民主国家更直接的威胁在于内部。把美中竞争设想成民主和专制制度之间的全球竞争，只会弊大于利，且会夸大中国意识形态的吸引力，进一步削弱美国与其他亚洲国家的有效接触。与此同时，捍卫美国价值观并与中国和平共处需要更务实的方法。因此，美国不必把意识形态之争作为其对华政策的重点，相反，拜登政府应努力重新构想一个开放的、基于规则的国际秩序，并让中国参与其中。

https://www.foreignaffairs.com/articles/united-states/2021-06-11/clash-systems

14.《外交政策》：拜登—普京峰会上的亚洲赌注

6月11日，《外交政策》杂志发表新加坡国立大学学者拉贾·莫汉（Raja Mohan）的文章《拜登—普京峰会上的亚洲赌注》。传统观点认为，由于中俄关系密切，试图将两国分开的做法不切合实际，因此美国必须同时对抗俄罗斯和中国。然而拜登政府正试图扭转这一主张。拜登认为，由于美国正面临来自中国的诸多挑战，缓和与俄罗斯的紧张关系在很大程度上会使欧洲各国更关注亚太局势，并支持美国的主张。虽然欧盟主要成员国认识到中国所带来的系统性挑战，并开始制定针对印太地区的新政策，但它们的关注度将受到俄罗斯威胁的直接限制。由此，作者认为，若美国的新外交政策可以使俄罗斯与西方国家之间的冲突暂缓，且扩大欧洲国家在亚洲地区的影响力，欧亚地缘政治的原有规则就会被打破。

https://foreignpolicy.com/2021/06/11/biden-putin-summit-asia-india-china-japan-us-russia-detente-quad/

15.大西洋理事会：蓝点网络的作用

6月12日，大西洋理事会网站发布斯考克罗夫特战略与安全中心高级研究员卡乌什·阿哈（Kaush Arha）的文章《七国集团基建雄心的隐藏钥匙：蓝点网络》。文章认为，蓝点网络是七国集团实施全球基础设施倡议的秘诀，并有望替代"一带一路"倡议。文章指出，蓝点网络具有以下好处：首先，它将对基础设施项目进行品牌化和认证，以区分是否为透明、负责、安全的项目；其次，鼓励新兴国家实施监管改革，从而吸引全球私人资本。文章建议七国集团成员国采取以下措施发展蓝点网络：第一，重点介绍蓝点网络和抗灾基础设施联盟；第二，与澳大利亚、印度等国家合作，协调各自发展融资的激励措施和工具，以推进蓝点网络投资；第三，在经合组织或其他机构设立临时秘书处，以协调蓝点网络的活动；第四，将印太地区和亚得里亚海、波罗的海、黑海和里海周边国家作为蓝点网络投资的优先区域。

https://www.atlanticcouncil.org/blogs/new-atlanticist/a-hidden-key-to-the-g7s-infrastructure-ambitions-blue-dot-network/

16.东亚论坛：美中两国如何在"极限"地缘政治竞争背景下，寻求必要合作至关重要

东亚论坛网站6月14日发布新美国安全中心研究员雅各布·斯托克斯

（Jacob Stokes）的文章《认真对待美中合作》，文章认为美国需采取新原则，更为有效地处理双边关系中竞争与合作的因素。斯托克斯认为，推动美中两国合作有两个根本原因：一是在存在利益重合的领域可进行合作，如全球卫生、防扩散、反恐以及气候变化等；二是合作可促进双边关系的稳定性，使双方更容易安然度过分歧引发的紧张局面，但这两个推动合作的根本原因都遭遇到强劲的"迎头风"。美国政策制定者在处理如何与中国合作时可采取如下原则：第一，双方均需要降低期待，承认双边关系正处于五十年来最低点，因此需要"务实、以结果为导向的接触"；第二，双方今后的合作应当聚焦于实际行动而非象征意义；第三，要尽可能多的通过多边机制采取联合行动，向第三方释放一个信号，即美国并未寻求进行全力以赴的对抗，反驳一些关于"将世界分化为两大阵营"的说法。这将产生一定积极的战略意义，且多边渠道还能够减少美中两国在选择合作时需要消耗的政治资本。

https://www.eastasiaforum.org/2021/06/14/getting-real-about-us-china-cooperation/

17. CSIS：聚焦G7全球基建倡议

6月15日，美国战略与国际问题研究中心（CSIS）发表经济项目高级副总裁马修·古德曼（Matthew P. Goodman）及高级研究员乔纳森·希尔曼（Jonathan E. Hillman）的文章《G7的新全球基础设施倡议》。文章聚焦于6月11日至13日在英国举行的七国集团领导人会议上通过的全球基础设施投资新倡议——"重建美好世界"（B3W）。倡议核心为促进私人资本投资全球基础设施，重点关注气候、健康、数字技术与性别四个领域。作者认为B3W的出台有以下原因：G7国家担忧中国的"一带一路"倡议，且认为"一带一路"倡议无法满足全球发展中国家的需求，G7希望提供替代方案。同时，比起公共资本，G7更倾向于调动私营部门进行投资。文章认为，G7国家应出台相应激励措施改变投资者的风险回报计算以释放私人资本。同时，美国政府应设立联邦协调机构来确保上述措施的落实。

https://www.csis.org/analysis/g7s-new-global-infrastructure-initiative

18. 美智库及学府联合发布美中全球影响力竞争评估报告

6月16日，大西洋理事会与丹佛大学共同推出一份新报告《美中影响力竞争评估》分析美中两国的世界影响力，尤其聚焦东南亚地区，利用双边影响力指数（Formal Bilateral Influence Capacity Index）重点分析了地区各国对他国在政治、经济以及安全领域的依赖情况，称中国影响力的强度与范围都不断扩大。报告称，冷战后至今，中国影响力在所有地缘政治区域内都稀释或取代了西方影响力，而新冠肺炎疫情的暴发加速了这一趋势，这虽然让美国与西方国家感到意外，但竞争远未结束，美国仍有很多机会能够制衡中国影响力的进一步发展。报告建议美国：一要利用多边外交政策工具，发挥美国以及盟友、伙伴的集体影响力；二要培植东盟内部的相互依赖，加强地区国家抵御中国影响的能力；三要与东盟达成特惠贸易协定，加强美国与地区国家的经济联系，以抵消东盟中国自贸区的影响力；四要就加入"全面与进步跨太平洋伙伴关系协定"（CPTPP）开展谈判，加强与日本、新加坡、越南的关系；五要注意保持与印度尼西亚、泰国的安全关系；六要巩固与日本的安全联盟，推动日本正式加入"五眼联盟"。

https://www.atlanticcouncil.org/in-depth-research-reports/report/in-brief-15-takeaways-from-our-new-report-measuring-us-and-chinese-global-influence/

19. 美国大西洋理事会：北约生存的秘诀是政治化

6月17日，美国大西洋理事会发布了由南丹麦大学战争研究中心主席杰米·谢伊（Jamie Shea）和雪城大学副教授迈克尔·约翰·威廉姆斯（Michael John Williams）共同撰写的文章《北约生存的秘诀：政治化》。文章指出，北约作为一个政治军事联盟，却在近年中逐渐失去其政治因素，因此，北约需要关注六个核心领域：第一，制定一项全面的对华政治军事战略；第二，重新投入核与常规军备控制工作；第三，推动欧盟—北约关系的进一步发展；第四，欧洲盟国需要专注于实力发展，展现其为全球和平与安全的贡献能力；第五，通过一致的、定期的接触而非直接干预实现地区风险管理；第六，制定有关规则以应对技术挑战。最后，文章认为，拜登作为具有大西洋主义倾向的领导者，能够通过这六点帮助北约实现复兴。

https://www.atlanticcouncil.org/blogs/new-atlanticist/the-secret-to-natos-survival-get-political/

20. 《外交事务》：不要发动另一场冷战

6月17日，《外交事务》杂志网站刊登了佛蒙特州独立参议员伯尼·桑德斯（Bernie Sanders）的评论文章《华盛顿关于中国的危险新共识，不要发动另一场冷战》。文章指出，美国当前面临着前所未有的全球性挑战，要解决这些挑战需要加强包括中国在内的国际合作。作者指出，美国建制派将对华关系看作零和的经济和军事斗争，这种认知的盛行不利于塑造两国合作应对全球问题的政治环境，这些全球问题给两国利益带来切实的破坏和威胁。桑德斯指出，美中两国发展互惠互利的关系不是容易的事情，但总有比陷入"新冷战"更好的选择。

https://www.foreignaffairs.com/articles/china/2021-06-17/washingtons-dangerous-new-consensus-china

21. 《外交事务》刊文分析美国在巴以冲突中的角色

6月21日，《外交事务》网站发布新美国安全中心中东安全项目主任伊兰·戈登堡（Ilan Goldenberg）的文章《拜登能使两国方案得以长期存在》。文章指出，上轮巴以在加沙地带爆发的流血冲突对美国有五点启示：第一，加沙冲突导火线表面毫不起眼，实质内蕴威胁，警示美国需强化危机预警机制，派遣经验丰富的外交官观察巴以形势；第二，仅凭美国一己之力难以解决巴以问题，可协调其他区域参与者共同应对；第三，拜登在巴以问题上的决策受到美国国内政治变化的影响，尽管美国支持以色列的传统政策仍在推行，但民主党内部对巴勒斯坦的同情程度加深，要求拜登承认巴立场的施压加大；第四，巴以两国政治运转不良，高调提出和平倡议无济于事，而应将目标设定在阻止以色列做出恶化形势的举动。为改善巴以冲突的发展轨迹，防止冲突的周期性爆发，美国可采取两点主要措施：其一，重新开放美驻耶路撒冷总领事馆以重建与巴勒斯坦的关系；其二，优先改善加沙地带的恶劣条件，依靠区域参与者，特别是海湾国家，以协调一致的方式制订重建加沙的联合计划。最后，文章强调，两国方案仍是确保巴以两国及其民众自由、繁荣与安全的最可行方式。

https://www.foreignaffairs.com/articles/middle-east/2021-06-21/biden-can-keep-two-state-solution-alive

22.美国和平研究所：全球绿色转型需避免破坏石油输出国稳定

6月23日，美国和平研究所在其网站发表世界和平基金会研究员本杰明·施帕茨（Benjamin J. Spatz）、亚历克斯·德瓦尔（Alex de Waal）、阿迪蒂亚·萨卡尔（Aditya Sarkar）与泰根·布莱恩（Tegan Blaine）合撰的文章《世界能否在不破坏石油输出国稳定的情况下走向绿色？》。文章指出，对于依赖石油出口的国家而言，石油价格与国家稳定息息相关。随着全球向可再生能源过渡，包括委内瑞拉、尼日利亚、伊拉克等在内的数十个严重依赖石油出口的国家面临着内部爆发暴力冲突的风险。作者认为，在全球经济转型的进程中，各国政府需考虑以下三个因素，以避免打破这些脆弱国家微妙的政治平衡。第一，《巴黎协定》各方应制定一项战略，让脆弱国家参与进来，支持更稳定的过渡进程。第二，政策制定者需要意识到这些脆弱国家的政治精英可能将国际支持和发展援助用于政治目的，因此需要通过提高透明度和严格问责制来管理这种风险。第三，构建全方位的伙伴关系，涵盖脆弱国家的民间社会、区域和全球盟友以及国际组织。

https://www.usip.org/publications/2021/06/can-world-go-green-withoutdestabilizing-oil-pumping-nations

23. 战争困境网站：欧洲现在应在亚太地区有所作为

6月24日，美国"战争困境"（War on the Rocks）网站发布英国皇家联合军种国防研究所国际安全研究部高级研究员温丽玉（Veerle Nouwens）和美国德国马歇尔基金会亚洲项目研究员加里玛·默汉（Garima Mohan）撰写的文章《欧洲关注印太，但是时候采取行动了》。文章称，近年来，欧洲开始建立多样化的区域伙伴关系，欧洲各国的印太政策方向趋同，但需要更多实质内容。作者指出，欧洲印太战略的重点是寻求同中国之外的区域伙伴（如印度、日本、澳大利亚和东盟）建立多样化的伙伴关系。围绕特定价值观组建的新多边合作集团也值得关注。维护海上和平安全对所有发布印太战略的欧洲国家都至关重要，但由于欧洲在此投送军事力量能力有限，要重点对防扩散、气候变化、非法捕捞、海盗和跨国有组织犯罪等问题采取行动。欧盟还通过在数字和实体基础设施上提供投资，替代中国"一带一路"倡议下的方案，以同印太政府建立强大政治联系。作者认为，欧洲应对最紧迫的地区需求做出回应，团结重要伙伴，表达坚定政治意愿，将言论转化为行动。

https://warontherocks.com/2021/06/europe-eyes-the-indo-pacific-but-now-its-time-to-act/

24.《报业辛迪加》：新冠肺炎疫情揭示各国治理能力的巨大差异

6月24日，《报业辛迪加》发布斯坦福大学高级研究员弗朗西斯·福山（Francis Fukuyama）和联合国开发计划署拉美和加勒比地区助理署长路易斯·费利佩·洛佩斯-卡尔瓦（Luis Felipe López-Calva）合著的文章《疫情和政治表现》。文章指出，新冠肺炎疫情测试了不同治理体系的有效性，各国间的差别并非因政治体制而异，也不完全取决于经济资源或公共卫生专家，而是国家能力、社会信任和政治领导三大关键治理因素左右下的结果。第一，国家能力是决定抗疫成效最显著的因素，但不是充分必要条件。第二，社会信任从民众对政府的信任及民众间的相互信任两个维度起作用。第三，政治领导对一国抗疫政策的选择起重要作用。作者强调，从全球范围来看，疫情揭示了有限的国家能力、社会低信任度和政治领导力的低下既是民主衰退的警示，也是我们遭受这一大流行病的原因。

https://www.project-syndicate.org/commentary/pandemic-political-decay-latin-america-caribbean-by-francis-fukuyama-and-luis-felipe-lopez-calva-2021-06

25.《外交政策》：拜登从阿富汗撤军不利于对华竞争

6月24日，《外交政策》杂志网站发布美国战略与国际问题研究中心（CSIS）亚洲事务高级副主任迈克尔·格林（Michael J. Green）和亚历山大·汉密尔顿协会执行主任加布里埃·施海曼（Gabriel Scheinmann）的文章《拜登从阿富汗撤军可能使中国问题更难解决》。文章认为，美国全面撤出阿富汗不会有利于对华战略竞争，反而会使问题更加复杂化。阿富汗是北约驻军中唯一紧邻中国西部的国家，具有重要的地缘军事意义，是美国对华竞争的亚洲大棋局的一部分。塔利班胜出将极大损害美国在亚洲盟友中的信誉，尤其是塔利班将摧毁残存的民主治理和妇女权利成果。最后，后美国时代的阿富汗局势恶化，可能迫使美国重新军事介入。如果美国不能在与中国竞争的同时，维持在阿富汗的稳定存在，将难以在本地区抗衡中国。

https://foreignpolicy.com/2021/06/24/afghanistan-withdrawal-biden-trump-china-india-asia-pivot-us-military-geopolitics-pullout-drawdown/

26.《外交政策》：避免误判他国需要地缘政治同理心

6月27日，《外交政策》刊登美国哈佛大学教授史蒂芬·M. 沃尔特的文章《具有同理心的地缘政治》。文章认为，同理心在经营国家间关系中非常重要。作者的分析基于斯坦福大学心理学家李·罗斯（Lee Ross）的"基本归因谬误"。该理论指出，人类倾向于将他人行为看作其性格、欲望和性情的反映，而不去理解其所处的环境。作者认为，这一逻辑很好地解释了国家间冲突的螺旋式上升经常出现并很难扭转的原因。美国以"负有特殊责任"而干预多国内政却处处"妖魔化"他国就是典型例子。作者提出，采取现实主义外交政策能够有力避免这种归因偏见。现实主义强调在国际无政府状态下，所有国家特别是大国优先考虑私利，展开竞争，在机会出现时追求相对优势，并采取他国认为造成威胁的政策。现实主义者不对国家和领导人进行僵化分类，而是正确认识到所有的国家都处在一个不确定和不安全的世界，所有的领导人在追求更安全的过程中会犯下错误。在处理棘手的国家间关系时，可能有以下几个问题值得思考：第一，他国行为是出于领导人个人意志还是形势所迫；第二，如若行为是形势所迫，本国行为是否会强化对方的必要性判断；第三，若第二条成立，本国应采取何种措施改善他国处境且不损害本国利益。

https://foreignpolicy.com/2021/06/27/the-geopolitics-of-empathy/

27.《南华早报》：美俄关系缓和为印度带来希望

6月28日，《南华早报》发布驻新德里独立记者普拉奈·艾夏尔马（Pranay Sharma）的文章《美国和俄罗斯关系更紧密，让印度充满希望》。作者认为，近期美俄领导人峰会的积极论调为印度带来希望。印度与俄罗斯和美国有着广泛而重要的关系，美俄关系升温为印度加强与两国的关系创造了空间。一方面，俄印关系是战略合作伙伴关系，俄罗斯是印度军用物资的主要来源。另一方面，美印关系是全球全面战略伙伴关系，美国指定印度为主要国防合作伙伴，还为印度提供了高端武器技术，同时，美国还是印度最大的贸易伙伴。作者认为，印度不得不处理与美俄之间的关系，因为印度与一个国家的任何接触常常被另一个国家怀疑。印度希望通过美俄领导人峰会使其更容易平衡与美俄的关系。

https://www.scmp.com/week-asia/politics/article/3139031/closer-us-and-russia-makes-india-hopeful-china-not-so-much?module=AI_Recommended_ for_you_LI&pgtype=homepage&li_source=LI&li_medium=homepage_int_edition_top_picks_for_you

28.《外交学人》：韩国未意识到其塑造印太地区的能力

6月30日，《外交学人》网站刊登了珀斯美国亚洲中心（Perth US Asia Centre）高级政策研究员海莉·钱纳（Hayley Channer）的文章《韩国未能认识到其塑造印太地区的能力》。文章称，七国集团会议邀请韩国参与，意在促使韩国为维护印太地区的"民主自由"发挥更大作用。然而，韩国至今仍未展现出其希望塑造"印太"地区秩序的意愿。文章首先回顾了韩国的对外政策，称文在寅政府于2017年提出的"新南方政策"（NSP）存在"缺陷"：该政策重点是在双边层面深化韩国与印度及东盟国家关系，而非整个地区层面，忽视了韩国塑造更广泛地区秩序的能力，且在防务和安全合作方面缺乏有效行动。这可能使各国怀疑韩国能否在塑造印太秩序方面发挥领导作用。此外，不愿采纳针对中国的"印太"概念，也是韩国不愿承担印太地区安全领导角色的反映之一。文章称，受制于朝鲜半岛问题及大国关系，韩国缺乏战略空间，并未制定本国的印太战略，但这与其经济实力和军事实力极不对称。实质上，韩国拥有更大的地区安全贡献能力和区域领导力。

https://thediplomat.com/2021/06/south-korea-fails-to-recognize-its-capacity-to-shape-the-indo-pacific/

二　美国观察

1.《外交事务》：美国仍然需要反游击战略

6月2日，《外交事务》网站刊登美国对外关系委员会高级研究员迈克斯·布特（Max Boot）的文章《美国仍需要反游击战略》。作者回顾了源于20世纪50年代的反游击战略（Counterinsurgency，COIN），强调其对如今美国依然具有十分重要的意义，指出 COIN 的成功之处在于这一战略能够减少平民死伤，为动乱地区的普通人提供安全保障和基本服务，无须派遣众多军事人员就能维护美国安全。美国的 COIN 战略在 2006 年后伊拉克重建进程中取得了成功，但 2010 年至 2011 年在阿富汗遭遇挫折，失败原因包括美国投入减少、阿富汗内部政治混乱、军队战斗能力低下、政府治理能力不足及塔利班与巴基斯坦的联系。但作者强调，COIN 在阿富汗以外的地区，包括巴勒斯坦、哥伦比亚等地取得了显著成功。在打击 ISIS 的反恐战争方面，COIN 也起到了作用。作者指出，尽管"9·11"事件以来美国国家安全正在进入反游击战略时代的尾声，但 COIN 仍有其价值，美国应继续重视 COIN 战略，通过向盟友提供咨询和援助的方式维护自身安全，减少美国可能会承担的巨大军事代价。

https://www.foreignaffairs.com/articles/afghanistan/2021-06-02/america-still-needs-counterinsurgency

2.《外交学人》：五角大楼的舰队重组计划

6月3日，《外交学人》网站发布独立作家、前海军军官史蒂文·斯塔什维克（Steven Stashwick）的文章《美军 2022 年预算：减少体量以促进现代化》。美国防部 5 月 28 日发布 2022 年度预算，针对美中战略竞争，对海军建设计划做出系列调整。与特朗普时期相比，新预算增加了对哥伦比亚级弹道导弹核潜艇、高超音速武器等"常规快速打击"武器、"标准-6"防空导弹的支持力度，体现出美军对海基核威慑力量更新换代的高度重视，试图以高超音速武器为"矛"威慑中国舰队和导弹阵地，以"标准-6"导弹为"盾"保护美军在南海等争议海域的行动。新计划建议削减巡洋舰、濒海战斗舰、两栖攻击舰数量，作者认为主要原因是此类舰艇维护成本过高或是定位模糊。此外，新预算案保留了攻击型核潜艇、护卫舰、辅助支援舰的建造计划。文章援引海军中将罗恩·博克索尔（Ron Boxall）的话称，美军确需调整预算配置以适应不断变化的威胁环境。

https://thediplomat.com/2021/06/pentagons-2022-budget-cuts-ships-to-modernize/

3.美国对外关系委员会：拜登治下多边主义的四种竞争模式

6月3日，美国对外关系委员会（CFR）网站刊登其高级研究员斯图尔特·帕特里克（Stewart Patrick）评论文章《拜登领导下多边主义的四种竞争模式》。文章指出，虽然美国建制派一致反对特朗普时期"美国优先"的取向，但对于采取何种形式的美国国际主义仍存在分歧。目前，关于拜登领导下的多边主义主要有四种竞争模式。一是，以《联合国宪章》和其他国际条约为导向。拜登政府上台后，重新加入世界卫生组织，并宣布维护《联合国宪章》的宗旨，发挥美国在联合国中强有力的领导作用。二是，复兴和巩固西方民主国家的俱乐部模式，构建一个开放的、基于规则的国际体系。拜登政府正迅速采取行动支持建立西方俱乐部，包括即将举行的G7峰会、北约和美欧峰会，最核心的目标是团结西方民主国家，应对中俄构成的地缘政治挑战。三是，将意识形态和政治分歧搁置的全球性理事会模式，旨在共同应对全球挑战和区域危机。四是，就特定议题灵活组成的联盟模式。拜登政府非常清楚，大多数跨国挑战不能仅靠民主国家解决，大国之间的协调行动也至关重要。

https://www.cfr.org/blog/four-contending-approaches-multilateralism-under-biden

4.欧洲对外关系委员会：评析拜登的有限多边主义

6月9日，欧洲对外关系委员会（ECFR）网站刊登了该机构高级政策研究员安东尼·德沃金（Anthony Dworkin）撰写的文章《美国优先于盟友：拜登的有限多边主义》。文章的核心观点是，拜登对多边主义的态度受其政府核心优先事项的影响，这对美国与其盟友开展国际合作的意愿施加了明确限制。文章认为，受美国政治极化及其民主遭受威胁的认知所驱动，拜登政府将其国际行动同迎合美国中产阶级选民利益相结合。当选民利益与全球利益相冲突时，这一目标使拜登政府优先考虑前者。在贸易方面，拜登政府对本国中产阶级选民利益的关注也使其继续重视关税工具，相关举措也使美国与其盟友的分歧难以弥合。在气候方面，拜登政府基于本国选民利益的政策也使其不愿以征收碳税的方式减少美国化石燃料使用量，从而加大美欧在气候问题上的隔阂。尽管如此，文章认为美欧在民主国家合作、标准制定、全球基础设施建设以及疫情防控等方面仍有较大合作空间。欧洲需意识到，多边主义只是协助获取国家利益的一种方式。美国的国际合作观也不可避免地受其国情、利益和政治文化的影响。当前，欧洲应重视能够同拜登政府商谈合作的机会，但当双方利益无法协调时，欧洲也应坚定采取欧洲式的多边主义方式。

https://ecfr.eu/article/americans-before-allies-bidens-limited-multilateralism/

5.《外交事务》：有效威慑中国，五角大楼建制派应进行改革

6月10日，《外交事务》网站刊登美国塔夫茨大学政治学系副教授、美国企业研究所"珍妮·柯克帕特里克"访问学者迈克尔·贝克利（Michael Beckley）的文章《美国尚未准备好与中国进行战争：如何将五角大楼的注意力引向真正的威胁？》。文章反驳了"美国正在输掉对华战争"的观点，认为部分专家夸大了中国军事实力增长所带来的威胁，实际上美国拥有丰富应对中国崛起的资源。作者批评五角大楼建制派在调整美国军事战略方面行动迟缓，目前华盛顿的军事调整更多出于政治而非军事目的的考虑，美军现有军事任务规模过大，且在航空母舰、驱逐舰等执行和平时期军事任务的投入过多。为扭转这一局面，拜登应明确命令五角大楼将美国军事战略聚焦于威慑中国，缩减美军其他军事任务规模以释放更多可用资源，将美军所承担的非军事任务转移到非军事性政府机构，在亚太地区尽可能多地部署海空力量，支持国防授权法案中的"太平洋威慑计划"，以扩大美军在亚太地区的辐射范围。

https://www.foreignaffairs.com/articles/united-states/2021-06-10/america-not-ready-war-china

6.《外交事务》：政治极化和美国信誉的终结

6月14日,《外交事务》杂志网站刊登了杜克大学政治学助理教授瑞秋·迈里克（Rachel Myrick）的评论文章《美国回来了——但会持续多久？》。文章指出，特朗普政府时期，美国先后退出了多项国际协议或机构，虽然拜登政府宣称"美国回来了"，但美国内部激烈的党派分歧给其外交政策带来了很大不确定性。更糟糕的是，这种政治极化已经对美国制定外交政策的能力造成了广泛影响，并且削弱了美在稳定性、可信度和可靠性方面的信誉。随着美国国内两极分化加剧，党派冲突有可能延伸到外交政策，导致两党在外交事务上的分歧越来越大。虽然拜登政府通过迅速推进外交政策议程来克服两党分歧，但这种方法仍然不能解决两极分化带来的结构性问题，因此，拜登政府任何重大决定都可能被政治化。文章认为，政治极化会随着选举周期的变化而起伏，并且很可能仍将是当代美国政治的一个持久特征。

https://www.foreignaffairs.com/articles/world/2021-06-14/america-back-how-long

7.《金融时报》：美国应摒弃贸易保护主义的错误做法

6月15日,《金融时报》发布首席经济评论员马丁·沃尔大（Martin Wolf）的文章《美国应摒弃保护主义的错误承诺》。作者驳斥了当下流行的几种保护主义论调，认为怀旧（nostalagia）与仇外（xenophobia）造成了保护主义在美国回归，但其实际上没有看到美国经济衰退的根本原因。在需求方面，不是与中国的贸易使美国国内经济不振，而是为保护本土制造业而向国内消费者征税的政策限制了内需；在就业方面，美国劳动力年龄结构变化、雇佣不平等以及寻租行为对其就业影响比中国冲击更大，随着机器人未来将逐步取代生产线工人，保护主义终究无法增加制造业工作岗位；在供应链安全方面，生产能力不足是根本问题而非供应链向海外延伸。基于此，文章强调，美国应跳出传统的为保证个人就业安全而牺牲开放与经济灵活性的政策思路，致力于世界贸易体系改革，而非破坏之。在与中国的竞争中，确保关键行业技术领先及必需品供应链安全是必要的，但决定胜负的关键在于民主制度稳定性、社会民生、基础设施和创新能力。

https://www.ft.com/content/4edc2c5a-298f-4edd-81b7-5b94b7b23b93

三　欧洲观察

1. 威尔逊中心：乌克兰总统执政情况

6月3日，威尔逊中心刊登其凯南研究所《乌克兰关注》主编米哈伊洛·米纳科夫（Mikhail Minakov）的评论性文章《泽连斯基的两年总统任期》。文章从顿巴斯地区局势、反腐败进程和乌克兰民众的生活水平三个方面具体评估乌克兰总统泽连斯基两年以来的执政成果。在地区冲突方面，继基辅与多国政府以及顿巴斯分离主义势力展开长期的积极会谈后，双方一度在2020年7月达成停火协议。但2021年冬季前线形势明显恶化，双方伤亡人数和射击次数不断上升，而乌克兰问题三方联络小组（乌克兰、俄罗斯、欧洲安全与合作组织）就如何执行明斯克协议陷入持续争论。未来地区冲突解决亟待国际社会的共同合作。在政府治理方面，泽连斯基建立新的权力垂直体系，赋予总统办公室绝对权力，削弱国会拉达和内阁对现实政治的影响力。通过宣传打击腐败，泽伦斯基展现出强大的领袖形象，赢得民众的高信任度。但大众仍然担心其政府团队其他重要官员在重点基础设施建设中存在不当行为。在社会发展方面，虽然乌克兰的社会经济受到新冠肺炎疫情重创，2020年国内生产总值下降4.2%，但是民调显示，大多数乌克兰人仍对未来普遍乐观，总统的支持率不降反升。总体来说，作者赞扬泽连斯基的执政成果，称当今乌克兰政坛无人能挑战泽伦斯基的垄断地位。

https://www.wilsoncenter.org/blog-post/zelenskys-presidency-two-year-mark

2. 卡内基欧洲中心：北溪 2 号是德国和欧洲的致命弱点

6月8日，卡内基欧洲中心发布高级研究员朱迪·登普西（Judy Dempsey）的评论文章《北溪 2 号是德国和欧洲的"阿喀琉斯之踵"》。文章认为，俄罗斯与欧洲之间的北溪 2 号天然气管道工程给前者带来重大战略利好，包括加强与德国政界和商界人士的联系，降低对乌克兰作为输气管道主要过境国的依赖，增强对欧盟内部能源决策的影响力，以及剥夺德国等欧洲国家向莫斯科施压的能力。作者批评默克尔推动北溪 2 号完工的决定没有坚持欧盟的利益和价值观，使欧盟丧失了对俄罗斯施压的可能性。作者称，目前欧盟内部面临着与日俱增的分裂风险，匈牙利、波兰等国以不同形式挑战欧盟的价值观，同时俄罗斯和中国正在试图扩大对这些国家的影响力，因此柏林和布鲁塞尔应当从率先停止北溪 2 号工程做起，避免欧盟成为外部大国利益的"游乐场"。

https://carnegieeurope.eu/strategiceurope/84704

3. 公共卫生期刊：欧盟应推进"疫苗护照"

6月17日，卡威迪国立大学尼基·C.卡德纳斯（Nicky C. Cardenas）发表文章《推进欧盟COVID-19数字证书的战略政策》。作者指出，由于不能平等地获取由欧洲药品管理局（European Medicines Agency，EMA）批准的疫苗，发展中国家的高知阶层及个人可能会对接种疫苗犹豫不决。作者提出，"疫苗护照"的关键问题在于，居住在新冠肺炎疫情高风险地区的人被限制接种任何非EMA批准疫苗，因此行动自由受限，这就形成了针对想要进入欧洲的教师及国际学生的歧视。尽管世界卫生组织最近确认，各国不应要求将疫苗接种证明作为出入境的条件，欧洲议会已经就成员国之间使用疫苗护照达成政治协议，确保疫情期间人员在各成员国之间的安全和自由流动。能够提供抵达前至少14天接种EMA批准疫苗证明、病毒阴性检测结果或新冠康复证明的人，将不受旅行限制。作者认为，一旦新冠疫苗普及，欧盟和世界卫生组织应该介入，利用国际战略合作，推进COVID-19数字证书的治理框架和规范、数字功能和系统架构，并考虑到科学、伦理和法律方面。

https://academic.oup.com/jpubhealth/advance-article/doi/10.1093/pubmed/fdab227/6301525?login=true

四　亚太观察

1. 东亚论坛："全球不列颠"对接东盟的前景分析

6月4日，东亚论坛网站发布新加坡南洋理工大学拉惹勒南国际问题研究所研究员弗雷德里克·克里姆（Frederick Kliem）撰写的文章《对全球不列颠而言，东盟太"远东"还是刚刚好？》。文章回顾了英国同东南亚国家密切的历史、外交和民间往来关系，强调英国的国际声誉和吸引力强化了东盟成员国对其提交的对话伙伴关系申请的普遍支持。随着"脱欧"后希望重塑国际形象、发挥全球影响力，英国提出"全球不列颠"计划，作者认为建设与东盟关系是推进这一战略的第一步。东南亚的经济和地缘政治重要性日益增长，英国也期望恢复其在亚洲历史影响力。英国-东盟关系建设有良好基础：英国已同越南和新加坡等区域重要经济体建立自贸网络，并寻求加入《全面与进步跨太平洋伙伴关系协定》（CPTPP）；同时在保持疫情控制、区域经济复苏和应对气候变化问题上与东盟密切对话；通过航行自由行动展示在相关海域的军事存在。尽管其介入手段相对有限，但英国不同于欧盟，能够为维护地区安全利益贡献硬实力，且作为主权国家与东盟交往更为自然。不过，英国仍面临东盟暂停延长对话伙伴关系的程序性问题，且需要证明其能够作为东盟和美国可靠的建设性合作伙伴、平衡对华关系和"向印太倾斜"后应对俄罗斯威胁的挑战。英国履行北约框架内承诺和与法德的合作仍将优先于在"远东"地区的伙伴关系。

https://www.eastasiaforum.org/2021/06/04/is-asean-too-far-east-or-just-right-for-global-britain/

2. 印度观察者研究基金会：印度国内外交政策的问题

6月9日，印度观察者研究基金会网站刊登尼赫鲁大学国际政治学教授拉杰什·拉贾戈帕兰（Rajesh Rajagopalan）的文章《一场十分单薄的外交政策辩论》。文章分析了印度前国家安全顾问梅农等人近期的一场辩论，从中可知印度国内许多官员认为，在外交政策中观念比物质力量更重要，因此他们辩论的焦点是不同的外交政策观念之间的高下之分，他们想当然的预设观念在外交政策中的独立作用，却忽视了物质因素。观念当然重要，但缺乏物质力量支撑的观念是无效的。因此，评估印度外交政策的重点问题不是以何种观念来指引外交政策，而是认清观念在何时才会起作用。例如对比核不扩散和核裁军两种观念在国际社会的实践成效，可见正是因为拥核大国具有足够的物质实力，对他们有利的核不扩散规范才得以传播，而实际上更有利于全球安全的核裁军则得不到支持。此外，如果印度仅关注国内经济社会发展，它就难以成为大国。在无政府社会中，印度必须为自己的国内发展创造有利的国际环境。印度必须平衡国际、国内两方面需求，一方面避免如苏联那样因国际竞争而拖垮国内发展，另一方面应认识到，良性的国内经济发展不会自动转化为有利的国际环境，经济条件的良好并不等同于国家实力的强大和外部威胁的阙如。

https://www.orfonline.org/expert-speak/a-rather-thin-foreign-policy-debate/?amp

3. 美国和平研究所：数字转型给中亚国家带来暴力风险

6月15日，美国和平研究所网站发布加拿大SecDev咨询公司负责人拉法尔·罗霍金斯基（Rafal Rohozinski）和罗伯特·穆加赫（Robert Muggah）合撰的文章《中亚日益发展的互联网带来了新的暴力风险》。文章指出，中亚地区正在加速数字化转型的进程，这一方面是受经济利益驱使，另一方面，中亚各国政府相信技术和现代化的力量可以增强国家的合法性，削弱该地区的种族、宗教和民族认同。但与此同时，数字化转型也引发了新的政治和社会激进主义，这使得中亚各国政府面临着促进互联网繁荣自由和加强数字权威的两难境地。作者指出，互联网的自由连通既带来了机遇，也引发了冲突。以塔吉克斯坦与吉尔吉斯斯坦2021年4月爆发的边境冲突为例，极端分子在社交媒体的信息传播活动使冲突复杂化。作者认为，要削弱互联网给中亚国家带来的危害并非易事，强硬的政府管控可能会带来寒蝉效应。对中亚大多数国家来说，"数字扫盲"是确保民众了解新的数字世界的机遇和风险的最佳途径，这要求对新生代上网者加强教育，开放网上和线下对话，讨论包括宗教和民族认同的作用等在内的议题，以免极端组织主导解释权。而对联合国和该地区外的民主国家而言，需要鼓励中亚政府对在线危害进行持续诊断，识别风险，并采取干预措施。

https://www.usip.org/publications/2021/06/central-asias-growing-internet-carries-new-risks-violence

4. 澳大利亚国际事务研究所：马来西亚南海政策不断变化

6月25日，澳大利亚国际事务研究所发布了由马来西亚沙巴大学副教授赖耀梦（Yew Meng Lai）和马来西亚国立大学副教授郭清水（Cheng-Chwee Kuik）撰写的文章《不断演变的政策：马来西亚在南海的外交》。文章指出，马来西亚正逐步务实优化其外交和法律文书，一方面通过外交和有选择的服从来维护主权和保持马中双边关系，另一方面通过静默的、间接的法律手段抗争以保护马来西亚的利益。两方面政策的结合使马来西亚在南海发生冲突的可能性降低，在日益不确定的外部环境中抵消多种风险。比如，马来西亚与文莱、印度尼西亚、泰国、新加坡和越南进行了双边谈判，并主张促成东盟—中国"南海行为准则"，与东盟统一立场。尽管在与东盟国家合作时马来西亚遇到了诸多困难,但仍致力于通过外交手段保证利益。由于外部力量不对称与内部政治需要,目前,静默外交仍是马来西亚首选的外交策略。

https://www.internationalaffairs.org.au/australianoutlook/evolving-policy-malaysian-diplomacy-in-the-south-china-sea/

5. 东亚论坛:重建美国与印尼的关系

6月28日,东亚论坛网站发布南洋理工大学拉惹勒南国际研究学院研究员阿里凡托(Alexander R. Arifianto)和印度尼西亚艾哈迈德·雅尼将军大学(Jenderal Achmad Yani University)政府学院讲师苏莱曼(Yohanes Sulaiman)的文章《美国—印尼关系需要重启》。文章回顾了20世纪50、60年代美国—印尼关系紧张时期的情形,指出当前美印双边关系仍面临三大挑战:第一,尽管印尼担心中国的崛起,但也反对特朗普时期美国对华强硬政策,这一立场将延续;第二,印尼担心四边安全对话(Quad)将冲击东盟在维护区域安全中的主导地位与自主权,为外部势力干涉印尼内政提供可乘之机;第三,印尼还关注拜登政府将民主和人权置于外交政策中心的举动,尤其担心西方国家以此为借口干预巴布亚独立运动。作者建议,拜登政府应尊重印尼自由积极的外交政策,理解其对外国干涉的恐惧;保持对印尼接触,加强经济和安全合作,特别是推动军官交流计划;支持印尼在东盟发挥更大作用,利用东盟抵消中国的区域影响力。

https://www.eastasiaforum.org/2021/06/28/us-indonesia-relations-need-a-reboot/

五 中东观察

1.《时代》:内塔尼亚胡时代的得与失

6月8日,《时代》发布政治战略和舆论专家达丽雅·辛德林(Dahlia

Scheindlin）的文章《内塔尼亚胡最伟大的成就是说服以色列相信是他独自改变了国家》。文章指出，回顾内塔尼亚胡十五年执政历程，许多人认为他重新塑造了以色列。在经济方面，内塔尼亚胡的新自由主义经济政策收效良好，以色列宏观经济指标稳步增长，但社会不平等、生活成本上升和房价高企也持续加剧；在巴以问题上，内塔尼亚胡奉行右翼政策，在以"两国方案"为基础的谈判中持消极态度，并公开主张吞并约旦河西岸，以色列民众对"两国方案"的支持率随之下降；在人权和法治方面，内塔尼亚胡不仅在国内提出限制阿拉伯公民权利的法律、攻击和约束司法机构，还在国际上积极谋求与阿塞拜疆、匈牙利等国家建立友谊，在政治上走向了民主的对立面。内塔尼亚胡给以色列留下的政治遗产固然深远，但破坏"两国方案"、违背人权原则、攻击法治等问题的出现早于其上台。反对派可以把一些问题都归咎于内塔尼亚胡，但这些问题仍将持续存在。

https://time.com/6072010/benjamin-netanyahu-legacy-israel/

2. 美国战略与国际问题研究中心：避免阿富汗灾难——区域层面

6月21日，美国战略与国际问题研究中心（CSIS）刊登了美国驻巴基斯坦大使馆繁荣与发展项目的前高级助理理查德·奥尔森（Richard Olson）撰写的《避免阿富汗灾难——区域层面》一文。作者指出，美国从阿富汗撤军可能使内战加剧，美需与阿富汗邻国积极斡旋，巩固脆弱的区域共识。阿富汗问题存在三个相互联系的圈层：内层是阿富汗人之间的冲突，中间层涉及区域国家，外层是国际军事介入，内层问题尚难以解决，外层已经结束，中间层缺乏恰当的磋商机制，中间层是唯一有推进空间的部分。作者分析了巴基斯坦、伊朗、俄罗斯、印度、中国、土耳其和中亚国家就阿富汗问题的共识与介入程度，认为其均不能成为阿和平进程的主导者。因此，作者建议美国应积极利用唯一被承认是中立的联合国平台建立区域机制，巩固现有共识、迫使塔利班缓和军事进攻，开展实质性谈判。同时，美国不应完全脱离接触，应利用其阿富汗捐助国、安理会常任理事国的身份，推动联合国制定区域问题解决办法。

https://www.csis.org/analysis/avoiding-disaster-afghanistan-regional-dimension

3. 半岛电视台：处在十字路口的伊朗

6月22日，半岛电视台发表高级政治分析师马尔万·比沙拉（Marwan Bishara）的文章《处于十字路口的伊朗：三种可能性》。文章认为，伊朗新总统莱希将有机会重振伊朗经济、改善外交关系并加强在中东及其他地区的地缘政治地位。这位强硬的保守派如何选择他的优先事项并管理核协议的潜在意外收获，将对塑造他的国家和中东未来至关重要。未来他可能从下面三种方式中做出选择：一是优先考虑经济投资和改革，发出明确信息，即他的政府将利用重新签署的核协议及其提供的新国际开放带来经济利益，改善遭受数十年严厉制裁和孤立影响的伊朗平民生计。二是在核协议续签后，莱希也可以选择依靠油价上涨和外国投资增加的收入来维持现状，他可以在"相互尊重和共同利益"基础上，逐渐地向伊朗邻国和欧洲大国伸出援手——这是德黑兰最喜欢的外交用语。三是可能会决定强调他强硬保守的观点，利用油价上涨和新投资带来的收益为疲惫不堪的宗教机构提供资金，并进一步增强革命卫队的权力，其任务是在整个地区传播什叶派—伊朗人的影响力。其中第一种的可能性是0—5%，第二种是35%，第三种是65%。

https://www.aljazeera.com/opinions/2021/6/22/iran-at-a-crossroads-three-scenarios

4.《华盛顿邮报》：美军撤离后的阿富汗局势

6月22日，《华盛顿邮报》刊登专栏作家大卫·伊格内修斯（David Ignatius）的文章《阿富汗的痛苦夏日》。文章认为，美军即将从阿富汗撤军，但美国缺乏阻止其毁灭性内战的政策准备。随着美军撤离，阿富汗境内的妇女、儿童和记者等正面临巨大的生存挑战。经历了20年的战争后，拜登决定撤军是可以理解的，让人困惑的是，让2500名美军驻留阿富汗本是维持不稳定现状的一种低成本方式，但拜登撤兵如此之快的同时却没有明确规划下一步行动。塔利班正在军事上不断获得胜利，阿富汗政府处于巨大劣势，权力真空地带则是少数族群武装和犯罪集团横行的地方。阿富汗总统加尼将于周五访美，拜登虽然无法为其提供军事力量，但可以保证财政和外交支持以避免加尼政府的全面崩溃；拜登还可以动员包括俄罗斯、中国、巴基斯坦和伊朗在内的国际力量，反对塔利班军事接管喀布尔。阿富汗内部不会达成和平协议，因为处于优势的塔利班不会妥协，塔利班甚至已经开始承担一些日常治理工作，如运营大坝和维护电网等。但塔利班面对的是一个更为现代化的阿富汗，阿富汗政府军溃败后，其他民兵组织仍会继续抵抗塔利班。文章最后指出，美国人厌倦了战争，但也不愿看到撤军的混乱场面，拜登应尽量实现体面的撤退。

https://www.washingtonpost.com/opinions/2021/06/22/afghanistan-summer-pain-awaits/?itid=sf_opinions

六　非洲观察

《国会山报》：美非关系转好需要全面的非洲政策

6月1日，《国会山报》刊登KRL国际有限责任公司总裁K.莉娃·莱文森（K. Riva Levinson）的文章《拜登的非洲政策——是时候大胆些了》。文章认为，美国国内对非态度反映出美国政治的深刻分歧。特朗普政府非洲政策错误居多，如其无力回应俄罗斯在非日益增长的军事存在、从非洲撤军计划遭两党广泛谴责，但仍有建设性的与非接触成果，如"繁荣非洲"政策。拜登政府国内议程基础是解决种族不平等与社会不平等问题，其上任以来对非政策也令人鼓舞。现任政府许多高级官员皆有丰富的非洲工作经验，拜登上任后也发布了许多对非声明，发出"团结、互相支持与尊重的伙伴关系"新基调。此外，重返世界卫生组织、加入COVAX与巴黎气候协议，取消特朗普政府限制性移民政策同样对非有利。然而，白宫需要准备好花费政治资本和金融资本。因此，非洲事务助理国务卿上任后应增加对非战略接触，美国可通过对非政策平衡气候问题、电力赤字及贸易政策，激励美国投资者，提供替代中国"一带一路"倡议的方案。目前对非政策紧急事项如下：第一，美是否支持法国—非洲国家首脑峰会提出的非洲新政；第二，美是否在南亚下一轮新冠肺炎疫情到来前快速向非洲提供疫苗。美非关系需要结构性变化，拜登应明白时间不等人的道理。

https://thehill.com/opinion/international/556244-bidens-africa-policy-time-to-be-bold

七　公共卫生

约瑟夫·奈：疫苗援助符合美国国家利益

6月1日，《报业辛迪加》网站刊登了美国哈佛大学教授约瑟夫·奈（Joseph S. Nye, Jr.）撰写的文章《新冠疫苗与美国国家利益》。文章就美国应向贫穷国家提供疫苗的原因进行了分析探讨。首先，该文指出新冠肺炎疫情与20世纪大流感的明显区别在于新冠疫苗已经问世。然而世界疫苗接种率却存在显著的区域差异。文章回顾了马歇尔计划在历史上对美国国家利益的积极影响，认为美国效仿马歇尔计划，为贫穷国家提供疫苗公共产品符合自身国家利益，原因有以下四点。第一，此举符合全球化时代的美国医疗利益。变异病毒跨越国界进入美国只是时间问题，其将再次给美国医疗系统带来重大冲击。第二，美国的民主价值观是国家利益的重要部分。面对非同胞的求援，美国不会无动于衷。政府也有相当大的政策和资源空间来实施援助。第三，有助于增强美国的软实力。软实力也是国家利益的一部分。疫苗援助政策所彰显的美国的善意与合法性将有效增强美国的软实力。第四，此举有利于同中国的地缘政治竞争。文章认为，基于上述符合美国历史、价值观和国家利益的四个理由，美国应加速带领富裕国家制定并实施疫苗援助。

https://www.project-syndicate.org/commentary/covid19-vaccines-for-poor-countries-helps-america-by-joseph-s-nye-2021-06

八　人工智能与新兴技术

1.《国会山报》：新兴技术标准及规范制定

6月3日，《国会山报》发布美国前副国务卿罗伯特·霍马茨（Robert Hormats）的文章《谁将为21世纪的技术制定标准——美国还是中国？》。文章指出，两党共同提出《无尽边疆法案》，不仅旨在提高美国的先进技术实力，更是为了确保美国在相关技术标准制定领域的核心领导地位。这些标准包括制定道德、安全和规范性守则和公约所需的基本规则以及涉及各类技术的贸易和投资惯例等。文章认为，新兴技术标准将对各国的社会、安全和经济等方面产生重大影响。国家可通过谈判或者发展联盟的方式扩大在国际标准制定机构、组织或团体中的参与，从而影响技术标准和规范的最终确立。《无尽边疆法案》强调美国及其盟友应大力参与技术标准的制定，促进国际竞争的公平开展和先进技术的建设性使用。美国还应引领新兴技术领域的国际标准和规则制定。这有助于改善美国的竞争力前景，维护美国国家安全以及维持美国作为全球技术领导者的地位。

https://thehill.com/opinion/technology/556047-who-will-set-standards-for-21st-century-technologies-the-us-or-china?rl=1

2. CSIS：美欧数字科技领域合作符合双方利益

6月9日，美国战略与国际问题研究中心（CSIS）网站发布该智库欧亚大陆和北极地区高级副总裁希瑟·A. 康利与高级副总裁兼战略技术项目主任詹姆斯·安德鲁·刘易斯的文章《描绘新的"数字大西洋"图景》。文章指出，尽管美欧在数字科技领域方面还面临着互信不足、目标分歧等挑战，但"民主治理""法治"等共同的价值观为双方建立数字合作关系提供了良好的基础。第一，欧盟追求建设"数字欧洲"与提升美欧数字技术合作有一定冲突。欧盟的《通用数据保护条例》（GDPR）非常便于被用作保护主义工具，阻碍美国与欧洲之间的数据流动，这不利于欧盟提升在数字领域的竞争力。第二，美欧科技合作不应聚焦于"反对中国"，而应当将目标放在鼓励创新与促进经济发展方面。第三，美欧科技合作面临互信不足与欧盟信心不足导致政策走偏。仍未消失的"特朗普主义"、仍在贸易政策中的"购买美国货"以及钢铝关税分歧等不利于双方互信，且欧盟许多成员国接连受到国际金融危机与新冠肺炎疫情影响，经济情况堪忧，导致欧盟政策制定氛围不够乐观，欧盟过度执着于成为全球"治理规范"的表率。第四，2021年是美国与欧盟在数字治理方面走向共识的机遇之年。欧盟领导人应当认识到追求成为"全球数字治理领袖"将会使跨大西洋合作复杂化，还不利于提升欧盟科技产业竞争力。在某些情况下，美国需要支持欧盟在技术治理方面的领先地位，积极与欧盟合作在数字领域共同制定新的规则，甚至创立新的制度。

https://www.csis.org/analysis/charting-new-digital-atlantic

3.《外交政策》：美欧数字技术领域合作

6月16日，《外交政策》杂志网站刊登了德国外交关系委员会技术和全球事务项目主任泰森·巴克（Tyson Barker）的文章《拜登计划与欧洲在技术方面合作》。文章认为，继美苏冷战之后，科技再次成为权力和意识形态竞争的关键维度。拜登政府应利用此次赴欧参加峰会的时机设法同欧洲开展技术合作，重塑全球数字技术格局。文章首先回顾了欧洲的相关态度，认为拜登政府大国技术竞争的观念并未受到普遍关注。受特朗普时期美欧关系遭受严重冲击、科技巨头主导欧洲市场以及欧洲在关键技术领域长期依赖外部等现实因素的影响，欧洲更倾向于实现包括"数字主权"在内的"战略自主"。

这一方式能够提升欧洲的国际地位，还能为欧洲的"战略模糊"建立基础，缓和欧洲各国对"数字主权"的分歧。此外，这也利于减少欧洲在技术和数据领域受制于美国的程度。但文章同样指出，新的美欧贸易和技术委员会（TTC）的成立或将成为局势改变的标志。文章提出了未来美欧民主技术合作的三个方向：第一，美欧应努力在关键和新兴颠覆性技术方面建立民主自治。通过深化跨大西洋技术市场，为关键技术和数据的市场准入创造更大条件。此外，要建立协调委员会以保障民主国家的供应链弹性。第二，美欧应促进以技术产业政策为重点的战略相互依存关系。当前其首要举措是帮助欧洲发展芯片生产能力。第三，美国应积极对待此次谈判，在欧盟数字规则基础上重塑世界互联网监管规则。文章称，美欧须深化其共同的联盟结构，将算法和供应链民主规则与市场、资金和思想相联结，以作为遵守基于规则的数字秩序的激励措施。

https://foreignpolicy.com/2021/06/16/bidens-mission-to-defeat-digital-sovereignty/

4.《国家利益》：中俄人工智能发展战略比较分析

6月25日，《国家利益》网站发布东京大学公共政策学院博士候选人扎基罗夫·贝克佐德（Zakirov Bekzod）的文章《构建未来：中俄如何推动人工智能发展》。鉴于人工智能技术在全球数字竞争中的基础地位，中俄两国均高度重视其发展。文章认为，不同的政治动机和经济条件导致了中俄人工智能发展战略的差异。中国的战略充分体现出国家宏观调控与激发市场活力相结合的思路：中国推行系列引导政策，大力扶持人工智能产业，实际研发者则是百度、腾讯等私有科技公司。其主要考量是通过数字经济转型和创新产业发展促进经济增长，提高经济竞争力，巩固执政合法性。俄罗斯则是高度国家主导与军事化的战略：少数几家与领导层关系密切的国企垄断了政策制定与技术研发，军工业是人工智能技术投资的重点领域。这既反映出俄领导人试图在人工智能领域借助民族主义保持执政的政治逻辑，即强化军力建设，提升国家声望，增进民众支持，也意味着俄领导人认识到其综合国力衰退的现实，必须利用军事上的比较优势来抗衡西方。

https://nationalinterest.org/blog/buzz/building-future-how-china-and-russia-promote-ai-development-188485

九　气候变化

1.《报业辛迪加》：构建跨大西洋气候联盟

6月3日，《报业辛迪加》网站发布前西班牙外长、前世界银行高级副总裁兼总顾问阿娜·帕拉西奥（Ana Palacio）和布鲁塞尔欧洲与全球经济实验室（Bruegel）高级研究员西蒙·塔格利亚皮特拉（Simone Tagliapietra）撰写的文章《跨大西洋气候联盟》。为实现2050年碳中和的承诺，美国和欧盟都制定了温室气体减排的量化目标，并在履约过程中面临共同挑战。双方需要扩大清洁能源技术应用范围并推动新兴技术创新；在碳交易市场利用上加强合作；合作解决绿色转型带来的社会经济震动，尤其是促进就业和经济机会增长；此外，双方还在应对国际气候挑战，动员资金和促进清洁技术转让上协调诉求。在发展中国家绿色转型、应对企业规避减排责任方面，美国应当积极与已有行动的欧洲形成协调机制。作者还提出"气候俱乐部"的设想，欢迎完成调整强化国内减排目标、同意接受量化比较国内政策的系统、建立衡量复杂的商品碳排放量的标准、确保透明的税收监管四大步骤的国家加入。最后，作者强调，美欧联合行动有利于增强其领导力、强化双方共同支持的开放的、基于规则的多边体系，同时倡导尊重人权和法治的共同价值。拜登首访欧洲将是启动跨大西洋气候联盟的理想机会。

https://www.project-syndicate.org/commentary/biden-trip-to-europe-transatlantic-green-deal-by-ana-palacio-and-simone-tagliapietra-2021-06

2.《报业辛迪加》：征收碳税以应对气变的模式需要改进

6月15日，《报业辛迪加》网站刊登了美国加州大学伯克利分校经济学教授巴里·艾肯格林（Barry Eichengreen）的文章《有效气候行动的逻辑》。文章认为，单纯征收碳税并非解决气候变化问题的最佳出发点，这一举措将造成至少两方面的负面影响。第一，奥尔森在《集体行动的逻辑》中指出，利益分散但成本集中的政策实施难度最大。依靠征收碳税实现减排即属于此种类型，因为特定社会阶层（集中利益群体）将承担绝大部分碳税成本，致使其共同反对相关政策。法国"黄马甲"运动便为典型案例。此外，对碳税的反对声音将在以化石燃料生产为主的地区更加集中。第二，碳税还有可能加剧政治两极分化，并引发新的民粹主义。当能源和交通运输等部门的失业者均把自身不幸归咎于碳税，其后果将难以估量。文章随后为解决上述困境提供了两种思路：其一，设法将碳税收入重新分配至成本承担者。由于小城市和农村地区居民缴纳碳税所付出的代价高于城市居民，因而可以特别设置补偿欠富裕家庭碳税负担的累进收入税计划。其具体累进程度需要更细致地分析实践中的碳税构成。此外政府还应将开征碳税与改革所得税明确加以联结。其二，必须注重"因地制宜"原则。加大累进制所得税无法解决专门生产碳密集燃料地区的实际问题，因而相关政策须具备更明确的区域性特征。文章认为，地区政策连同累进制税率，将能够协助任何在政治上可行的战略来共同应对全球气候变化。

https://www.project-syndicate.org/commentary/logic-of-effective-climate-action-by-barry-eichengreen-2021-06

3.《外交政策》：欧美气候政策将使海湾国家重掌石油市场支配权

6月16日，《外交政策》杂志网站刊登大西洋理事会非常驻高级研究员艾伦·R. 沃尔德（Ellen R. Wald）和乔纳森·H. 费尔齐格（Jonathan H. Ferziger）的文章《气候政策可以把权力和利润交还欧佩克》。文章认为，相比拜登宣布美将在2050年实现零排放，沙特阿拉伯开采石油的未来更加光明。沙特能源大臣阿卜杜勒认为替代燃料无法摆脱对石油的需求。美欧石油巨头及其他能源公司出售资产以满足脱碳要求的同时，全球对化石燃料需求仍在持续上升。沙特阿拉伯等国石油公司有机会夺回市场支配权、将油气生产中心重新转移至欧佩克国家。该文还预示了西方可能出现新能源危机。海湾国家控制石油市场是灾难性的，油价飙升将导致世界经济陷入深度衰退。欧洲石油公司正因政府施压而更改名称、投资可再生能源、重组资产或放弃化石燃料项目，而欧佩克国家正从西方国家削减化石燃料开支中获利。此外，海湾国家正在探索的石油替代品之一是核能。现实情况是，尤其是如果发展中国家最终要摆脱普遍的能源贫困的话，石油和天然气将成为未来几十年世界能源结构的主要组成部分。挪威正在寻求一条中间道路，既不会放弃开采石油和天然气，也不会放弃继续开发自己的可再生能源并减少碳排放。

https://foreignpolicy.com/2021/06/16/climate-goals-opec-oil-prices-energy-crisis-shortages-fossil-fuels/

撰稿：聂未希、张昭璞、许卓凡、黄瑛、王叶滑、王乐瞳、王欣然、陈晖博、郑乐锋、黄婷、蔡依航、杨雨霏、李璇、任怡静、谭昊奕、许卓凡、郭一凡、张诚杨、赵宇琪、姚锦祥、包坤极。

审核：贺刚、朱荣生、许馨匀、周武华、袁微雨、姚锦祥、王静姝、苏艳婷、马国春。

终核：石岩。

7月专报

一 国际格局

1.《国家利益》：四方会谈在亚太地区的功能

7月4日,《国家利益》网站发布大西洋理事会高级研究员、前副国务卿高级顾问罗伯特·曼宁（Robert A. Manning）和美国国家战略研究所高级研究员詹姆斯·普利兹斯塔普（James Przystup）的合作文章《四方安全对话正在深化其对华力量》。文章指出，当前对于四方会谈（Quad）的定位仍为非正式的弹性机制，用以解决地区安全和政治问题，其形式服务于功能，制度服务于目标，旨在将对同一议题有意愿、有能力参与其中的国家聚集一处，以解决区域安全问题和政治问题。如在海洋问题上邀请印度尼西亚、越南、新加坡、菲律宾等东盟海上国家，在供应链问题上邀请新加坡、韩国等地区科技中心。但是，文章强调，基于这种问题驱动的合作方式，四方会谈仍需要界定其与亚太地区现有主要机构的关系。首先，"东盟中心地位"将长期得到承认，作为一个整体与四国及中国展开三方互动；其次，亚太地区的多边机构数目繁多、相互重叠，但发挥作用十分有限，四方会谈与区域机构的互动有助于协调地区制度建设，推动地区问题解决；最后，东亚峰会具有突出的包容性，"四国+"可将其倡议提交东亚峰会，从而获得来自地区的认可与支持，为亚太外交增添一个新的维度。

https://nationalinterest.org/feature/quadrilateral-security-dialogue-consolidating-its-power-against-china-189026

2. CSIS：美国应加强美越伙伴关系

7月6日，美国战略与国际问题研究中心（CSIS）刊登东南亚高级研究员兼亚洲海事透明度倡议主任格雷戈里·B.波林（Gregory B. Poling）、东南亚项目研究员西蒙·特兰·胡德斯（Simon Tran Hudes）和东南亚项目研究助理安德烈卡·纳塔莱加瓦（Andreyka Natalegawa）的文章《不太可能、不可或缺的美越伙伴关系》。美越关系一直处于由共同利益决定的上升轨道。美越双边贸易逆差和货币操纵指控方面的摩擦正在得到改善，美越经济一体化得到推进。然而，挑战依然存在，包括对人权的担忧以及与俄罗斯武器采购有关的对二级制裁的威胁。但美越伙伴关系对于拜登政府打造"自由、开放、有弹性和包容"的印太愿景仍然很重要。在此情况下，作者建议采取以下措施加强双边关系：第一，宣布有意将美越全面伙伴关系升级为战略伙伴关系；第二，放弃对越南操纵货币的指控；第三，向越南开展疫苗外交；第四，停止将被判有罪的越南难民驱逐出境；第五，就印太数字贸易协定启动包括越南在内的多边谈判；等等。

https://www.csis.org/analysis/unlikely-indispensable-us-vietnam-partnership

3.《经济学人》：世界经济所处的断层线

7月10日，英国《经济学人》周刊发表题为《世界经济所处的断层线》的评论性文章。文章指出全球正经历的疫情后经济复苏是令人振奋却反常的。文章认为，目前世界经济存在三条断层线。第一条断层线在于各国疫苗接种率。只有已普遍接种疫苗的国家才能较好控制疫情，而全世界目前仅有四分之一人口完成第一针疫苗接种，即使在接种率较高的美国，一些接种率不足的州也很容易受高传染性"德尔塔"变种病毒侵袭。第二条断层线存在于消费品、劳动力与房地产市场供需不平衡之中。许多消费品核心原材料短缺与高昂的运输成本已无法支撑其市场需求，如芯片短缺无法满足电子产品市场的需求。同时，部分国家的民众在疫情后，不愿回到劳动力市场，这造成劳动力结构性短缺。另外，房价飙升将会加剧人们对买房的无力感。最后一条断层线与逐渐淡出的政府刺激政策有关。政府将逐步收缩为应对新冠肺炎疫情而出台的刺激政策，已有国家在考虑如何以不引起资本市场恐慌的速度收紧政策。文章提醒，在繁荣的恢复周期下，我们需要重视并应对这三条断层线可能带来的风险。

https://www.economist.com/leaders/2021/07/10/the-new-fault-lines-on-which-the-world-economy-rests

4.《外交学人》：大国竞争不一定是坏事

7月13日，《外交学人》发布土耳其安兹耶因大学（Ozyegin University）教授法提赫·奥克泰（Fatih Oktay）的文章《大国竞争不一定是坏事》。作者认为，特朗普执政时期中美关系混乱，冷战和热战均有可能发生，随着拜登政府的到来，中美关系可预测性增加，对抗性减少。但是，世界陷入冷战和热战的可能性仍然存在。为了超越中国，拜登政府宣布了旨在应对中国技术威胁的两党倡议和旨在刺激经济的基建与就业计划，以重建美国基础设施，提高美国创新和制造能力，改善"被遗忘的美国人"（自20世纪70年代后期以来收入停滞不前、预期寿命缩短的中低收入公民）的生活。尽管拜登的政策没有特朗普时代那么具有对抗性，但仍然会使中国更加艰难。拜登政府与盟友采取合作的态度，将使中国更难获得技术和工具来开发属于自己的技术。拜登政府愿意更好地发挥世界贸易组织等国际机构的作用，将使中国主导的产业和技术发展政策变得更加难以实施。然而，这对中国来说不全是坏事。技术制裁让中国公司别无选择，中国可以借此机会开发自己的技术。中国也在努力使经济更不受制裁和脱钩的影响。"双循环"政策旨在使中国国内市场成为该国经济和技术发展的主要引擎，并增加中国对其他国家的吸引力，从而增强中国对其他国家的影响力。这需要着力解决中国农村居民弱势地位、收入不平等、国有企业效率低下、地方政府保护主义导致市场割裂、私营部门竞争环境不平衡等诸多大而顽固的问题。中美竞争可能对世界其他地区也有好处，如气候领导力、基础设施援助和向发展中国家提供疫苗等领域。然而，如果拜登不能改善"被遗忘的美国人"的生活，无法同时为大型基础设施和技术投资，为国际影响力项目、增加军事开支和改善美国生活提供资金，特朗普主义和美国民粹主义势力将会抬头，中国和美国冷战与热战的机会将会增加。

https://thediplomat.com/2021/07/great-power-competition-doesnt-have-to-be-bad/

5. CSIS：北约的三种未来

7月21日，美国战略与国际问题研究中心（CSIS）网站发表欧洲项目副主任蕾切尔·埃勒胡斯（Rachel Ellehuus）的文章《北约的未来：三种发展轨道》。作者从外部威胁和机会、可能的替代安全伙伴、敌对者影响、价值认同、美国领导、责任分担和国内走向七个方面预测了北约未来的三种走向，基本盘是勉强维持。来自中俄的外部威胁不足以激发北约加大投资改革力度；中俄扩大其在一些国家影响，削弱北约和欧盟的政治内聚力，盟友利益共识空心化、投入虚空；美欧之间矛盾加剧；北约的集体防卫重点将越发受欧盟对危机管理与合作安全的要求引导；北约的无能也促使各国转向内部、区域邻国和欧盟寻求解决方案，进一步分散北约能力。较积极的可能性是北约重获活力：基于更强的威胁认知，北约各国统一目标、加大内部改革力度；认同美国领导，积极与欧盟等伙伴合作；凝聚资源，规范盟国行为，促使各国加大投入，在下个十年振兴北约联盟体系。消极的走向是北约近乎解体：随着内聚力、政治意愿、可信度、军事能力的下降，北约进一步失去行动能力；移民、恐怖主义、气候变化、民族主义成为盟国主要关切；欧盟将比北约更具效力；中俄进一步加大影响，美国则继续从北约退出；各国放弃在北约投入，转向其他组织。文章最后指出，北约生存与发展的关键在于适应不断变化的安全环境并满足成员的安全需求，为此需要保持对目标的信心、政治凝聚力和充足的资源，包括美国提供领导、公平分担责任、保持共同目标及价值观、拓展合作、投资创新、弥合分裂。

https://www.csis.org/analysis/nato-futures-three-trajectories

二 美国观察

1.《国家利益》：中国与美国的能源竞争

7月11日，《国家利益》网站发表总统国家安全事务前助理罗伯特·麦克法兰（Robert McFarlane）的文章《中国与美国的能源竞争》。作者认为，清洁、可靠的能源是奠定国家发展的基础，面对潜在的中美能源竞争，美国必须利用其先进技术与国际影响力来开发、发展与推广新能源。文章提出，中国在新能源领域所采取的阶段性战略大致分为两步：第一，中国侧重于构建、部署和运行高容量的清洁基荷电力系统，从而应对在电力之外的独特挑战，例如区域供热、海水淡化、替代能源（氢）的开发等；第二，除了关注能源，中国现已完全或部分拥有南亚、中东、西欧和美洲地区的96个商业港口。针对中国现在所拥有的国际市场优势，作者提出两条建议以帮助美国应对未来与中国的能源竞争：首先，美国应重点发展核能行业，例如，通过设计更小的模块化反应堆（SMR）来满足基本电力以外的工艺热量、新能源电池等多功能电力需求；其次，美国应在技术上与英国、日本等盟友合作并充分利用其盟友的资本市场，从而促进美国主导下的清洁能源发展与使用。

https://nationalinterest.org/feature/how-america-can-counter-china-energy-competition-189500

2. CSIS：数字经济伙伴协议与美国重返TPP之路

7月15日，美国战略与国际问题研究中心（CSIS）刊登该中心经济研究高级副主席马修·古特曼（Matthew P. Goodman）的文章《数字经济伙伴协议与重返TPP之路》。美国在印太地区存在广泛的经济和战略利益，一项全面、高水平的区域贸易协定将会促进美国及全球经济发展、提升美国信誉、安抚印太地区盟友、推动美国标准和规则以维护自身战略经济利益。然而，拜登政府目前无意重返《跨太平洋伙伴关系协定》（TPP），为维护美国信誉、向盟友证明其参与地区事务的决心，美国政府正考虑推出数字贸易协定。文章认为，新冠肺炎疫情加速数字经济的发展，亚洲国家已达成不具约束力的《数字经济伙伴关系协定》（DEPA）。作为非正式讨论最佳平台，DEPA已在亚洲地区体现出高效的优点，DEPA也可成为美国塑造规则和规范、寻求在数字治理领域广泛利益、提升美国经济发展的平台。作者指出，数字贸易协定可参考现有部分协议内容，其通过无须经过美国会批准，但可能面临谈判时间长、国内政治障碍、非贸易议题谈判复杂性问题。作者认为，在目前不考虑重返TPP的情况下，为使盟友相信美国重返亚太，拜登政府需在11月APEC峰会召开之际表达美国加入DEPA的意图，并使之成为美国区域经济战略的核心。

https://www.csis.org/analysis/depa-and-path-back-tpp

三 欧洲观察

1. 欧洲对外关系委员会：欧洲需重新思考其与北约的关系并增加贡献

7月6日，欧洲对外关系委员会（ECFR）发布阿斯彭研究所欧洲事务高级顾问玛尔塔·达斯（Marta Dassù）的发言实录《欧洲可以通过四大途径适应北约重心调整》。文章指出，随着中国的崛起和美国拜登政府的上台，全球安全形势正在发生剧变，这要求欧洲重新思考其与北约的关系及其在北约中发挥的作用。首先，欧洲应明确表示其已认识到当今世界战略重点转化的现实并作出回应，以寻求美国对跨大西洋安全合作的支持。欧洲可同美国达成协议，使北约成为美国支持下的欧洲集体防御机制，而欧洲将在外交和经济方面跟随美国遏华。为促成该协议，欧洲应致力于打造一个与欧盟联系更紧密的、更具政治性的北约。其次，北约需要在坚持其区域性使命的同时，采取更广阔的全球视野，以避免欧美安全观念差异的加剧。欧盟应提高与北约的一致性，具体措施应包括降低欧洲战略价值链脆弱性、加强对外国战略性投资的监控、保持科技优势、应对网络攻击等。再次，由于美国重新进行战略评估后需要北约和欧盟分别在东部前线和地中海地区发挥安全上的领导作用，故欧盟需要解决目标远大与能力有限间的矛盾，一方面需尽快调和塞浦路斯、土耳其和希腊间的纷争，另一方面应通过制订成员国综合行动计划以加强国家间融合。最后，欧盟"战略自主"的含义应得到更加明确地定义。欧洲需认识到，排除北约的欧洲安全是不可信的，欧洲必须增加其对北约的贡献。

https://ecfr.eu/article/four-ways-europeans-can-help-refocus-nato/

2.《南华早报》：中欧需要达成共识的多个原因

7月7日，《南华早报》编辑委员会发布文章《中欧需要达成共识的多个原因》。文章指出，政治因素让中国与欧盟之间具有历史意义的投资协定在欧洲议会"搁浅"，尽管包括德国总理默克尔在内的欧盟领导人都支持这项协定。日前，中国国家主席习近平与默克尔和法国总统马克龙举行视频峰会，此次中法德领导人峰会是习近平主席自7月1日发表庆祝中国共产党成立100周年的重要讲话以来，首次与世界主要领导人举行会晤，这也是中国与其主要贸易伙伴为了共同利益将务实主义置于政治因素之上的一次努力。中法德领导人正试图恢复有关《中欧全面投资协定》的讨论。文章认为，在贸易保护主义浪潮高涨之际，《中欧全面投资协定》有可能成为多边主义和自由贸易的支柱，可以成为后疫情时代经济增长所立足的平台。但是，欧盟内部针对所谓"人权问题"的反对意见仍是绊脚石。习近平主席在视频峰会上指出,世界比以往任何时候都更需要相互尊重、精诚合作,而不是猜忌对立、零和博弈。文章称,这项陷入僵局的协议令中欧关系错失了取得历史性进展的机会,也使欧洲错失了制定独立于美国的对华政策的机会。希望中法德领导人的高调支持能够为此项投资协定带来积极效果。

https://www.scmp.com/comment/opinion/article/3140213/many-reasons-china-and-eu-have-meeting-minds

3. 卡内基欧洲中心:发布报告《欧盟与气候安全:走向生态外交》

7月12日,卡内基欧洲中心发布了其研究员奥利维亚·拉扎德(Olivia Lazard)、理查德·扬斯(Richard Youngs)等人联合撰写的研究报告《欧盟与气候安全:走向生态外交》,进一步探讨欧盟应如何通过其外部政策成为应对气候变化和生态安全的有效地缘政治力量。报告指出,欧盟正处于推动能源转型和应对气候变化的关键时刻。虽然欧盟经过十多年的努力已经建立了一系列政策框架,但这些政策在某种程度上仅仅属于气候安全范畴。欧盟需要转向更加广阔的生态安全范畴,而不是简单地将气候问题添加到现有的外交和安全政策框架之中。当务之急,欧盟不应重申气候问题是地缘政治的基本挑战,而是应该评估以何种方式能更有效解决气候安全问题。报告建议,欧盟应该从以被动且零碎的方式聚焦气候安全问题解决,转向以更系统化的方式来解决和平与地缘政治问题。因此,欧盟需要在其内部和外部行动中建立协调机制,超越制定绿色协议和实现碳中和的战略思维,更好地将气候和生态因素综合纳入外部冲突治理和发展政策中。

https://carnegieeurope.eu/2021/07/12/eu-and-climate-security-toward-ecological-diplomacy-pub-84873

4.《外交政策》:德(欧)对华政策应保持自信

7月14日,《外交政策》网站刊登了德国柏林全球公共政策研究所联合创始人兼主任托尔斯滕·本纳（Thorsten Benner）撰写的文章《安吉拉·默克尔无可否认的悲观主义》。文章认为，德国对华政策实质上反映的是德国及欧盟对自身发展前景的悲观认知。只有先调整心理认知，才能实现政策转变。文章首先回顾了默克尔访美历程，指出默克尔如今已不再是十年前奥巴马所称的"欧洲自由旗手"形象，其致力于发展德国及欧洲同中国的经贸联系，反对大西洋联盟联合对抗中国。文章称，在当前德国众多企业严重依赖中国市场的现实环境下，默克尔出于对德国商业利益的担忧，选择调整其对华政策。默克尔的悲观和忧惧心理还表现在德（欧）如何应对中美竞争问题上。其经常担心欧洲的开放社会体系遭受破坏，担心美国国内民主机制失调对欧洲的影响，希望欧洲像中国一样加快发展步伐。但是，文章认为，德（欧）当前的做法是试图在中美之间走中间道路，以获取喘息空间，也即德（欧）并未将自身视作一个强有力的参与者。此举只会使欧洲重走第二次世界大战时期瑞士的老路。文章称，在后默克尔时代，德国对华政策的最重要组成部分应是雄心和自信，即德（欧）可以成为世界重要力量。这才是"把命运掌握在自己手中"的真正含义。

https://foreignpolicy.com/2021/07/14/the-undeniable-pessimism-of-angela-merkels-worldview/

5.《国家利益》：夹在友谊与敌意之间的俄欧关系

7月26日，《国家利益》杂志网站发布伦敦政治经济学院国际关系研究员武克·武克萨诺维奇（Vuk Vuksanovic）的文章《欧盟与俄罗斯：夹在友谊和敌意之间》。文章认为，2021年德国大选后，会出现以下两个现实。首先，德国仍将是俄罗斯在欧洲事务上的主要对话者和最重要的合作伙伴。一方面，虽然欧洲国家对俄罗斯有不同看法，但处在领导地位的法德希望与俄罗斯重新谈判；另一方面，俄罗斯更倾向于双边外交而不是多边主义。其次，以德国为首的欧洲不会成为俄罗斯的对手，但关系有重大改善也是不现实的。对俄罗斯天然气的能源依赖确保德国不会对俄罗斯挑起不必要的敌意，而且德国也需要维持欧洲东部边界相对安定来稳定欧盟。但是，欧盟东部成员国反对法德与俄罗斯举行欧盟峰会的提议。因此，困在友谊和敌意之间的俄欧关系不会恶化，也不会有明显改善。

https://nationalinterest.org/blog/buzz/eu-and-russia-stuck-between-friendship-and-enmity-190173

四　亚太观察

1.《外交学人》：东盟无力且缺乏意愿解决缅甸政治危机

7月7日，《外交学人》杂志在其网站发表编辑巴斯蒂安·斯特兰高（Sebastian Strangio）的文章《东盟计划加快调解缅甸局势：新加坡》。文章指出，2021年4月，东南亚领导人在雅加达召开特别会议，并就以下五点达成了共识：制止暴力；在各方之间进行建设性对话；由东盟派特使促进对话；开展人道主义援助；派特使访问缅甸。但东盟领导人未能就实施共识的时间框架达成一致。新加坡外长近日也表示，五点共识目前的实施进展十分缓慢。作者指出，东盟对缅甸军事接管和军政府对抗议平民的血腥镇压的反应乏力，在很大程度上反映了其成员国之间的深刻分歧。这些分歧在上个月联合国大会的一项决议中表现明显，该决议呼吁停止向缅甸输送武器，敦促缅甸军方尊重选举结果并释放政治犯，文莱、柬埔寨、老挝和泰国弃权，而其他东盟国家投票支持，此类分歧可能会阻碍东盟特使的任命。作者认为，时间对缅甸问题的解决至关重要。五点共识推进缓慢，表明东盟既没有能力也没有意愿解决缅甸复杂而不断加深的政治危机。

https://thediplomat.com/2021/07/asean-plans-to-expedite-myanmar-response-singapore/

2.日本智库：中俄在中亚的关系及日本角色

7月12日，日本笹川和平财团发表研究员斋藤龙太（Saito Ryuta）的文章《中俄在中亚的存在：日本和西方如何看待双方的冲突？》。文章提出三个观点：第一，中国在中亚经济领域的存在不能一概而论，俄罗斯对吉尔吉斯斯坦和塔吉克斯坦海外汇款的影响力不可小觑；第二，塔吉克斯坦和吉尔吉斯斯坦对外部的依赖度最高；第三，中国在中亚安全领域的存在是较为有限的，今后可能在治安领域提供间接支援。文章认为，美国在撤离阿富汗后，依然希望在中亚保持军事存在，但存在现实难度，也无力挑战中俄的绝对优势地位。而对日本来说，既不可能保有俄罗斯一样的军事存在，也不可能拥有中国一般的经济影响力，日本可将关注重点放在"社会经济"领域，如产业培育、商业及行政人才培育，从而为中亚国家向市场化、民主化转型做好准备。官方发展援助（ODA）已成为日本与中亚联系的重要工具，这种"中亚+日本"的模式将为中亚提供除中俄之外的其他选择。而对于寻求外交多元化的中亚来说，主张和平主义、没有领土野心的日本可能是一个不错的选择。

https://www.spf.org/iina/articles/saito_01.html

3.《外交事务》：美国如何促进印度民主？

7月26日，《外交事务》杂志发表乔治华盛顿大学艾略特国际事务学院院长艾丽莎·艾尔斯（Alyssa Ayres）的文章《拜登如何促进印度民主？》。文章指出，与他的前任相比，美国总统拜登更关心印度民主状况。拜登强调自由价值观，试图恢复美国在全球舞台上的领导地位，印度作为印太地区重要力量，其作用也在增加。然而，在莫迪政府的领导下，镇压异议人士、针对穆斯林人口的暴力和歧视性政策不断上升。然而，印度历来拒绝外国对其内政的批评，因此，美国应避免打出官方人权对话的传统牌，而是发起就敏感权利问题的政府最高层秘密对话，增加与印度中央政府、众多政党以及地方官员的接触，在对等交流中强调双方需要履行的民主价值观。文章最后强调，随着各民主国家政治压力增大，美国是时候摆脱空洞的陈词滥调，为美印关系注入更多民主价值观。

https://www.foreignaffairs.com/articles/united-states/2021-07-26/how-biden-can-bolster-indias-democracy

4.《外交学人》：美国印太战略成为美韩军事同盟合作新基点

7月28日，《外交学人》刊登韩国海事战略研究所高级研究员尹硕俊（Sukjoon Yoon）的文章《重塑美韩同盟》。文章认为，美韩同盟需要全面改革，美韩大部分常规武器系统已经过时，韩美应警惕对朝常规军事打击能力信心过高。韩国第二轮国防改革重点应为如何利用人工智能等第四次工业革命技术改造现有武器与系统并开发基于军需的两用技术。除应对朝鲜威胁外，韩国总统文在寅在5月美韩首脑会晤表明，参与美国领导的印太战略也被视作美韩同盟将其军事角色由朝鲜半岛拓展至整个印太地区。因此，美韩同盟必须解决削弱同盟有效性的弱点和制约因素。第一，不仅需要投资准备应对对称威胁，还需要投资应对全域战场上的非对称威胁。第二，优先考虑调整韩国防投资结构而非重振预算，建立新军事理论与作战理念、建立适当的新合作平台。第三，建立美韩联合作战开发司令部，为半岛之外的联合海上军事行动做准备，以适应韩国参与美国印太战略的需求。在5月21日与拜登的峰会上，文在寅同意韩国武装部队将与驻韩美军联合，作为更广泛的印太战略的一部分。

https://thediplomat.com/2021/07/remaking-the-south-korea-us-alliance/

5. 东亚论坛：亚洲处于启动全球贸易改革的关键位置

7月30日，东亚论坛官网发布了由澳大利亚国立大学克劳福德公共政策学院的杰克·里德（Jake Read）撰写的文章《亚洲处于启动全球贸易改革的关键位置》。文章指出，当前全球贸易体系在争端解决机制、世界贸易组织透明度、国家干预等方面存在不足，亟须改革。在应对新冠肺炎疫情、气候变化、数字经济等全球性挑战时，可作为重要工具的全球贸易体系却被忽略了。为了改变这种情况，世界各国应当在维护世界贸易组织现有关键功能的同时，推动世界贸易组织规则框架现代化改革。目前，全球贸易体系改革的领导主力已从G7转移至G20。以印度尼西亚为代表的亚太国家重视基于规则的开放贸易体系对于国际安全和全球复苏的作用，并已积极付诸《区域全面经济伙伴关系协定》（RCEP）等多边主义实践。随着多边贸易秩序与经济自由化政策的建立，亚太地区正逐渐成为全球经济的中心，并将推动全球贸易体系改革的进程。文章建议建立G20贸易体系改革工作组，利用亚太地区的"能量"进一步确定贸易体系结构和体制的改革战略、提供信息并动员各国进行共同承诺，类似于G20在2008年后金融改革中的做法。

https://www.eastasiaforum.org/2021/07/30/asia-is-in-a-critical-position-to-kick-start-global-trade-reform/

五　中东观察

1.威尔逊中心：拜登可采取措施支持中东的复苏

7月6日，威尔逊中心刊登公共政策研究员哈勒姆·弗格森（Allam Ferguson）的文章《拜登可在为中产阶级制定外交政策的同时支持中东的复苏》。作者认为，如果中东和北非的治理质量没有显著改善，也没有相关的经济收益，民众的不满将再次压倒该地区的政府。第一，美国可以优先考虑为约旦、突尼斯和摩洛哥等亲密伙伴提供全国范围的疫苗接种来稳定社会和重启经济，同时加强美国的外交形象。第二，美国可以扩大其发展机构已经在该地区脆弱经济体中开展的工作。美国国际开发署（USAID）已经建立了机制和实地合作伙伴，直接支持突尼斯、埃及和其他地方的中小企业。第三，美国还需要帮助陷入困境的政府抓住这个机会进行持久的经济改革，向国内外企业家开放经济，以实现持久和具有包容性的经济增长及稳定。第四，美国可以帮助伙伴国家针对教育改革制定必要的立法或监管改革条例，以从长远角度振兴经济。第五，美国可以鼓励本国企业投资其中东合作伙伴。如果拜登政府认真对待针对中产阶级的外交政策，那么需要大幅扩大与美国本土中小企业的接触，并利用他们好斗的冒险精神来促进国外的稳定和国内的繁荣。

https://www.wilsoncenter.org/article/biden-can-support-recovery-middle-east-while-building-foreign-policy-middle-class

2.《外交政策》：美军撤出阿富汗将引发欧洲难民危机

7月14日，《外交政策》网站发表英国皇研所副研究员、美国企业研究所访问学者伊丽莎白·布劳（Elisabeth Braw）的文章《拜登从阿富汗撤军将引发下一场难民危机》。文章指出，随着美军撤出阿富汗，其他欧洲的北约成员国也将撤军，阿富汗动荡局势将导致新一波难民进入欧洲。欧洲国家财政和社会福利体系的压力、对普通民众的文化冲击和难民犯罪的媒体报道都将激发欧洲选民的排外情绪，进一步导致反移民的极右翼势力抬头。这是北约欧洲国家反对美军撤出阿富汗的原因之一。当前阿富汗难民已经对塔吉克斯坦、巴基斯坦、伊朗等邻国造成压力，此后可能经利比亚进入意大利、或北进到达德国、瑞典、挪威和英国。文章指出，由于缺乏与巴基斯坦后勤方面的合作，欧洲各国没有足够的规模和耐力开展有序疏导，政府都在试图防止新的难民潮，但如果不成功，最终还是会向美国求援。

https://foreignpolicy.com/2021/07/14/biden-afghan-withdrawal-europe-refugee-crisis/

3.英国皇家三军联合研究所：阿富汗局势对中亚安全的影响

7月27日，英国皇家三军联合研究所（RUSI）发布高级副研究员拉菲洛·潘图奇（Raffaello Pantucci）撰写的文章《中亚和阿富汗：旧恐惧，老棋手，新博弈》。上合组织自成立之初，减轻来自阿富汗的威胁就是主要目标之一。作者从上合组织入手，分析涉中亚主要域外国家在阿富汗问题上的行动：中国曾力推上合组织在阿富汗问题上发挥更大作用，让阿富汗作为组织观察员并推动组建上合组织阿富汗联络小组，但相关努力成果不彰，并在后来转向同中亚国家就边境安全和努力实现"阿人主导，阿人所有"方案进行双边合作。美国积极联络中亚五国发布共同声明；阿富汗、巴基斯坦、美国和乌兹别克斯坦组成四方集团支持和平进程后的行动方案，尽管美国是中亚地区主要投资者，但其缺少对该地区稳定的战略注意力。俄罗斯与中亚国家军事安全关系联系密切，也积极介入与阿富汗有关的地区安全问题，包括允许美国使用俄军基地、同中亚国家举行联合军演，并表现出援助塔吉克斯坦应对阿富汗局势升级的意愿。就地区本身而言，面对人员非法越境和武装冲突升级，地区国家以不同方式与阿富汗喀布尔政府及塔利班保持接触，却难以形成清晰的局势管控方案。就未来前景，作者指出，俄罗斯是唯一一个实质介入阿富汗的国家；中国的大力涉入更多是安抚安全担忧，具体意图不明。俄中协调及中亚各国的意愿对未来地区走向至关重要。

https://rusi.org/explore-our-research/publications/commentary/central-asia-and-afghanistan-old-fears-old-actors-new-games

六 非洲观察

大西洋理事会：非洲需要新的融资以克服新冠肺炎疫情影响

7月7日，大西洋理事会在其网站发表国际货币基金组织（IMF）前高级对外联络员瓦苏基·沙斯特里（Vasuki Shastry）和该智库高级研究员杰瑞米·马克（Jeremy Mark）合撰的文章《富裕国家如何帮助非洲应对第三波新冠肺炎疫情》。文章指出，在德尔塔病毒变体的推动下，第三波新冠肺炎疫情在整个非洲大陆蔓延。在该地区采取国际行动迫在眉睫，于7月9日至10日在意大利威尼斯举行的G20财长和央行行长会议将有机会帮助非洲重振经济。作者认为，如果没有新的融资，正在恢复增长的发达经济体与陷入困境的低收入国家之间的经济分歧只会继续扩大。发达经济体可以从以下三个方面做出努力：第一，加快疫苗的全球分销；第二，推动债务减免和援助，重新分配国际货币基金组织（IMF）特别提款权；第三，将私营部门纳入债务减免进程。

https://www.atlanticcouncil.org/blogs/new-atlanticist/how-rich-countries-can-help-africa-respond-to-the-third-wave-of-covid-19/

七　俄罗斯观察

1. 卡内基国际和平基金会：新时代俄罗斯国家安全战略

7月6日，卡内基国际和平基金会官网发布由莫斯科卡内基中心主任德米特里·特列宁（Dmitri Trenin）撰写的题为《俄罗斯的国家安全战略：新时代的选择》的文章。文章指出，俄罗斯国家安全新战略的核心特征是对俄罗斯国内问题的关注，以解决国内局势的明显弱点、不平衡和不平等问题。文章分析，这份国家安全战略不仅关注国家安全领域，还涵盖了人口结构、政治稳定和主权、民族和睦与和谐、基于新技术的经济发展、环境保护和适应气候变化等问题。最重要的是，这份战略讨论了俄罗斯价值观与国家精神相关问题。这表明俄罗斯的战略中心由与美国及其盟友日益激烈的对抗转而回归传统的俄罗斯价值观，并且开始关注气候变化和技术革命等影响俄罗斯未来发展的议题。作者指出，该战略传达出了俄罗斯对于正在经历转型和动荡的世界的看法，即历史乐观主义（西方霸权即将结束）和深切担忧（西方更为猛烈的反击）的结合。

https://carnegie.ru/commentary/84893

2.《国家利益》：为什么俄罗斯和中国比以往任何时候都更加合作？

7月9日，《国家利益》网站发布纽约民主与合作研究所所长、莫斯科国际关系学院教授、俄罗斯总统委员会前成员安德拉尼克·米格拉尼扬（Andranik Migranyan）的文章《为什么俄罗斯和中国比以往任何时候都更加合作？》。文章认为，美俄峰会的成功之处在于双方都划定了红线，一定程度上消除双方之间的紧张关系。有两件事可以证明：第一，峰会结束后，普京给予拜登高度评价，赞赏其专业素质和良好体魄；第二，美俄政界发表声明称非常关注俄中关系，美国和欧盟都希望将中俄分开，但这是一项非常艰巨的任务，因为俄罗斯和中国比以往更加重视合作。原因如下：第一，中国对俄罗斯经济、基础设施、高科技等领域的投资对于双方都十分重要；第二，由于美国试图直接或通过土耳其间接保持其在中亚地区的存在和影响力，俄罗斯和中国可能会考虑加强上海合作组织的军事合作与之抗衡；第三，美欧组建的民主国家联盟可能会使俄罗斯别无选择，只能与中国密切合作。

https://nationalinterest.org/feature/why-russia-and-china-are-cooperating-more-ever-189435

3.《外交学人》：俄新版国家安全战略体体现亚洲政策调整

7月14日，《外交学人》刊登俄罗斯外交部莫斯科国家国际关系研究所高级研究员伊戈尔·杰尼索夫（Igor Denisov）的文章《俄罗斯国家安全战略（NSS）中的亚洲内容》。文章认为，新版战略有以下特点。第一，俄国家安全面临广泛挑战，包括从传统安全到生物安全等非传统安全。第二，没有涉及俄美欧关系反映出俄与西方国家关系的恶化，此前版本甚至包含与北约可能的合作。第三，从更务实的地区而非全球视角出发，将与中印关系确定为俄外交政策重点，指出中印伙伴关系是俄在亚太地区建立可靠机制的必要条件，以确保非集团基础上的地区安全稳定。第四，拒绝以美国为中心的"印太地区"，采用"亚太地区"表述，认为美方目的在于遏制中俄。第五，体现俄避免过度依赖中国的努力。基于国家安全战略的保守性，将俄与中印关系合并一章具有开创性；与中国合作不再公开被视为"维护全球和地区稳定的关键因素"。第六，首次提出大欧亚伙伴关系（GEP），但仍需补充详细政治经济内容。第七，俄全球经济政策缺乏战略依据。俄反对单一国家主导欧亚大陆经济。第八，缺乏对亚洲安全动向的详细预测，但指出可能对全球安全产生影响的关键地区与热点问题。首次提及阿富汗突出了美撤军后俄对阿富汗局势的担忧。此外，还间接表达对中印紧张关系的担忧。文章认为，新版战略是俄亚洲政策的总结，尝试使俄适应一个仍相互关联但分化加剧的世界，在与各国合作时保持独立性与独特性。

https://thediplomat.com/2021/07/what-russias-national-security-strategy-has-to-say-about-asia/

4.《国防》：俄罗斯的人工智能武器舰队将威胁美国国防安全

7月20日，美国《国防》杂志发布该机构高级编辑亚丝明·塔吉德（Yasmin Tadjdeh）所撰文章《算法战争：俄罗斯正在扩大人工智能武器舰队》。文章指出，目前俄罗斯正在寻求成为人工智能武器的领导者。俄罗斯军方已经开始在人工智能、大数据和软件技术的发展上投入巨大资源，同时，模仿美国国防高级研究计划局改革研发架构，并努力开发一个类似美军联合全域指挥和控制（JADC2）的自动化作战概念，决心确保未来战场上的信息主导地位。但作者指出，俄罗斯正寻求成为人工智能技术武器化的领导者，并计划将人工智能技术运用于电子战、情报、监视、侦察和战略决策过程。文章进一步提出，俄罗斯人工智能生态中，头部企业均为政府资助，缺乏有利于自主创新的环境，也没有硅谷般的"技术集群"，研发多源自国立大学的实验室，很难开发出最尖端平台。因此，俄罗斯不是互联网技术发展的领导者，但其在军事领域的自动化发展决心巨大且颇有成就，美国如果放松对俄罗斯人工智能技术的警惕将是一个严重错误。

https://www.nationaldefensemagazine.org/articles/2021/7/20/russia-expanding-fleet-of-ai-enabled-weapons

八 公共卫生

1.《报业辛迪加》：G20应制定全球疫苗分配计划

7月7日,《报业辛迪加》网站刊登了哥伦比亚大学教授杰弗里·萨克斯（Jeffrey Sachs）和哥伦比亚大学可持续发展中心特别助理朱莉安娜·巴特尔斯（Juliana Bartels）的评论文章《G20必须立即为全世界接种疫苗》。文章称，在威尼斯举行的G20财长会议必须采取行动，为实现全球范围的全面免疫提供所需疫苗。鉴于目前的生产情况，各国迅速实施一项全球计划应该不是问题。现有的为贫困国家提供疫苗覆盖的努力——COVAX计划，已经严重达不到所需的水平。疫苗生产国将其产出用于为本国人口接种疫苗，而生产疫苗的公司与政府达成秘密交易，以双边方式销售疫苗。文章认为，G20现在需要制订全球计划，包括在所有国家分配剂量的时间表、运输疫苗的物流计划、每个国家内的实施计划和融资计划，这可以更有效地在世界各国之间分享疫苗剂量。

https://www.project-syndicatc.org/commentary/g20-finance-ministers-in-venice-must-adopt-covid19-vaccination-plan-by-jeffrey-d-sachs-and-juliana-bartels-2021-07

2.《华盛顿邮报》：美国疫苗计划的失败之处

7月13日,《华盛顿邮报》网站刊登约翰斯·霍普金斯大学教授马蒂·马卡里（Marty Makary）的文章《美国过分专注于为本国人接种疫苗，而疏于着眼世界其他国家》。文章指出，美国应对新冠肺炎疫情的最大失败之处在于过分关注国内，而疏于帮助世界其他国家。目前，新冠肺炎疫情对美国的威胁程度已经下降，且病毒基本只在年轻人中传播。然而，全球有70多个国家和地区的疫苗接种率不足总人口的10%。由于疫苗接种率低，许多国家的医院超负荷运转，情况不容乐观。美国政府却在此时囤积大量疫苗，过剩的数百万剂疫苗因过期被废弃。尽管拜登近期宣布了一项全球疫苗共享计划，并预计向其他国家捐赠5亿剂疫苗，但是对于基础设施欠发达的国家来说，建立分销渠道和疫苗接种点更加困难。此外，系统性腐败和资金滥用问题已使联合国领导的援助工作陷入困境，并可能对"新冠肺炎疫苗实施计划"（COVAX）构成威胁。文章认为，若美国希望战胜新冠肺炎疫情，政府应将注意力转向上述挑战，加强疫苗的全球合作。

https://www.washingtonpost.com/opinions/2021/07/13/us-is-far-too-fixated-vaccinating-americans-it-must-focus-world/

九　人工智能与新兴技术

1.《外交事务》：美国应保护半导体供应链

7月6日，《外交事务》杂志发表彼得森国际经济研究所高级研究员查德·P.鲍恩（Chad P. Bown）的文章《缺失的芯片》。文章提出，疫情期间线上办公与服务的增长刺激了对电子产品的需求，由于供应中断，电子产品关键零件半导体芯片短缺日益恶化。半导体芯片短缺的罪魁祸首之一是美国贸易政策的转变，特朗普政府对华发动的贸易战撼动了全球的半导体供应链，给美国的企业与工人造成了损失。由于现代半导体制造过程较为分散，设计开发芯片的美国公司往往将生产外包给外国公司，因此，特朗普推出的出口管制措施对国外生产的芯片无能为力，削弱了该政策的有效性。仅由美国实施的对华芯片出口管制注定会失败，一方面将增强非美国芯片公司的竞争力，一方面会阻碍芯片制造商对美国的投资。此外，中国已向芯片制造商投入大量资金补贴，意图攻破西方技术壁垒。同时中国买家出于对出口管制的担忧囤积芯片，加剧了全球芯片短缺。拜登政府已与日本、韩国、欧盟在半导体战略上达成合作，未来美国与其合作伙伴需要在出口管制方面达成协调一致的措施、为半导体创新研发支出提供资金、制定共同行业标准、防止过度补贴，以减轻国家安全所受的威胁。

https://www.foreignaffairs.com/articles/2021-07-06/missing-chips

2. 日本国际问题研究所：美国关键和新兴技术战略

7月8日，日本国际问题研究所发布索菲亚大学副教授斋藤康介（Kousuke Saitou）的研究摘要《美国关键和新兴技术战略与建立共识问题》，以5G和人工智能（AI）为例分析美国新兴技术安全战略的实施动向与挑战。2020年10月发布的《关键和新兴技术国家战略》（C&ET）表述了美在最重要技术领域追求全球领先地位的战略规划。技术管理政策的关键点在于国内、国际多种行为体达成一致。在5G领域，尽管美正以安全理由说服更广泛的盟友对抗中国5G技术服务，但各国在中国企业5G技术威胁上的看法不同，对其监管标准也参差不齐，没有形成一致行动。在AI领域，人工智能的自主性一直是国防政策的重点。美国政府、私营公司、学术界和公众经过15个月协商达成了五项伦理原则。需要注意的是，国防人工智能发展是基于民用技术，随着整个AI技术生态系统多元化，该原则也将面临多方批评。文章强调，新兴技术参与主体多元，技术生态各有特定特征，C&ET战略反映了美国的利益，但其不一定符合盟国和伙伴的利益，故有必要考虑如何进一步细化这一战略，使之符合不同技术的特性和各国特定国情。

https://www.jiia.or.jp/en/column/2021/07/08-the-us-strategy-for-emerging-technologies-and-the-issue-of-consensus-building.html

3. 布鲁金斯学会：AI自动化决策的弊端及其应对措施

7月14日，布鲁金斯学会网站发布美海军研究生院计算机科学助理教授约书亚·克罗尔（Joshua A. Kroll）撰写的文章《为何人工智能仅仅是自动化》。文章称，长期由决策者或机构承担的工作如今越来越多通过计算机自动化进行，使得各治理部门间在重要决策过程中的公正、公平和权力动态产生新的差别。作者尝试通过分析为什么人工智能在依赖自动化系统同时，会包含固有的、基本的治理和问责障碍，来研究这种差距的产生。第一，人们常常将自动化系统的不透明和风险归咎于软件的复杂，事实上，任何现实中的技术都代表着决策者的选择，是人类赋予了工具或程序权威和职责，加强了现有的权力不对等和偏见。同时又缺乏足够的途径提供法律或其他形式的补救。第二，基于规则驱动，自动化系统不考虑个人和群体之间的差异，无视复杂问题的多样性，按照统一标准简单化处理。因此，无论人工智能系统如何设计，只要其中一个环节采用自动化技术实施，就容易出现问题。第三，人类急于将自动化作为解决措施，缺乏对其将如何影响所有利益相关者，或者如何将自动化部分整合到原有的系统和组织中的措施，会导致巨大的失败。第四，技术的问题不能单纯依靠技术解决。自动化决策系统本身就是"自由裁量权选择"的结果。人类要先决定哪些规则被执行，哪些规则适用于哪些情况，以及哪些数据和模型会被提交给决策过程。基于以上，作者提出，自动化管理的成功取决于弥合政策灵活性和计算机工具简单化之间的差距。政府和技术专家必须共同致力于开发相应的治理结构，建立完整监督和透明的执行的社会技术控制结构。目前阻碍这种共同开发的原因主要是缺乏一个协调各方的职能部门。

https://www.brookings.edu/research/why-ai-is-just-automation/

4. CSIS：数据本地化对美国国家安全的启示

7月25日，美国战略与国际问题研究中心（CSIS）网站发布CSIS国际安全计划资深研究员埃罗尔·亚博珂（Erol Yayboke）、研究员琳赛·雪柏（Lindsey R. Sheppard）、助理研究员卡罗莱娜·拉莫斯（Carolina G. Ramos）合撰报告《数据本地化对国家安全的启示》。报告指出，出于数据主权、国家安全和情报收集、商业或隐私考虑，政府采取保护主义的数据本地化措施成为全球趋势，美国盟友和商界要求美国明晰立场、制定政策的压力日益增加。报告详细阐释了数据本地化可能对美国及其盟友构成的国家安全风险，主要分为以下三方面：第一，数据本地化可能被用作数字的表述工具限制民主和人权；第二，数据本地化提高跨境信息获取难度，将阻碍跨国军事、司法、情报及其他安全部门合作；第三，数据本地化要求各公司需要增加设立并维护数据中心，可能导致互联网碎片化、增加数据网络复杂性、削弱风险控制和网络安全管理。报告指出，美国目前缺乏联邦层面的数据本地化政策，将致其在欧盟—中国的数据治理竞争中被边缘化。报告认为，尽管数据本地化将对美国国家安全造成风险，但美国单方面反对立场并不能逆转全球趋势，反而将使美国处于被动地位。因此美国应主动制定基于规则的、连贯的数据本地化战略，利用多边机制与盟友合作，并援助发展中国家提高数据技术能力。

https://www.csis.org/analysis/real-national-security-concerns-over-data-localization

十 气候变化

1.《外交学人》：应对气候变化，中国应承担更多责任

7月3日，《外交学人》网站发布哥本哈根商学院和中国科学院研究员马蒂亚斯·隆德·拉森（Mathias Lund Larsen）的文章《2023年后中国将不再是发展中国家，其气候行动应反映这一点》。文章指出，随着中国可能在2023年迈入发达国家行列，其应当在应对气候变化中承担更多责任。长期以来，中国主张"共同但有区别的责任"，强调其发展中国家身份，但同时又以"负责任大国"自居，这显示出中国的自我认知偏差。根据统计数据，中国应对气候变化表现落后于欧美，突出体现为碳排放仍持续增长、单位GDP碳排放量高、国内煤炭消费量增加。中国拥有世界一流的可再生能源公司，新能源设备年度安装量已经领先世界，完全有能力提供平价清洁能源。文章称，想要真正成为"负责任大国"、与欧美平起平坐，中国就必须怀有更大的雄心。

https://thediplomat.com/2021/07/china-will-no-longer-be-a-developing-country-after-2023-its-climate-actions-should-reflect-that/

2.威尔逊国际学者中心：气候变化如何影响世界秩序和国家战略

7月23日，威尔逊国际学者中心（Wilson Center）发表布朗大学政治学副教授杰夫·科尔根（Jeff Colgan）的文章《气候变化、大战略和国际秩序》。全球气候变化对国际秩序和大国国家战略正产生日益增长的影响，文章介绍了目前国际关系学界对这一影响的三种主要研究模式："威胁扩大器"（Threat Multiplier）、"问题权衡"（Issue Tradeoffs）以及"格局改变"（Altered Landscapes）。"威胁扩大器"理论侧重于气候变化所引发的连锁反应，观察内战、非自愿移民、政治暴力和基础设施破坏的可能性是否增加，这种思维模式可以作为良好的切入点。"问题权衡"理论则将气候变化问题作为一个独立领域置于国家整体政策当中，将其与其他军事和经济领域的优先事项进行权衡，但在外交实践中，气候变化问题难以与其他政治问题割裂，而且会受到整体局势影响。作者认为，相比于前两种理论，"格局改变"理论能够更全面地解释气候变化和国家间合作、竞争的相关性。具体来说，该理论通过"新变化"（novelty）和"实质类型"（substantive type）两个维度研究，衡量气候变化是否导致世界秩序和经济或非经济因素的改变，探索气候变化对不同领域的具体影响。

https://www.wilsoncenter.org/article/climate-change-grand-strategy-and-international-order

3.《国会山报》：气候变化和新冠肺炎疫情

7月30日，《国会山报》发布卫斯理大学荣誉教授加里·约埃（Gary Yohe）的文章《理解"生存威胁"：气候变化和新冠病毒》。文章指出，气候变化和新冠病毒都真实存在，因此声称二者为"骗局"是错误的。相较于气候变暖和海洋酸化对珊瑚礁造成的致命影响，当前气候变化和新冠病毒不对整个人类社会构成标准定义下的"生存威胁"。然而，文章认为，二者的确使人类的"可持续存在"陷入险境。新冠病毒德尔塔变异株的传播速度极快，而全球每年每10万人中就有85人被高温、洪水、干旱等极端天气夺走生命。因此，新冠病毒和气候变化可以被视作严格意义上的"生存威胁"。为应对二者，佩戴口罩和接种疫苗能有效降低感染新冠病毒的风险，而减少温室气体排放是降低极端天气事件发生概率的关键举措。

https://thehill.com/opinion/energy-environment/565698-climate-change-and-covid-19-understanding-existential-threats?rl=1

撰稿：蔡依航、李璇、柳盈帆、杨滨伊、李璇、王秀珊、张琳菲、崔元睿、任怡静、包坤极、许卓凡、王乐瞳、郑乐锋、黄婷、聂未希、王欣然、姚锦祥、杨雨霏、汤卓筠、李璇、王叶滑、吴子浩、凌邦皓、黄婷、赵宇琪、倪远诗、郭一凡。

审核：贺刚、朱荣生、许馨匀、周武华、袁微雨、姚锦祥、王静姝、苏艳婷、马国春。

终核：石岩。

8月专报

一 国际格局

1.《外交学人》：基于规则的国际秩序能增加美国与中国竞争的优势

8月4日,《外交学人》刊登罗伊国际政策研究院项目主任本·斯科特（Ben Scott）的文章《华盛顿"基于规则的秩序"策略的问题》。文章认为，基于规则的秩序是美国与中国竞争的制胜关键，但笼统声称中国违反这样的秩序并不奏效，而应指出中国对国际法具体条款的违反，并加强在美国国内展示民主模式的成功。面对美方指控，中国同样从道德出发表明对以联合国为核心、以国际法为基础的国际秩序的遵守；这暴露了美国对"基于规则的秩序"含义的模糊及其与国际规则核心主体联合国、国际法机构日益紧张的关系。因此，有理由认为中方回应更具说服力。中国不断深入参与联合国事务既可解读为维护以联合国为中心的国际体系，也可证明其正通过行动稳步改变国际机构和规范，以使其符合自身偏好，并消除基于规则的自由价值观。越来越多的国家将捍卫主权置于维护自由价值观之前，中国不干涉内政的声明可能极具吸引力。在争夺国际合法性的过程中，美国应该避免笼统而夸张地声称美国遵守了基于规则的秩序，向国际社会信息传递越清晰，效果越好；美应指出中国对具体国际法的破坏。美国也应批准相关国际法使其对中国指控更有分量。作者认为，美国现在开始尝试克制式的领导模式并加强其道德高地的主张，能够为美国领导的自由秩序赢得更广泛的支持。

https://thediplomat.com/2021/08/the-trouble-with-washingtons-rules-based-order-gambit/

2.印度观察者研究基金会：美国治下的和平走向瓦解

8月25日，印度观察者研究基金会网站刊登基金会主席萨米尔·萨兰（Samir Saran）文章《美国治下的和平走向瓦解》。文章认为，美国从阿富汗的忙乱撤军标志着"美国治下的和平"（Pax Americana）走向瓦解：美国的物质实力受挫，支撑自由秩序的制度基础岌岌可危，美国国内党争愈演愈烈，等等。塔利班的掌权可能导致许多亚洲国家面临日益增加的恐怖主义威胁，这表明美国的大国竞争议程可能导致地区伙伴国家承受更多代价。中国最终将在阿富汗扮演什么角色尚不确定，但至少在短期内，中国很可能成为阿富汗—巴基斯坦和西亚地区经济和军事安排的强大塑造者。文章认为，这些形势发展对各国至少有三点启示。首先，长期以来美国将东印度洋作为其印太战略的边界，印度对阿富汗、巴基斯坦和西亚地区的利益诉求遭到忽视。这种情况必须改变，否则印度将与他国合作以应对该地区威胁。中国在阿富汗和巴基斯坦的影响力也是美国在印太地区面临的重大挑战。其次，中国的外交努力正使欧亚大陆不同区域彼此交融，这会使难民、基建、技术流动等问题的影响超越区域边界，美国应当重视这一片不断融合的区域。最后，印度将继续视美国为其最重要的合作伙伴，但各国会更加审慎地评估美国的能力和意愿，并将确保美国在推进其大国竞争议程时不会损害地区国家谋求增长和发展的利益。

https://www.orfonline.org/research/the-unravelling-of-pax-americana/

3.《泰晤士报》：美元霸权并非理所当然

8月26日，英国《泰晤士报》发布英国亿万富翁、比价网站

Moneysupermarket.com 联合创始人西蒙·尼克松（Simon Nixon）的文章《不能再把美元霸主地位视作理所当然》。作者指出，美国面对在阿富汗的军事失败，已将美元作为其向塔利班施压的主要手段。在基于美元霸权的金融制裁已日渐成为军事手段以外，美元成为美国影响力投射的主要替代品。但从美国利用金融霸权制裁前塔利班政权、伊朗和朝鲜等国的历史来看，美元作为政治武器的效果十分有限，不如盟友支持。作者强调，美元霸权并非理所当然，这一霸权长期巩固加强主要源于国际货币替代方案的缺失。未来美元是否继续称霸有待观察。首先，只有美国政府继续将其金融体系作为全球公共产品加以有效管理，美元霸权方可维持，美元武器化将刺激他国寻找美元替代品；其次，中国正试图打造替代美元支付系统的数字人民币方案，或将使美元霸权遭到技术性削弱；最后，美元霸权的核心是一种以美国安全承诺换取盟友接受美元的隐性交易，而该交易隐患重重。若美国回归孤立主义，其盟友必定提高自身的军事和金融自主性，进而削弱美元霸权，在此情况下，承受沉重财政负担的美政府还愿为其盟友提供多长时间的保护则很成问题。

https://www.thetimes.co.uk/article/the-dollars-supremacy-cannot-be-taken-for-granted-any-longer-hcpkp3d6r

二　美国观察

1.《国会山报》："新冷战"的特殊性决定现有美国安全战略的失能

8月5日，《国会山报》发布联合出版社国际版杰出专栏作家哈兰·厄尔曼（Harlan Ullman）的文章《冷战结束了？还是正在进行中？》。文章认为，随着中俄两国成为美国的潜在对手，"新冷战"的幽灵不容忽视。相较于美苏冷战，"新冷战"将存在三大不同点。第一，"新冷战"将在更广阔的战线上展开。第二，就对手而言，不同于苏联，中国是一个超级经济大国，其GDP

早晚会超越美国。第三，中俄两国都拥有强大的军队，其技术水平在某些情况下已与美国平起平坐。当前美国的国家安全战略仍基于过时的20世纪冷战假设，并以遏制、威慑和在战时击败对手为目标，以北约等同盟体系为基石，其初衷是防止苏联入侵欧洲。然而，这些概念已无法适用于"新冷战"。首先，流行性疾病和气候变化等新型"大规模破坏性袭击"（massive attacks of disruption）比中俄两国更具威胁，且无法以传统手段应对之；其次，俄罗斯对西方国家内政的干涉及其在格鲁吉亚、乌克兰等国的侵略行为没有被制止；最后，美国在亚洲的许多共同防御条约非常模糊。美国应根据21世纪的现实情况重新审视与日、韩、菲的条约及1979年《与台湾关系法》（TRA）。因此，作者指出，美国必须重新审视遏制、威慑和结盟等美苏冷战时期的旧概念，使之适应21世纪新现实。同时，流行性疾病、气候变化等新型安全威胁也应得到重视。

https://thehill.com/opinion/national-security/566468-the-cold-war-is-over-or-is-it

2.《外交政策》：与中国的意识形态竞争不可避免

8月6日，《外交政策》杂志网站刊登了美国亚洲协会政策研究所中国顾问内森·莱文（Nathan Levine）评论文章《与中国的意识形态竞争不可避免》。文章指出，把美中竞争定义为一场具有冷战式的意识形态竞争，将会使世界更加分裂，也将分散解决国内社会问题的注意力，并使国际社会应对气候危机的努力变得更加困难。从美国的角度来说，以意识形态角度构建美中关系与大国竞争的核心问题还可能会疏远美国的重要盟友和合作伙伴。美国的进步人士和现实主义者都反对与中国进行意识形态竞争，但又不愿呼吁停止推广自由主义价值观。他们既对中国所倡导的马列主义世界观存在误解，又对于美国所倡导的人权和民主规范存在误解，更没有意识到提倡自由主义及其关于人权和民主的思想本质上仍是一种意识形态。文章认为，意识形态竞争将会成为更广泛美中战略竞争中不可避免的一部分，但更关键的问题是，如何在一个更广泛的战略框架内管理这种意识形态冲突的因素,防止意识形态层面的公开对抗。这可能意味着美国需要避免把中国政权更迭作为战略目标,谨慎平衡在人权问题上对中国的指责和惩罚,促成有助于更有效对话的政策选择。

https://foreignpolicy.com/2021/08/06/china-us-liberalism-democracy-authoritarianism-ideology-competition-cold-war/

3.《外交事务》：美国的反恐之路宣告失败

8月12日,《外交事务》发表约翰·霍普金斯大学教授哈尔·布兰兹（Hal Brands）、布鲁金斯学会外交政策项目高级研究员迈克尔·奥汉隆（Michael O'Hanlon）的文章《美国的反恐之路宣告失败》。20年来,美国一直在全球进行反恐,尽管美实现了最重要的目标——避免恐怖主义对美国本土的大规模袭击,但付出了高昂代价与漫长岁月,显示出美国在改善中东和非洲政治状况方面的失败。2014年以来,华盛顿确立了基于适度投资的中等规模战略,为本土武装力量赋能,从而在维持地区态势的同时将高昂成本转嫁给盟友。与此前相比,中等规模战略更可持续、更有效。然而其也存在诸多问题,如无法打破阿富汗与塔利班的僵持局面,不能解决恶性内战给叙利亚带来的根本问题,更无法根本改善动乱地区的政治稳定与有效治理。以色列领导人将之比作"割草"——只有无限重复才能产生结果。作者认为,美国过去20年内包括中等规模战略在内的所有反恐政策都不理想,大中东地区总会变得更糟。历史表明,美国必须调整自己的步伐：过度扩张必然导致行动受挫和资源耗散,但彻底退出则会危及对美国全球战略非常重要的反恐及地区安全利益。只要"圣战"威胁（jihadi threat）以目前的形式持续存在,美国就需要一种反恐方法,以避免穷尽干预和破坏性撤退。美国须认识到改革的主要动力必须来自穆斯林社会本身,应保持战略耐心,在边缘促进中东地区建设性的改善。

https://thediplomat.com/2021/08/japans-military-role-in-the-indo-pacific/

4.《国家利益》：美国信誉没有因阿富汗失败而严重受损

8月23日，《国家利益》网站刊登了卡托研究所安全研究高级研究员特德·盖伦·卡彭特（Ted Galen Carpenter）的署名文章《美国信誉没有因阿富汗失败而严重受损》。文章回击了"美国在阿富汗的惨败严重损害国家信誉"的观点，后者认为美国"抛弃"阿富汗后，其所有的国际安全承诺都将被怀疑并面临潜在挑战，不仅美国的欧洲盟友对其安全承诺的信心已经动摇，中国大陆可能会扩大对南海的控制并对台湾地区采取军事行动，韩国也将思考其与美国双边联盟的可靠性。作者在文章中指出，将华盛顿对中国台湾地区或首尔的可能反应类比放弃喀布尔的决定是荒谬的。安全承诺的可信度主要取决于两个因素：所涉议题对保证国的重要性，以及保证国可以用来执行承诺的军事影响力。在后冷战时代，美国不会以应对阿富汗事务的眼光来看待对其他盟国的安全承诺。此外，美国于西太平洋地区部署的大规模空军和海军部队在大国常规军事竞争中发挥了重要作用，使得对手不敢轻易否定美国履行其在东亚承诺的能力。而抛弃对美国安全几乎没有内在价值的国家的安全承诺，从长远来看对美国有利。

https://nationalinterest.org/blog/skeptics/us-credibility-not-seriously-damaged-afghanistan-failure-192302

5.新美国安全中心：构建美国网络外交的正确途径

8月25日，新美国安全中心（CNAS）网站刊登了美国网络空间日光浴委员会（Cyberspace Solarium Commission）高级总监劳拉·贝特（Laura Bate）、耶鲁大学政治学博士生娜塔莉·汤普森（Natalie Thompson）共同撰写的评论文章《构建美国网络外交的正确途径》。文章指出，网络空间政策的核心挑战和其他新兴技术引发的问题不同，美国务院应根据《网络外交法案》成立了国际网络空间政策局（Bureau of International Cyberspace Policy），将要解决的网络空间政策问题整合到同一个机构之中，从而保证相关优先事项处理与日常外交活动的一致性。首先，国际网络空间政策局应负责制定并实施一项相对成熟的网络外交政策，倡导网络空间治理的多元利益攸关方模式。其次，美国国务院应避免将国际网络空间政策局的工作重点不应该单纯放在狭隘的安全的事务，以及与中国的战略竞争。最后，由于提议设立一名新的副国务卿领导国际网络空间政策局很难在国会层面通过，但可以设立一名无所任大使（ambassador-at-large）来确保实现相应的有效领导。此外，国际网络空间政策局还必须应对互联网自由、数字经济、网络犯罪等挑战。

https://www.cnas.org/publications/commentary/the-right-way-to-structure-cyber-diplomacy

三　欧洲观察

1. 卡托研究所：不应指望欧洲在军事上协助美国应对中国

8月9日，卡托研究所网站刊登了高级研究员道格·班道（Doug Bandow）撰写的文章《哪儿都不去的小舰队：欧洲不会为救美国而对抗中国》。文章回顾了德、法、英等欧洲大国今年来派遣舰队进入太平洋、穿行中国南海及周边海域的过程，指出他们或立场妥协、或海上力量太弱、或针对中国的意图不明，很难起到对华威慑的效果。文章分析，尽管欧洲在新冠肺炎疫情、人权和海上航行规则方面与中国有矛盾，但就代表美国对华采取军事行动而言，欧洲各国更愿意"摇旗呐喊"而非采取实际行动。在美国的保护伞下，欧洲国家本就不愿为本土防务承担责任，只有不充分且象征性的投入；因此，很难指望欧洲愿意在美国应对中国时给予实质性的军事支持。

https://www.cato.org/commentary/naval-flotilla-nowhere-europe-wont-fight-china-save-america

2. 卡内基报告：《欧盟崛起为国防科技强国：从战略自主到技术主权》

8月12日，卡内基国际和平基金会刊登了其欧洲中心访问学者拉卢卡·切纳托尼（Raluca Csernatoni）的研究报告《欧盟崛起为国防科技强国：从战略自主到技术主权》。报告指出，技术主权作为欧盟战略自主的一部分正在扮演越来越重要的地位，其主要目标在于保持欧洲在各个关键技术领域的领导地位和自主权。欧洲的技术主权主要包括四个维度：安全和国防能力发展；跨领域技术创新；关键基础设施弹性和供应链安全；技术相关监管能力。这四个维度体现了欧盟正在以技术为核心努力建立一个更加全面的欧洲主权议程。报告认为，技术主权是欧洲战略自主和欧盟独立参与全球事务能力的先决条件。然而，由于新兴前沿技术影响的普遍性涉及诸多行业部门，欧盟机构及成员国需要在相互关联的政治、战略、经济和技术问题上进行合作。同时，欧盟还必须增强战略技术领域关键基础设施弹性和创新能力，构建以人权为中心的国际规范体系，确保欧盟的技术竞争力。

https://carnegieeurope.eu/2021/08/12/eu-s-rise-as-defense-technological-power-from-strategic-autonomy-to-technological-sovereignty-pub-85134

四　亚太观察

1.新加坡东南亚研究所：美国在东南亚的影响力行动面临两大挑战

8月10日，新加坡东南亚研究所发布乔治华盛顿大学艾略特学院国际事务教授罗伯特·萨特（Robert Sutter）的文章《拜登领导下的美国在东南亚所面临的挑战》。文章回顾了拜登政府近期与东南亚国家的密切互动，包括国防部部长、国务卿出访、四国外交等都表明拜登在东南亚越发活跃。但以此遏制中国在东南亚的影响力将受其他内政外交优先事项掣肘，且许多东南亚国家不愿在美中间选边站。随着中国加强与区域国家的相互依赖，并展示捍卫其利益的决心和能力，美国尚未清晰的东南亚政策需要更小心而长期的设计。尽管适当的绥靖政策可能在长期吸引害怕中国主导的东南亚国家转向美国，但目前这一策略在美国国内难有市场。东南亚国家在经贸和基础设施领域对华的高依赖度、经贸替代方案的缺乏、美民主口号对该区域权威体制国家的压力及特朗普政府行为导致的美国信誉降低都使东南亚国家不愿冒犯中国。对此，文章建议，美国应加强四国机制合作以应对中国在东南亚与日俱增的影响力。越南、印度尼西亚和新加坡等东南亚国家可能会在区域经济发展、公共卫生改善和环境治理等问题上有选择地同四国机制合作，以确保全球治理及战略环境的稳定。而日、印、澳则可以推动与东南亚国家在安全和基础设施领域的合作，从而间接支持美国利益，且避免中国因美国插足东南亚而敏感。

https://fulcrum.sg/us-challenges-in-southeast-asia-under-biden/

2.《外交学人》：日本在印太地区的军事作用

8月12日，《外交学人》网站发布其团队成员与国际战略研究所地缘经济与战略主任罗伯特·沃德（Robert Ward）的访谈文章《日本在印太地区的军事作用》。文章认为，日本2021年版《防卫白皮书》主要有四个引人瞩目的原因。第一，提到台海稳定的重要性以及与日本自身安全的联系。第二，明确指出美中战略竞争现在是日本防务政策的重要内容。第三，强调日本不断扩大的安全伙伴关系要超出周边国家的范围，包括加拿大、法国和英国。第四，防务省加大关注和推动日本先进技术研发。文章指出，日本一方面试图制衡中国崛起，另一方面想要在美国联盟中发挥更大作用以及帮助东南亚国家提高执法能力，加强在印太地区的军事作用以及在"四国机制"中的安全领导地位。关于拜登政府在美日关系中的战略重点主要有两个：第一是确保日本为美国加强经济安全的努力做出贡献；第二是加强"四国机制"中联盟国家之间的合作。此外，在美中对抗升级之际，日本面临三大地缘政治风险。第一，日本对中国依据《新海警法》对钓鱼岛的勘察力度加大感到担忧；第二，日本对台湾地区的突发事件感到担忧；第三，中国试图改变南海现状。

https://thediplomat.com/2021/08/japans-military-role-in-the-indo-pacific/

3.《外交学人》：韩国外交政策发展方向

8月13日，《外交学人》杂志网站发表韩国国立外交院东盟—印度中心主任崔源起教授（Wongi Choe）的署名文章《韩国的印太难题：寻求战略平衡》。文章指出，在2021年5月韩国总统文在寅与美国总统拜登在华盛顿举行的首脑会谈中，尽管双方联合声明重申强化韩美同盟，但文在寅政府并未完全倒向美国印太战略，首尔在推进美国印太倡议的同时，一直试图保持其在华盛顿和北京之间的战略平衡，小心谨慎对待拜登政府所提出的中国问题。文在寅政府还积极与美国加强协调，避免峰会结果被解读为对中国的直接批评。事实上，联合声明中没有直接提到韩国"参与"美国的印太战略，而是"韩美合作巩固各自对印太地区的方针"。但作者认为韩国所坚持的战略平衡将限制其在"印太"地区的区域地位。为了维持在美中之间的战略平衡，韩国所实施独立自主的"新南方政策"（the New Southern Policy）不得不将安全和战略问题排除在外，而这将弱化韩美战略共识。作者建议，韩国需要摆脱战略平衡框架，通过"四方安全对话"加强与美国和"印太"地区其他国家的接触，从而增强其作为中等强国的战略决策。

https://thediplomat.com/2021/08/the-quest-for-strategic-balance-and-south-koreas-indo-pacific-conundrum/

4.兰德公司：拜登印太战略浮出水面

8月23日，兰德公司发布高级防务分析师德里克·格罗斯曼（Derek Grossman）的文章《拜登印太战略浮出水面》。文章指出，尽管拜登政府没有发布官方版印太战略，但从过去几个月拜登政府高层人士的访问和活动中可以看到未来的蓝图。这之中存在三大关键点：其一，由于价值观外交并未如预期般受到欢迎，拜登政府做出了从强调"共同价值"到强调"共同国家利益"的调整，国防部部长奥斯丁、国务卿布林肯等也承认民主价值观并不完美、并不容易实现，各国需要共同努力和自我纠正；其二，对于盟友伙伴，拜登政府的关注点从它们是否会与华盛顿结盟对抗北京转向兼顾这些国家面临的现实挑战，不要求这些国家选边站，兼顾与这些国家就疫情、气候变化、人力资本开发等问题所能进行的合作；其三，承认美中处于"激烈竞争"下的拜登政府相信竞争不应失控，仍希望就气候变化、核不扩散等问题进行合作，并与解放军建立危机管控热线。综上，美国印太战略取得了积极进展。拜登政府表现出了灵活性，也展现出了务实的态度。

https://www.rand.org/blog/2021/08/bidens-indo-pacific-policy-blueprint-emerges.html

五　中东观察

1.《外交事务》：美国应协助沙特和伊朗为中东带来和平

8月3日，《外交事务》网站刊登了约翰·霍普金斯大学高级国际研究院马吉德·卡杜里中东研究和国际事务教授瓦里·R.纳斯尔（Vali R. Nasr）与人道主义对话中心中东和北非问题特别顾问玛莉亚·范塔皮（Maria Fantappie）共同撰写的文章《伊朗和沙特如何共同为中东带来和平——美国撤军后的外交承诺》。文章指出，美国在中东的撤出给地区局势带来了过多不稳定因素，华盛顿应与沙特和伊朗一同建构新的地区对话体系，降低美军撤离的后续影响，新对话体系有助于双方关系的缓和和地区局势的安定。文章认为，2021年4月双方高级情报官员在巴格达的会面释放的友好信号是好的开端，沙特阿拉伯和伊朗均有各自的外交与军事考量，这为对话与和解提供了重要的政治前提。美国应在此时向双方做出承诺，既给予沙特安全保障，也减少美国对伊朗行动的干预，协助双方建立互信，以保证美国在撤军后的地区安全架构能持续存在。

https://www.foreignaffairs.com/articles/iran/2021-08-03/how-iran-and-saudi-arabia-can-together-bring-peace-middle-east

2. 布鲁金斯学会：阿富汗撤军背景下，美巴关系处于不安定边缘

8月6日，美国布鲁金斯学会刊发了大卫·鲁宾斯坦研究员玛迪哈·阿夫扎尔（Madiha Afzal）的署名文章《阿富汗撤军背景下，美巴关系处于不安定边缘》。作者指出，在美国从阿富汗撤军以及当地暴力事件不断升级的情况下，美国希望巴基斯坦在阿富汗问题上"做更多"，以推动塔利班与阿富汗政府达成和平协议，并寻求撤军后进行反恐合作的可能性。巴基斯坦也表示更希望阿富汗有一个和平结果，即内部签署和平协议后达成权力分享安排，因为巴基斯坦担忧阿富汗旷日持久的内战会把不安全蔓延到巴基斯坦，为巴基斯坦塔利班运动（TTP）的复活创造空间，同时，持续增加的阿富汗难民数量也让巴基斯坦无法负担。作者认为，虽然长期以来巴基斯坦一直把阿富汗塔利班视为朋友，但阿富汗塔利班的崛起可能会助长TTP，让巴基斯坦重新卷入暴力之中，而且在阿富汗暴力增加的情况下，随着人们将矛头指向巴基斯坦与塔利班的关系，巴基斯坦当局一直在努力与该组织保持距离。美国认为是巴基斯坦为阿富汗塔利班提供了支持和庇护，但就当前情况而言，美国在该地区仍然需要巴基斯坦的协助。美国方面的症结是，对信任巴基斯坦的谨慎态度，以及希望巴基斯坦向塔利班施加压力的愿望。美巴之间就阿富汗问题的接触仍在继续，而未来随着塔利班的壮大，人们会越发指责其是巴基斯坦长期以来的双重游戏的产物。巴基斯坦当局别无选择，必须竭尽全力迫使塔利班停止暴力并走到和谈桌前。因为另一个选择——押注阿富汗塔利班——对巴基斯坦自身和阿富汗都将是灾难性的。

https://www.brookings.edu/blog/order-from-chaos/2021/08/06/an-uneasy-limbo-for-us-pakistan-relations-amidst-the-withdrawal-from-afghanistan/

3.《外交学人》：印度对伊朗的马拉松式外交未达预期效果

8月10日，《外交学人》刊登英国兰卡斯特大学冲突与和平研究高级讲师阿马伦杜·米斯拉（Amalendu Misra）的文章《印度与伊朗的马拉松式外交》。印度外长7月后两度访问伊朗。文章认为，伊朗仍处于联合国与美国制裁下，

印度与其开展外交体现了印度在阿富汗被美国抛弃后拉拢朋友、增强影响力的迫切希望。然而，伊朗对待双边承诺和义务较为善变。印度已向伊朗示好十年，但是伊朗在此期间与中国签订多项协议，特别是2020年3月签署"中伊25年全面合作计划"。伊朗甚至曾单方面取消与印合作铁路项目。伊朗也曾鲁莽干涉印度内政，如2019年8月谴责印度撤销查谟和克什米尔省自治。此外，2021年1月一个简易爆炸装置在以色列驻新德里大使馆外爆炸，印度调查称伊朗圣城军是爆炸的幕后黑手。印度将恰巴哈尔港项目视作印伊双边合作重点，以对抗中国在瓜达尔港开发的类似港口。然而，伊朗外长却公开表示既不反对中国也不反对巴基斯坦开发瓜达尔港。中国"一带一路"倡议的推进使印度在南亚与中东地区的传统战略优势严重受损。

https://thediplomat.com/2021/08/indias-marathon-diplomacy-with-iran/

4.蒙田研究所：西方国家应在伊朗问题上有所表态

8月10日，法国蒙田研究所（Institut Montaigne）发表高级研究员巴斯玛·柯德曼尼（Bassma Kodmani）撰写的评论文章《伊朗真正想要什么？》。文章认为，强硬派领导人易卜拉欣·莱希当选之后并未对温和派主导的维也纳谈判表露积极态度，这让外界担忧新总统上台后可能会复兴霍梅尼时期保守的政治态度。伊朗在叙利亚、伊拉克、黎巴嫩和也门扶植的民兵武装正在不断扩张，而它也在竭力阻止沙特阿拉伯和以色列的关系正常化，这将激化中东的混乱局面。作者认为，西方国家应在涉及伊朗的问题上应有所表态而不是默不作声，不能采取绥靖政策，否则会让地区伙伴对美欧的信任进一步丧失。伊朗期待美欧会逐渐脱离中东，但不能让它如愿。在伊朗的核计划之外，它的扩张主义倾向和庞大的地区代理人集团才是真正值得警惕的。

https://www.institutmontaigne.org/en/blog/what-does-iran-really-want

5. 大西洋理事会：塔利班取胜原因

8月15日，大西洋理事会发布高级研究员、海军陆战队大学副教授本杰明·詹森（Benjamin Jensen）的文章《塔利班何以成功：军事胜利中的"作战艺术"》。文章指出，2021年的塔利班已经不是1990年的塔利班，成了一个更具适应性的组织。塔利班如今可以在城市、乡村、战场、网络等多条战线上将军事行动和信息行动相结合，不断取得军事进展。塔利班获得这些成功的原因如下：其一，利用阿富汗安全部队分散在全国各地的弱点分割并孤立安全部队；其二，通过威胁性信息破坏安全部队凝聚力，进行心理攻势；其三，通过针对飞行员的暗杀行动迫使其他飞行员放弃工作岗位；其四，通过对美双边谈判来赢得时间，保持军事实力，同时将加尼政府排除在外，削弱其影响力。作者指出，接下来大国和地区行为体将可能转向与塔利班公开接触，将注意力转向其与塔利班共同的敌人，如ISIS；美国应进行政策转向，将重点从支持一个倒台的政权转变为防止塔利班军事胜利后的阿富汗变得更加动荡。

https://www.atlanticcouncil.org/expert/ben-jensen/

6. 国际战略研究所：伊朗和美国在恢复伊核协议问题上仍相距甚远

8月23日，国际战略研究所（IISS）网站发布不扩散和核政策项目研究分析师约翰·克日扎尼亚克（John Krzyzaniak）的文章《伊朗和美国在恢复伊核协议问题上仍相距甚远》。文章认为，伊朗和美国在恢复伊核协议谈判的问题上处于停滞状态，主要原因是两国都提出了一些不切实际的要求。一方面，伊朗主要提出四个要求。第一，美国必须首先解除制裁，且必须允许伊朗对解除制裁进行某种形式的"核查"；第二，在伊朗遵守协议的情况下，美国应对制裁造成的经济损失进行赔偿；第三，美国应解除特朗普政府实施的所有"1500"制裁，包括一些与核计划无关的制裁；第四，伊朗政府希望美国能保证，即一旦协议恢复就不会再次退出。另一方面，美国要求伊朗承诺在未来就地区问题、导弹和扩大核限制进行谈判。文章最后指出，如果双方想恢复伊核协议，就需要拿出更多的政治意愿来妥协。

https://www.iiss.org/blogs/analysis/2021/08/iran-us-jcpoa

7. 大西洋理事会：中国同阿塔未来合作可能性

8月24日，大西洋理事会网站发布地缘经济中心宏观经济研究员兼美利坚大学经济学助理教授阿明·莫塞尼-切拉洛（Amin Mohseni-Cheraghlou）和地缘经济中心助理尼尔斯·格兰厄姆（Niels Graham）撰写的文章《中国能成为塔利班的新赞助方吗？》。塔利班在阿富汗扩大领土控制的同时同外界密切联系，近期同中国的接触尤引人关注。作者认为，中国将阿富汗视为保证稀土矿产、"一带一路"及新疆稳定的重要邻国，未来可能与阿塔建立合作关系。在政治层面，中国承诺"尊重阿人民意愿和选择"，表示出对承认阿塔合法执政权力持开放态度。在经济层面，阿富汗的金属和稀土矿藏等自然资源储备潜在价值高达3万亿美元，对正与美国进行供应链竞争的中国而言有重要意义；阿塔也将借相关开发项目开拓合法财政收入和外汇来源，改善其执政形象。此外，阿富汗作为地理枢纽，对中亚地区整体经济发展至关重要。目前，阿塔已参与了土库曼斯坦—阿富汗—巴基斯坦—印度（TAPI）项目（主要是在安全保障上）；阿塔取代美国支持的阿富汗政府后，阿参与中国"一带一路"倡议项目面临更少限制。在安全层面，阿塔也做出不允许暴恐分子利用其控制下领土威胁中国的承诺。作者认为，尽管中国对不稳定地区投资的风险有更高容忍度，但也蒙受了阿政治不稳所致的经济损害；未来更将完全无法依靠美国反叛乱战争的稳定作用，仅凭阿塔提供保护。作者总结称，尽管中国同阿塔从未有直接冲突，未来关系可能更亲切务实，但中国仍将维稳目的置于首位，警惕地缘经济和战略利益背后的极高风险。

https://www.atlanticcouncil.org/blogs/new-atlanticist/could-china-become-the-talibans-new-benefactor/

六　非洲观察

1. 布鲁金斯学会：西方国家应避免在非洲重蹈阿富汗覆辙

8月30日，美国布鲁金斯学会刊登高级研究员亚历山大·马克（Alexandre Marc）的文章《"9·11"事件20年后，恐怖主义"圣战"在非洲崛起》。文章认为，阿富汗被塔利班迅速占领这一事件会激化非洲的恐怖主义"圣战"运动。从2014年到2019年，虽然全球恐怖主义指数整体下降，美国、欧洲国家及国际组织也在持续援助非洲打击恐怖主义，但是非洲的恐怖袭击不降反升。文章指出，导致非洲各地恐怖主义运动泛滥的原因是复杂的，通常源于当地人民对政府低效治理的不满、对以土地为主的稀缺资源的竞争等。非洲并不像阿富汗那样面临立即崩溃的危险，但愈演愈烈的暴乱会对当地民生造成巨大威胁。文章提出，西方国家应吸取在阿富汗的教训，避免在非洲重蹈覆辙。第一，不应由西方政府严格控制援助过程，这会增加腐败，并破坏当地机构；第二，不能忽略当地长期奉行的历史传统与制度，否则会激化暴乱运动；第三，不应将当地政府置之事外，应该开展合作共同打击恐怖主义。

https://www.brookings.edu/blog/order-from-chaos/2021/08/30/20-years-after-9-11-jihadi-terrorism-rises-in-africa/

2.《外交事务》：撤离化石燃料投资将压垮非洲

8月31日，《外交事务》发表尼日利亚副总统叶米·奥辛巴霍（Yemi Osinbajo）的文章《撤资错觉：为什么禁止化石燃料投资会压垮非洲？》。作者表示，在从石油和天然气中获利数十年之后，越来越多的富裕国家开始禁止或限制公共投资包括天然气在内的化石燃料。早在2021年4月，包括法国、德国和英国在内的七个欧洲国家宣布将停止对某些海外化石燃料项目的公共资助。面对欧洲股东的撤资压力，非洲开发银行越发难以支持大型天然气项目。作者指出，这些撤资政策往往"一刀切"，不考虑某些燃料对推动发展中经济体增长的重要作用，尤其是在撒哈拉以南非洲。碳基燃料全球转型必须考虑到国与国之间的经济差异，允许各国通过多种途径实现净零排放。转型绝不能以牺牲为人民、城市和工业发展供能为代价，而是必须具有包容性、公平性和公正性。作为发展中国家的过渡燃料，天然气是帮助人民生活生产、脱贫致富的重要工具。因此，撤离对非洲的天然气投资对限制全球碳排放几乎无济于事，但却会对非洲经济发展造成极大负面影响。作者认为，气候行动不应意味着扼杀所有化石燃料项目，而应促进资本流向最需要资金的国家。

https://www.foreignaffairs.com/articles/africa/2021-08-31/divestment-delusion

七　俄罗斯观察

英国国际战略研究所：俄罗斯、美国和后《新削减战略武器条约》议程

8月6日，英国国际战略研究所网站发布不扩散和核政策项目主任威廉·阿尔伯克（William Alberque）、不扩散和核政策项目管理员切尔西·威利（Chelsey Wiley）的文章《俄罗斯、美国和后〈新削减战略武器〉议程》。文章认为，重启美俄双边对话不一定会使《新削减战略武器条约》产生后续内容，但仍为减少两国之间的风险做出了巨大贡献。未来美俄之间的核谈判将侧重于以下三个支柱。第一，战略稳定。双方必须确定新全球安全等式的参数，包括互相感知到对方的威胁和国家安全目标。第二，限制。美国需要解决战略系统和非战略核弹头（NSNW）的限制问题，同时尝试去扩大目前有限的运载工具。第三，核查并建立信任。两国在核武器的计数规则方面存在一定分歧，如果俄罗斯重新加入国际核裁军核查伙伴关系（IPNDV）或同意与美国就核弹头拆除的核算、跟踪和验证问题进行联合试验，则有利于两国建立信任。文章指出，解决安全问题不仅涉及新兴技术和武器系统，还需要与更广泛的参与者进行成功对话。一套相互关联且具有政治约束力的协议，辅之以多边、双边或单边的克制声明，是一条更合理的探索途径。

https://www.iiss.org/blogs/analysis/2021/08/russia-us-post-new-start-agenda

八　人工智能与新兴技术

1. 东亚论坛：美国决心主导半导体科技战

8月6日，东亚论坛发布了由乔治华盛顿大学艾略特国际事务学院政治经济学家朱恩·派克（June Park）撰写的文章《美国决心主导半导体科技战》。根据拜登政府对于全球半导体供应链的评估，尽管美国在芯片设计方面处于全球领先地位，但其代工厂数量不足，无法扩大芯片的生产规模，面临着未来芯片短缺的风险。为促进芯片产业发展，美国决定克服补贴和基础设施方面的限制，并通过《美国芯片法案》（Chips for America Act）以增加投资。此外，美国还向其具有芯片制造能力的盟友施压，要求帮助美国缓解芯片产能不足，目前台积电和三星公司都在白宫压力之下承诺在美国新建代工厂。未来要确保美国在芯片领域的主导地位，一方面，美国要防止芯片技术流向中国；另一方面，无论日韩在芯片领域如何摩擦，要将东亚盟国整合到由美国主导的全球供应链之中。

https://www.eastasiaforum.org/2021/08/06/the-united-states-is-determined-to-dominate-the-semiconductor-tech-war/

2. 新美国安全中心：构建美国网络外交的正确途径

8月25日，新美国安全中心（CNAS）网站刊登了美国网络空间日光浴委员会（Cyberspace Solarium Commission）高级总监劳拉·贝特（Laura

Bate）、耶鲁大学政治学博士生娜塔莉·汤普森（Natalie Thompson）共同撰写的评论文章《构建美国网络外交的正确途径》。文章指出，网络空间政策的核心挑战和其他新兴技术引发的问题不同，美国务院应根据《网络外交法案》成立了国际网络空间政策局（Bureau of International Cyberspace Policy），将要解决的网络空间政策问题整合到同一个机构之中，从而保证相关优先事项处理与日常外交活动的一致性。首先，国际网络空间政策局应负责制定并实施一项相对成熟的网络外交政策，倡导网络空间治理的多方利益相关方模式。其次，美国务院应避免将国际网络空间政策局的工作重点不应该单纯放在狭隘的安全的事务，以及与中国的战略竞争。最后，由于提议设立一名新的副国务卿领导国际网络空间政策局很难在国会层面通过，可以设立一名无所任大使（ambassador-at-large）来确保实现相应的有效领导。此外，国际网络空间政策局还必须应对互联网自由、数字经济、网络犯罪等挑战。

https://www.cnas.org/publications/commentary/the-right-way-to-structure-cyber-diplomacy

3.《报业辛迪加》：人工智能革命及与中国的战略竞争

8月30日，《报业辛迪加》网站发布前谷歌CEO、美国国防部人工智能安全委员会主席埃里克·施密特（Eric Schmidt）撰写的文章《人工智能革命及与中国的战略竞争》。作者认为，人工智能（AI）革命影响深远，能够重组世界并改变人类历史进程。发展AI的机遇构成了民主国家的战略脆弱时刻，中国作为同等水平的技术竞争者，将动用强大的资源和组织能力重塑世界秩序。全球技术竞争最终将是价值观竞争，美国应同民主国家盟友一道，强化现有框架并积极创新，塑造未来的技术平台、标准和规则，确保这些方面体现其倡导的原则。扩大在技术、研发和治理及平台层面上的全球领导地位。美国国家人工智能安全委员会（NSCAI）在全球新兴技术峰会后的报告中为民主国家制定了参与竞争的路线图：首先利用好北约、经合组织、七国集团和欧盟等现有国际机构，同时在人工智能和新兴技术对话中引入美日印澳四国机制等新合作关系；建立发达民主国家联盟，在制定规范、打击非法审查等行为、数据使用协议、激励创新和知识产权保护、激活劳动力市场和推进国际数字民主倡议七个关键领域进行政策和行动协调。作者总结称，民主国家必须不惜一切代价，保持全球技术竞争中领先地位，负责任地使用AI来捍卫人权和自由社会，为全人类共同利益而开拓科学前沿。

https://www.project-syndicate.org/commentary/ai-revolution-competition-with-china-democracy-vs-authoritarianism-by-eric-schmidt-2021-08

九　气候变化

东亚论坛：欧洲的碳排放计划可能损害全球贸易体系

8月9日，东亚论坛网站发表澳大利亚国立大学（ANU）克劳福德公共政策学院编委会的文章《欧洲的碳排放计划有可能对全球贸易体系造成更大损害》。文章指出，欧盟委员会近日宣布了"Fit-for-55"计划，到2030年碳排放量将在1990年的基础上减少55%，并在2050年之前实现净零排放。这种碳减排目标的承诺将使全球生产和国际贸易的既定模式发生工业革命以来前所未有的剧变。欧盟计划的核心是碳关税，计划对以排放量高于欧盟生产商允许范围的产品征收更高的进口关税。该计划将首先针对四个主要的碳密集型行业：水泥、钢铁、铝和化肥。但是如何在不违反全球贸易体制核心贸易原则的情况下发挥其实际效用十分困难。WTO基本原则之一是非歧视，欧盟碳关税可能会对该原则施加更大的压力，甚至有可能使其彻底崩溃。这种非歧视原则的例外越多，未来就越有可能走向通往更具破坏性的保护主义的滑坡。作者认为，衡量应税进口产品的碳排放量以及确定外国政府已经对此类排放物征税的程度十分困难，这使得贸易冲突不可避免，报复性关税将接踵而至。鉴于对全球贸易体制的冲击，处理碳排放最有效、系统性破坏最小的方式是合理的环境政策而非贸易政策，包括减少化石燃料补贴和增加对绿色技术的公共投资。

https://www.eastasiaforum.org/2021/08/09/europes-carbon-emissions-plan-risks-more-damage-to-global-trade-regime/

撰稿：杨雨霏、许卓凡、陈晖博、郑乐锋、贾子群、邵志成、王秀珊、黄婷、杨雨霏、邵志成、李光启、李星原、郭一凡、王乾任、崔元睿、汤卓筠。

审核：贺刚、朱荣生、许馨匀、周武华、袁微雨、姚锦祥、王静姝、苏艳婷、马国春。

终核：石岩。

9月专报

一 国际格局

1.《经济学人》：中国崛起意味着美国衰落吗?

9月1日，《经济学人》杂志网站刊登哈佛大学历史学教授、《大国的兴衰》作者保罗·肯尼迪（Paul Kennedy）的特约评论文章《美国权力的未来》。"美国权力是否正在不可逆转地衰落？"这一问题长期困扰着外交政策制定者。阿富汗撤军标志着美国又一次从亚洲撤退，但中国实力的稳步增长是美国决策者面临的长期问题。作者认为，目前断言"美国治下的和平"（Pax Americana）时代正在终结、即将被亚洲世纪所取代为时尚早。文章从国际关系、军事实力和经济权力三方面的重大长期变化对20世纪80年代以来的国际形势进行评估：第一，世界范围内权力重新分配，国际力量格局从两极向多极化转变，当前国际体系中的强国无法强迫他国行事；第二，就军事实力而言，相比于20世纪80年代，美国军事力量缩水、老化严重，没有足够力量坚持其全球承诺，难以维持其军事优势且代价巨大，同时中国军事实力正在上升；第三，美中相对经济实力差距显著缩小，按购买力平价计算，中国经济规模几乎与美国相当，这值得注意。最后作者指出，由于中国巨大的人口规模和日益繁荣，世界事务正在发生巨大转变，美国的独特地位正在终结，未来美国面临最大的挑战是与其实力相当的中国。

https://www.economist.com/by-invitation/2021/09/01/paul-kennedy-on-whether-chinas-rise-means-americas-fall

2.《政客》：美国从阿富汗撤军不会削弱跨大西洋联盟关系

9月6日，《政客》刊登哈佛大学肯尼迪学院客座教授娜塔莉·托茨（Nathalie Tocci）的文章《欧洲对拜登的担忧实际上是对自己的担忧》。文章认为，美国从阿富汗撤军的混乱使欧洲领导人无法掩饰其对拜登外交政策的失望。自特朗普政府以来，欧洲担忧的核心是美国孤立主义卷土重来。尽管拜登上任后表达了美国重返全球的决心并有所行动，但美国何时"回来"仍悬而未决。轻易从阿富汗撤军使欧洲国家担心美国在巴尔干半岛、波罗的海可能有类似行动。这种担忧是错误的，拜登没有任何言论表明美国对欧洲的安全承诺有所削弱。其政府的外交政策原则是，作为一个大国，美国明白本国资源有限并在战略上选择将其输送到最重要的地区，如中、俄。因此，从阿富汗撤军并未破坏、反而强化了对欧安全承诺。在阿富汗战争失败后，拜登阐明了他的外交政策，宣称人权将是美国外交政策的中心。但要做到这一点，不是通过无休止的军事部署，而是通过外交、经济手段和动员世界其他国家支持。撤军使欧洲不安的原因在于这与西方自由价值观背道而驰，将阿富汗交给塔利班被视作从西方坚持的自由民主价值观上撤退。然而，拜登的外交政策表明，通过军事干预和国家建设促进民主的日子已一去不返。自由国际秩序的鼎盛时期已过，除格鲁吉亚、乌克兰等地，人道主义干预、制裁、贸易限制等措施已难以发挥建设民主的作用。对外推广西方价值观需要新的政策工具和方法，将原则和实用主义结合，这要求欧洲在政策设计与实践上承担更大的责任和风险。新方案需要欧洲信任拜登政府，并愿意为了大西洋两岸的共同利益与美国合作。

https://www.politico.eu/article/europe-joe-biden-anxiety/

3. 兰德公司：美国应抓住机遇加强北极安全合作

9月15日，兰德公司网站发布其研究助理杰伦·泽曼（Jalen Zeman）所撰文章《北欧战略的明确转变如何为美国提供加强北极安全的机遇》。文章指出，挪威、瑞典和芬兰三国历来与美国关系密切，但同时不会挑衅俄罗斯的军队，也不愿损坏与俄罗斯的经贸关系。然而，俄乌关系的恶化以及俄罗斯在北极军事化的迅速推进引发了这些北欧国家的担忧。近年来，挪威、瑞典和芬兰对俄罗斯的态度发生了不同程度的转变，均在其战略文件中将俄罗斯的军事活动视作对地区安全的威胁，并且一致支持美国领导的北极安全合作与伙伴关系。作者认为，挪威、瑞典和芬兰对俄罗斯的对抗姿态日益明显，这为美国在北极建立更牢固的防务安全关系创造了机会，可以进一步加强与关键盟友和伙伴的合作，帮助加强该地区的安全，更好地应对俄罗斯在欧洲最北端的挑战。作者建议，美国应该同时采取军事和非军事手段加强与北欧国家的安全关系。一方面，美国海岸警卫队可以与该地区民政部门接触，并参与救灾工作；另一方面，美国应加强与挪威、瑞典和芬兰的全政府合作，共同应对环境和气候变化等该地区所面临的挑战。

https://www.rand.org/blog/2021/09/no-need-to-read-between-the-lines.html

4.《纽约时报》：美国重心迅速转向亚洲令欧洲失衡

9月17日，《纽约时报》刊登其欧洲首席外交记者斯蒂文·厄兰格（Steven Erlange）题为《美国重心迅速转向亚洲令欧洲失衡》的文章。9月15日，美、英、澳三国宣布建立新的"印太安全联盟"，以提高美国维持印太和平稳定的"威慑力"。该联盟成立首日，美英宣布将帮助澳大利亚在太平洋部署核动力潜艇。这一计划撕毁了法澳两国间价值660亿美元的协议。利润如此丰厚的防务协议被取消，法国大为恼火。作者综合了美欧智库专家的意见，部分认为这一做法将更加坚定法国对美国"不再是可靠的安全伙伴"的认知，或许是实现其"战略自主"的机遇。但也有观点认为，法国能否成功将此转化为推进战略自主的有效途径令人怀疑，因为许多欧洲人会认为这是法国人推进自身利益的一种方式。目前欧盟其他国家并没有与美国拉开更大距离，实现战略自主的统一政治意愿。比如，波兰对新联盟的反应就较为积极，认为这是美英澳正视来自中国的竞争同时捍卫自由世界的标志。文章还援引卡内基欧洲中心主任罗莎·鲍尔弗（Rosa Balfour）的观点，认为欧洲应该巧妙利用这张牌，继续保持与中国的对话，不被认为加入了针对中国的安全协议，避免将世界局势推向只能在美中之间选边站的两极局势。

https://www.nytimes.com/2021/09/17/world/europe/biden-china-europe-submarine-deal.html?searchResultPosition=1

二　美国观察

1.《国会山报》发文反思美国20年反恐行动

9月2日，《国会山报》发布全球安全合作中心（Global Center on Cooperative Security）执行主任埃尔科·凯塞尔（Eelco Kessels）的文章《我们对20年反恐成果的思考》。文章指出，"9·11"事件使反恐迅速上升为国际安全议程首要事项，导致国际法律框架不断扩大，投资金额在不断增加，世界各地军事干预更加多样性，美国政府为之投入巨大。然而，20年间持续扩大的国际反恐行动却导致恐怖主义趋于多样化和分散化，使国际社会面临的安全威胁更加严重。具体来说，国际社会在恐怖主义的界定上缺乏统一标准，使一些国家得以借反恐之名侵犯公民权利、巩固专制统治。更具针对性的社区反恐政策助长了社会对穆斯林等移民群体的边缘化和耻辱化。在此情况下，不断增强的反恐行动不仅导致人权和民主规范的瓦解，还加剧了极端民族主义和仇外倾向，极端思想和恐怖组织因而获得了更有利的生存环境。如今，塔利班的卷土重来给予全球反恐议程一记重拳。鉴于此，作者针对未来全球反恐提出三点建议。第一，应将反恐置于和平、安全和发展的更广泛议程中，以根治恐怖主义；第二，促进以社区为基础的反恐行动，包容广泛的利益攸关方。使民间行动者成为处理暴力极端主义的主体，并为之提供物质和信息支持；第三，所有反恐行动都应以人的安全为中心，不能使国家安全凌驾于人的安全之上，应优先考虑司法和经济对策，而不是镇压行动。

https://thehill.com/opinion/national-security/570558-our-reckoning-with-the-consequences-of-two-decades-of?rl=1

2.《国家利益》刊文分析核威胁评估不充分的危险

9月6日，《国家利益》网站刊登米切尔航空航天研究所战略威慑研究主任彼得·休斯（Peter Huessy）的文章《核威胁评估不充分的危险》。文章认为，美国国防部的每项行动计划都建立在战略核威慑的假设上，在目前的地缘战略格局中，只要美国拥有安全可信的核报复能力，威慑就通常被认为是可行的。作者担忧的是，当同时面对具备核武器完全打击能力的中国和俄罗斯时，美国的核武器数量是否足够？美国可能寻求的应对措施是在限制核弹头水平之外，扩建更多的核设施平台和对战略核武器投掷载具（SNDV）的投资，但这需要几十年时间和数千亿美元的国防成本。美国距离其现代化平台成为威慑力量还有近十年的时间，现在更需要全面分析美国的计划核力量，以判断其是否能够对付中国和俄罗斯新扩大的核力量。

https://nationalinterest.org/feature/danger-inadequate-nuclear-threat-assessment-193080

3.《外交政策》刊文分析美国如何内政化恐怖主义化

9月11日，《外交政策》网站刊登俄亥俄州立大学默森国际安全研究中心博士后研究员约瑟夫·斯蒂布（Joseph Stieb）题为《美国是如何内政化恐怖主义化的》的文章。文章援引作家兼记者斯宾塞·阿克曼（Spencer Ackerman）新书《恐怖统治》的内容，书中指出，恐怖主义在美国已成为不同意识形态者和利益追求者的政治资源，美国的反恐战争导致其国内政治激进化，将美国推向排外主义、伊斯兰恐惧症和对文明冲突的偏执。"9·11"事件后反恐战争所附带的意识形态和政治包袱不仅使反恐在理论上变得没有合理框定界限，甚至还鼓励美国国内将穆斯林、移民、自由主义者和其他非主流种族群体视为敌人。作者认为，美国的反恐战争始于其在全球范围内消灭恐怖主义、广泛传播民主价值观的诉求。小布什总统时期，政治精英们希望将反恐刻画为与伊斯兰文明的斗争，而一部分政治精英将反恐作为推动其国内政治诉求的工具。随着特朗普的当选，美国的反全球化思想使得其国内反恐动力更进一步转移到了排外主义，他们希望对恐怖分子发动战争，而非推进任何形式的民主或人权议程，这也部分解释了美国在阿富汗反恐的失败原因。作者认为，拜登政府从阿富汗撤军暗示着美国外交政策正在弱化恐怖主义的重要性，但由于政治惯性，美国仍然在政治化恐怖主义以服务其国内政治精英的不同诉求，如典型的移民问题与种族问题。

https://foreignpolicy.com/2021/09/11/terror-september11-ackerman/

4. 皇研所：拜登的现实主义将推动美国盟友之间的竞争

9月23日，英国皇家国际事务研究所网站刊登了研究员莱斯莉·文加姆力（Leslie Vinjamuri）的评论文章《拜登的现实主义将推动美国盟友之间的竞争》。文章指出，拜登政府的外交优先事项对美国盟友及合作伙伴的影响显而易见，其中最重要的是拜登政府将与盟友合作捍卫美国利益。近日美、英、澳达成《AUKUS安全伙伴协议》是对美国盟友及合作伙伴的警醒，表明了推动美国外交政策的是务实主义和现实主义思想。文章认为，拜登希望灵活地将小多边主义和大多边主义结合起来实现其外交目标，这可能会在美国盟友及其合作伙伴之间造成持续的不安全感和竞争感。虽然拜登在联合国大会讲话中指出北约和欧盟仍位居美国合作伙伴的第一位，但拜登也将"四方机制"（Quad）和东盟列为亚洲地区重要合作伙伴。同时，拜登政府对其全球角色和长期承诺的重新定位，也导致了盟友及其合作伙伴关系的混乱。

https://www.chathamhouse.org/2021/09/bidens-realism-will-drive-competition-among-us-allies

5.《国家利益》：巴基斯坦的"美国问题"无处可去

9月26日，《国家利益》网站发布拉合尔大学安全、战略和政策研究中心助理研究员扎伊贾弗里（Syed Ali Zia Jaffery）的文章《巴基斯坦的"美国问题"无处可去》。文章认为，华盛顿一直无法解决其与伊斯兰堡断绝关系时给自己制造的一系列麻烦，这也成为美国逃离阿富汗的前兆。对美国来说，巴基斯坦阻碍了其对喀布尔的整个计划和策略。"9·11"事件后，巴基斯坦成为美国领导的全球反恐战争中的前线盟友，却在阿富汗的混乱局势影响下遭受人员和物资上的巨大损失，因而对美国不满意。当前，美国通过一系列防务协议支持印度，巴基斯坦与中国的战略合作伙伴关系也在蓬勃发展。由于华盛顿没有意愿重新调整与伊斯兰堡的关系，美国将在很多议题上留有牵制巴基斯坦的空间，巴基斯坦很难进一步深化与美国的关系。

https://nationalinterest.org/feature/pakistan%E2%80%99s-%E2%80%98america-problem%E2%80%99-not-going-anywhere-194358

6.《外交事务》：美国外交政策新范式

9月29日，《外交事务》网站刊登美国外交关系协会主席理查德·哈斯（Richard Haass）文章《美国优先的时代》。文章认为，从奥巴马到特朗普再到拜登，美国外交政策调整一直具备较强连续性，"后后冷战时代"（post-post-Cold War）的新型民族主义范式正在形成，但美国人不能既希望得到国际秩序的好处，又不去做建立和维护国际秩序的艰苦工作。作者指出，冷战后美国"挥霍"（squander）了自身优势地位，面对新的挑战和竞争对手，错失更新国际关系机制建设方面的良机，外交政策缺乏创造性，未能有效应对全球治理赤字，新范式是对这一失败的回应。拜登与前任政府在更新这一外交范式的连续性体现在：针对中国的大国竞争仍处于中心位置，并防止美俄关系恶化；继续拥护美国民族主义；从大中东地区收缩；价值观外交失利。但这种连续性也存在问题，两党共识严重不足，尤其是对全球其他地区问题会给美国带来关联性影响的认识不足，例如，遏制中国和应对全球挑战存在矛盾。作者建议，开弓没有回头箭，新的外交范式出发点应该始于国内又不止于国内。美国比以往任何时候都更多受到全球发展影响，美国不可能独自成功，必须选择通过各种途径与他国合作，制定国际规范和标准，动员集体行动。

https://www.foreignaffairs.com/articles/united-states/2021-09-29/biden-trump-age-america-first

三　欧洲观察

1. 半岛电视台：欧盟应为阿富汗人道主义灾难负责

9月4日，半岛电视台发表伦敦大学皇家霍洛韦学院历史学家安德烈亚·马莫内（Andrea Mammone）的文章《欧洲正在将阿富汗难民政治化而非帮助他们》。文章认为，一些欧洲右翼政客已经开始利用阿富汗难民问题谋求政治利益，声称塔利班和其他极端组织正假借难民的名义"混入"西方国家。这些右翼人士深受反伊斯兰和民粹主义影响，正采取更公开的敌视和反移民言论。文章强调，许多欧盟成员国自2001年以来深度卷入阿富汗事务，理应为阿富汗的人道主义灾难负责，而非将其甩锅给美国一方。欧洲目前的右翼言论，从长期来看并不会确保其安全和繁荣，反而会助长其内部的民族主义和仇恨情绪，并将欧洲孤立于世界。文章呼吁欧洲借此机会，认真反思并执行负责任的移民政策，落实其自由和尊重人权的基本价值观。

https://www.aljazeera.com/opinions/2021/9/4/europe-is-policiticising-afghan-refugees-instead-of-helping-them

2.《报业辛迪加》：阿富汗战争后欧盟如何实现战略自主

9月14日，《报业辛迪加》发表西班牙外交部前部长、世界银行前高级副总裁兼总法律顾问安娜·帕拉西奥（Ana Palacio）的文章《阿富汗战争后的欧盟自主战略》。文章指出，由于美国领导人的政治失算，美国单方面从阿富汗撤军在阿导致严重的人道主义后果，并引发欧洲对未来北约和跨大西洋联盟关系的担忧，再次在欧洲内部激起了通过改革实现战略自主的愿望。拜登执政以来，美国更加关注国内事务和从阿富汗单方面撤军为欧盟提供实现战略自主的契机。但欧盟在阿富汗问题上态度不坚定，在战略自主方面无法克服软弱的政治意愿和防务资金投入短缺的障碍，导致自身防务能力建设不足。作者指出，这实际上反映出欧洲各国价值偏好的差异和领导人及选民政治计算的结果。对欧盟而言，真正实现战略自主更是一个长期愿景而非短期目标，欧盟需要对此投入更多政治意志；美欧存在许多共同战略利益，欧盟可通过增强美欧防务合作，实现更大程度的战略自主。

https://www.project-syndicate.org/commentary/eu-strategic-autonomy-after-afghanistan-future-of-nato-by-ana-palacio-2021-09?a_la=english&a_d=61405cccbe71308378b79db4&a_m=&a_a=click&a_s=&a_p=%2Fcommentary%2Fbuilding-sustainable-democracies-hungary-and-beyond-by-gergely-karacsony-2021-09&a_li=eu-strategic-autonomy-after-afghanistan-future-of-nato-by-ana-palacio-2021-09&a_pa=featured&a_ps=&a_ms=&a_r=

3. 法国国际关系与战略研究院：法澳终止潜艇合同的影响

9月16日，法国国际关系与战略研究院发表副主任让-皮埃尔·穆尼（Jean-Pierre Maulny）的文章《澳大利亚潜艇合同终止对法国工业有何影响？》。穆尼认为，合同破裂对法国人来说难以接受，这意味着法澳之间未来的合作不再可能。美国抛开欧洲盟友单独行动证明了在拜登执政期将延续单边主义的外交战略，美欧之间的关系转好趋势不显。回到欧洲，英法在国防和安全领域的协议也因为英国"脱欧"和英国与美合作伙伴关系而受到威胁。对于美国将要交付澳大利亚的潜艇，皮埃尔·穆尼指出这将是未搭载任何武器装备的没有完整装配计划的空壳，这份合作计划更像是美澳之间的政治协议而非军事合作。穆尼还指出，短期内合同破裂不会像外界预期一样给法国海军财政造成重大影响。

https://www.iris-france.org/160439-rupture-du-contrat-sur-les-sous-marins-australiens-quelles-consequences-pour-lindustrie-francaise/

4.《外交政策》：德国长期以来被压制的意识形态分歧将卷土重来

9月17日，《外交政策》杂志网站刊登哥伦比亚大学历史系教授及欧洲研究所主任亚当·图兹的文章《后默克尔时代：德国回归意识形态分歧》。文章指出，默克尔时代之后，德国政坛将出现一个全新的政党格局。默克尔在联邦议院最后一次的演讲表明，基民盟长期执政所保持的左右平衡已经不复存在。根据现有民调，在9月26日即将举行的德国联邦大选中，基民盟很可能遭受历史性失败，基民盟总理候选人拉舍特也可能缺乏作为总理的合法性。德国可能出现一个以社会民主党、自由民主党和绿党并立的全新联合政府。需要注意的是，三党联盟内部仍然存在巨大政策分歧，其中自由民主党在私营企业和欧洲事务的不同态度会成为三党联盟的潜在阻碍。同时，无论是自由民主党主席克里斯蒂安·林德纳（Christian Lindner）还是绿党领导人罗伯特·哈贝克（Robert Habeck）担任财政部部长都将影响欧元危机的后续走向。作者总结，两种德国政治未来走向，继续默克尔时代的政党妥协或者新出现的左右分歧，都将影响欧洲的未来。

https://foreignpolicy.com/2021/09/17/merkel-germany-election-scholz-laschet-fdp-linke-ideologies/

5.IISS刊文分析AUKUS对欧洲印太战略的影响

9月27日，国际战略研究所网站刊登其欧洲办事处执行董事本·施瑞尔

（Ben Schreer）和亚洲办事处前执行董事蒂姆·赫胥黎（Tim Huxley）的文章《AUKUS对欧洲的印太战略意味着什么？》。文章指出，澳大利亚取消与法国的"世纪交易"，对欧洲国家和欧盟未来在印太安全和防御方面的参与产生以下影响。第一，鼓励欧洲国家在印太地区加强硬实力建设。近年来，欧洲各国均加强了在印太地区的战略和防务参与，但在是否对地区日益紧张的环境做出硬实力回应方面一直没有实际动作，AUKUS必将推动现实朝这一方向发展。第二，欧洲采用等距离外交参与印太防务的策略将越来越多地面临现实检验。AUKUS广泛的技术合作领域将吸引欧洲大国积极参与合作，并与美国战略进行良好协调。但是其如何调和避免在美中之间选边站和印太地区日渐恶化的安全环境现实之间的矛盾仍有待观察。

https://www.iiss.org/blogs/analysis/2021/09/aukus-and-european-strategies

6.《华盛顿邮报》：欧洲应构建自主战略防御体系

9月28日，美国《华盛顿邮报》发表记者西尔维·科比特（Sylvie Corbet）的文章《马克龙：欧洲应加强自我防卫》。文章指出，9月15日美、英、澳突然宣布组建新的"印太安全联盟"（AUKUS），其中包括帮助澳大利亚获得核动力攻击潜艇。法国则痛失与澳大利亚的柴电动力潜艇合同。作为回应，法国宣布召回其驻美、驻澳大使。法国总统马克龙也在周二的讲话中明确表示，欧洲必须加强自我防卫，以获尊重。此外，马克龙还提到，无论是从历史的角度还是在价值观上，美国都是欧洲的重要盟友。但在过去的十多年里，美国却始终将自身利益放在第一位并将战略目光转向中国和太平洋地区。这让欧洲不得不开始着手构建自主战略防御体系。

https://www.washingtonpost.com/world/macron-wants-europeans-to-boost-defense-be-respected/2021/09/28/e0975306-2043-11ec-a8d9-0827a2a4b915_story.html

7. 卡内基国际和平研究院：默克尔的对华政策遗产

9月30日，卡内基国际和平研究院发布了由其欧洲项目主任埃里克·布拉特博格（Erik Brattgerg）撰写的文章《默克尔的对华政策遗产》。文章回顾，2008年国际金融危机后，默克尔选择通过与中国的双边接触来加强经济合作，并在2014年将德中关系定位为全面战略伙伴关系。近年来，美中竞争不断加剧，面对这种地缘政治变化，默克尔对华态度出现了五个关键转变：第一，比起"大棒"，她更倾向于"胡萝卜"，不愿意公开与中国政府对立；第二，她领导了欧洲的"对华接触阵营"，反对接触等于迁就的观点，并坚持多边主义观点；第三，她支持采取措施来保护德国和欧洲产业，以减少对中国的经济依赖性和脆弱性；第四，她主张欧盟在中国问题上团结一致；第五，她认为欧洲应当与美中竞争保持一定距离，寻求在两个相互竞争的大国之间发挥调节作用。文章认为，默克尔的对华态度已然过时，目前许多欧洲国家领导人都在对华政策上选择了更严格的方法。但是，默克尔毕竟是一个独特而强大的前领导人物，因此，尽管德国或将采取更强硬的对华政策，其仍将继续关注双方经济往来，并将抵制美国任何过度对抗中国的姿态。

https://carnegieendowment.org/2021/09/30/merkel-s-mixed-legacy-on-china-pub-85471

四 亚太观察

1. 布鲁金斯学会：菅义伟卸任对日本政局的影响

9月3日，布鲁金斯学会发布该学会日本问题专家米瑞娅·索利斯（Mireya Solís）撰写的评论文章《菅义伟卸任：疫情时代的日本政治》。文章指出，菅义伟不属于任何执政党派别，他的首相生涯与日本民众的信任度息息相关，菅义伟的卸任表明本届政府应对疫情不力，公众对政府的信任度下降。作者认为，菅义伟的卸任使自民党内部政治力量冲突加剧，导致日本政治不确定性上升。日本当前面临三个主要问题：第一，新的自民党领导人能否恢复民众对政府的信任；第二，菅义伟的数字经济和绿色能源转型等政策能否延续；第三，日本新政府能否凭借稳定的领导力和积极主动的外交政策带领日本走出疫情阴霾。总之，菅义伟卸任后的日本政坛变幻莫测，政局的发展变化将给日本和世界造成巨大影响。

https://www.brookings.edu/blog/order-from-chaos/2021/09/03/suga-steps-down-japanese-politics-in-the-pandemic-era/

2.《外交学人》：澳大利亚核潜艇的战略意义

9月17日，《外交学人》网站刊登专栏作家、LSE IDEAS智库助理主任雅各布·帕拉基拉斯（Jacob Parakilas）文章《澳大利亚核潜艇的战略意义》。文章指出，澳大利亚选择在美、英帮助下获取核潜艇具有技术上和战略上的重要意义。技术方面，尽管传统动力潜艇相较核潜艇具有成本低、易制造、体积小、具隐蔽性的特点，更适用于浅水和复杂海底环境，但核潜艇理论上可以无限续航，且能够装载更多武器、同时执行多种类型的任务。但也需认识到核潜艇制造和退役处理成本高、周期长，而且存在切实的核风险的问题。战略方面，由于美国海军实力增速已不及中国，澳大利亚尚没有远航程高耐力潜艇舰队，英国缺乏永久军事存在，因此，这样的合作方式对于维持印太和平是有意义的，但三国还需要有效管理法国失去军售订单和被排除在新协议之外的不满情绪。

https://thediplomat.com/2021/09/the-strategic-symbolism-of-australias-nuclear-subs/

3. CFR：中国申请加入CPTPP使美国压力倍增

9月20日，美国外交关系协会（CFR）发表研究员詹姆斯·麦克布赖德（James McBride）、安德鲁·莎茨基（Andrew Chatzky）和安舒·西里普拉普（Anshu Siripurapu）合撰的文章《跨太平洋伙伴关系的下一步是什么？》。文章指出，《跨太平洋伙伴关系协定》（后简称：《协定》）是美国重返亚洲战略的核心，美国国内对于该协定的态度分为两派：支持者认为《协定》将扩大美国在海外的贸易投资、刺激经济增长、降低消费价格、创造新的就业机会，提升美国在亚太地区的战略利益；批评者认为，《协定》可能会加速美国制造业退化、工人工资下降，加剧国内不平等现象。目前，美国总统拜登需要努力解决民主党党内分歧并积极与相关国家进行谈判，以期在与中国的竞争中占得先机。尽管美国最终退出该《协定》，其余《协定》国家仍继续推进并达成新版本协定，即《全面与进步跨太平洋伙伴关系协定》（CPTPP）。中国申请加入CPTPP的决定使得美国压力倍增。

https://www.cfr.org/backgrounder/what-trans-pacific-partnership-tpp

4.《东亚论坛》刊文分析AUKUS对美国的价值及其局限性

9月29日，《东亚论坛》网站发表美国国家亚洲研究局客座研究员、斯坦福大学亚太研究中心南亚研究学者、澳大利亚国防部前公职人员阿赞·塔拉波尔（Arzan Tarapore）的文章《AUKUS不仅仅事关潜艇》。文章指出，致力于"自由开放的印太地区"战略竞争的共同努力、"五眼联盟"的合作经验和相互信任促成了AUKUS技术合作伙伴关系。目前最引人瞩目的部分在于帮助澳方建造核动力潜艇舰队，但这一联盟的意义远超海军力量建设，旨在寻求汇集资源，整合国防科工供应链，在几十年的时间内，在人工智能、量子计算和网络技术方面赢得对华竞争。作者认为，一方面，AUKUS与Quad等渐进的、试图建构新地区秩序的联盟有质的区别，是盟友中更加亲密盟友的再浓缩。在处理个别地区问题时，这种激进、排他的机制安排确有必要。但另一方面，AUKUS也不能取代其他联盟组合和双边关系。印太地区需要一个新的安全架构和广泛的重叠伙伴关系，这将都是美国对华竞争的关键资产。

https://www.eastasiaforum.org/2021/09/29/aukus-is-deeper-than-just-submarines/

五 中东观察

1.《外交学人》：加入上海合作组织无法实现伊朗的外交目标

9月7日，《外交学人》在其网站发表德黑兰大学博士研究生法丁·埃夫特哈里（Fardin Eftekhari）的文章《为什么伊朗如此热衷于加入上海合作组织？》。文章指出，伊朗最高领袖阿亚图拉·阿里·哈梅内伊（Ayatollah Ali Khamenei）提出了伊朗下一阶段外交政策的核心轮廓和新总统易卜拉欣·莱希（Ebrahim Raisi）应该追求的方向：不再将《联合全面行动计划》（Joint Comprehensive Plan of Action）置于外交政策的核心位置，转而加强与中国、印度和俄罗斯等非西方国家的联系，以促进伊朗的经济发展。因此，伊朗积极寻求加入上海合作组织，且据伊朗和俄罗斯方面消息，伊朗该心愿有望在近期达成，这可以看作是伊朗向东方倾斜的第三次决定性行动。但是，作者认为，加入上海合作组织并不能实现伊朗的外交目标。上海合作组织并非区域性经济组织，其主要目的在于打击恐怖主义、极端主义和分裂主义。因此，一方面，成为上海合作组织的正式成员国将使伊朗负担更多的反恐责任，且可能要求伊朗在一些与其不相干的议题上表态；另一方面，加入上海合作组织并不能使伊朗获得其追求的利益，上海合作组织无法提升伊朗应对中东安全问题的能力，相反，被贴上了上海合作组织成员国的标签还可能加剧伊朗与美国在中东地区的阿拉伯盟友之间的对立状态。因此，仅仅成为地区组织的一员并不能帮助伊朗突破制裁壁垒，也不能丰富伊朗的外交关系。

https://thediplomat.com/2021/09/why-is-iran-so-keen-on-joining-the-sco/

2.CSIS：法国在伊拉克利益背后的秘密

9月23日，美国战略与国际问题研究中心（CSIS）发布了由伊拉克IIACSS研究小组的首席执行官和创始人蒙奇斯·达格尔（Munqith Dagher）撰写的文章《法国在伊拉克利益背后的秘密：地缘战略分析》，文章分析了法国在伊拉克地区的战略考虑与深层原因。文章首先指出，2020—2021年，法国总统马克龙两次访问伊拉克，特别是2021年8月27日马克龙对伊拉克的访问传达了包括地缘战略、安全、经济和文化四方面的关键信号。近年来，随着中国成功参与非洲经济，法国和大多数西方国家都对此感到担忧并开始采取相关应对措施。由于伊拉克具有独特的地理位置、石油资源等战略价值，在向萨赫勒五国集团提供反恐训练和领导后，法国希望在西方其他国家的支持下在伊拉克发挥类似作用。伊拉克也为法国提供了有关能源、基础设施建设、军事装备等经济机会。从伊拉克的角度，法国首先能够协助区域国家打击恐怖主义和极端主义，其次始终在区域国家之间保持中立，并且拒绝美国退出伊核协定，因此是该地区最有资格的西方代表。

https://www.csis.org/analysis/secret-behind-french-interest-iraq-geostrategic-analysis

六　非洲观察

1.CFR：美国因西非政变削弱对其援助不利于美国利益

9月8日，美国外交关系协会（Council on Foreign Relations，CFR）刊登了美国驻尼日利亚前大使、外交关系协会非洲政策高级研究员约翰·坎贝尔（John Campbell）的文章《政变正重返西非》。文章首先指出，后殖民时期的西非地区一直被军事政变困扰，但地区强国尼日利亚在1999年改革后对政变的反对，以及西非国家经济共同体（ECOWAS）对政变的强烈谴责和制裁似乎标志着政变时代的结束。然而在最近五个月的时间里，西非再度发生了三起暴力军事政变。几内亚、马里和乍得的军事领袖都从军队中崛起并宣布自己为新任领导人。文章进一步分析，缺乏合法性是导致西非国家再度爆发政变的主要原因。西非国家的精英统治阶层和普通民众之间的高度割裂性使得政变本质上是统治集团内部的变化，并没有深入民众发展成社会革命。美国对西非三国的政变持谴责态度，认为其破坏了民主选举政府，并暂停了对其的经济援助。文章认为，美国停止援助这一行为可能会削弱美国在当地的军事影响力，从而不利于美国利益。

https://www.cfr.org/blog/coups-are-back-west-africa

2. 法国国际关系研究所：阿联酋作为区域新的非洲事务参与者的雄心受阻

9月13日，法国国际关系研究所（Institut Français des Relations Internationales）发表研究员让-卢·萨曼（Jean-Loup Samaan）撰写的政策简报《阿联酋在非洲：新区域参与者雄心的受阻》。文章分析了阿联酋自2011年作为新的非洲事务参与者所遇到的安全与外交问题和其在地区内的发展前景。作者认为，自"阿拉伯之春"以来，阿布扎比在非洲毫不掩饰地使用其经济力量和军事力量，本质上是阿布扎比与海湾地区对手在域外的零和游戏。军事上，阿联酋与许多非洲国家的军事机构建立了密切联系，通过复制"埃及模式"来打击在非洲的伊斯兰敌对势力。然而，无节制的力量输出导致萨赫勒地区安全局势恶化，也使阿联酋成为一个不受欢迎的调解者。作者分析，若地区内国家间争端能得到缓和，且阿联酋领导人能从区域内视角出发改变其战略诉求，则未来有望看到阿布扎比改变其对非政策，成为促进地区稳定和区域内对话框架的维护者。而成为联合国安理会未来的非常任理事国则可能是转变的开端。

https://www.ifri.org/fr/publications/notes-de-lifri/emirats-arabes-unis-afrique-ambitions-parfois-contrariees-dun-nouvel

七 俄罗斯观察

1. 瓦尔代国际俱乐部：俄美关系进入稳定期

9月9日，瓦尔代国际俱乐部刊登了项目主任安德烈·苏申措夫（Andrey

Sushentsov)撰写的文章《不再波动：俄美关系进入稳定期》。文章回顾了2014年以来的俄美互动：特朗普上任以来，俄美关系时常剧烈波动；拜登政府任内，2021上半年虽经历两起两落，但双方有缓和态势，6月的日内瓦首脑峰会是十年未有的突破：双方在峰会上制定了有关战略稳定和网络安全规则的协商议程，将在未来半年至一年里达成一系列协定。作者认为峰会标志着俄美关系趋于稳定。其表现在：第一，拜登政府减少国内"通俄"指控，获得更多与俄接触的空间；第二，双方都认识到策略性妥协难以发展为战略性突破，更冷静理性地看待分歧；第三，东欧地区冲突未持续升级的现实表明，美方有意管理持续紧张的双边关系。因此，文章乐观地预测俄美关系将在未来一年保持稳定，且可能有进一步对话，甚至有所突破。

https://valdaiclub.com/a/highlights/not-wavering-anymore-relations-between-russia-and-/

2.《外交学人》：俄罗斯公众的积极态度将使中俄合作关系更加持久

9月16日，《外交学人》发表了芝加哥全球事务委员会公共舆论和外交政策助理主任克雷格·卡富拉（Craig Kafura）的文章《俄罗斯如何看待与中国的关系？》。文章认为，美国政策制定者希望分裂中俄两国，但俄罗斯看到了更紧密的中俄关系的好处。在近期的战略规划中，中俄被视作美国实力与威望的共同威胁，这体现在美国总统拜登近期的欧洲之行中，包括英国七国集团峰会、布鲁塞尔北约峰会，日内瓦美俄元首会晤。中国和俄罗斯之间日益增长的经济联系、共同的利益关系、共同的愿景以及领导人之间的个人友好关系等构建起一种看似合理的合作关系。美国专家经常质疑中俄的友好关系。有观点认为，俄罗斯在中亚的影响力正在下降，中国在俄罗斯的经济影响力正在上升，在俄罗斯远东地区可能会发生潜在的领土争端，因此，俄罗斯更应该担心中国。但是，中俄关系的发展不仅得到了两国元首的支持，还得到了俄公众更深厚的支持。大多数俄罗斯人对中国抱有好感，认同中国是一个正在崛起的有能力的国家；最重要的是，大多数俄罗斯人认为中俄关系提高了俄罗斯的世界地位。基于此，美国通过推进与俄友好关系孤立中国的战略更受质疑。一旦中俄伙伴关系在公众中仍然受到欢迎，中俄领导人更迭将不会对两国紧密关系产生明显影响，两国合作将更加持久。

https://thediplomat.com/2021/09/what-do-russians-think-about-the-relationship-with-china/

3.《外交学人》：普京建议美国使用俄罗斯在中亚的基地

9月28日，《外交学人》网站刊登杂志主编及军事作家协会成员凯瑟琳·普茨（Catherine Putz）撰写的文章《普京建议美国使用俄罗斯在中亚的基地》。文章指出，虽然俄罗斯警告中亚国家不要驻扎美军，但普京在6月和美国总统拜登于日内瓦会晤时，却表达了在该地区的俄罗斯基地驻扎美军以监视阿富汗的可能性。文章称，尽管这一提议的严肃性有待商榷，但这表明俄罗斯仍将自己视作美国进入中亚地区的必经之路。文章还强调，不能将俄罗斯排除在中亚复杂局势之外，但也应该注意不要将中亚国家本身排除在外。例如，塔吉克斯坦在阿富汗的塔利班问题上采取了与其邻国不同的路线，这在理论上可能使其成为美国的合作伙伴。乌兹别克斯坦在技术上可能比塔吉克斯坦更有能力成为美国合作伙伴，但在外交上接受塔利班和继续努力与美国就地区倡议进行接触之间，乌兹别克斯坦的道路更为狭窄。

https://thediplomat.com/2021/09/report-putin-suggested-us-use-russian-bases-in-central-asia/

八　公共卫生

《华盛顿邮报》发文评析全球疫苗不平等问题

9月16日，《华盛顿邮报》编辑委员会发布文章《联合国抗击新冠肺炎疫情峰会是解决全球疫苗不平等的黄金机会》。文章称，全球抗击新冠肺炎疫情峰会下周将在联合国大会期间召开,这为美国和拜登总统提供了一个解决全球疫苗不平等问题的黄金机会。拜登应推动峰会达成务实成果,增加对经济欠发达国家的疫苗供应,从而实现在一年内为全球70%的人口接种新冠疫苗的目标。世界卫生组织称,全球已接种55亿剂新冠疫苗,但其中80%都在高收入国家和中等偏上收入国家,且此前高收入国家曾承诺捐赠超过10亿剂疫苗也只兑现了其中不到15%的剂量。文章认为,美国和欧洲在为本国人接种新冠疫苗加强针的同时,还应帮助其他经济欠发达的国家。从长远看,美欧在全球建立新的疫苗生产基地是最佳解决方案,而当前则需尽快向中低收入国家交付承诺提供的疫苗。全球抗击新冠肺炎疫情峰会为拜登提供了向世界表明美国将实现成为"世界疫苗库"这一目标的机会。

https://www.washingtonpost.com/opinions/2021/09/16/un-summit-fighting-pandemic-is-golden-opportunity-address-global-vaccine-inequity/

九 气候变化

1.《国会山报》：气候危机很容易变为全球混乱

9月1日,《国会山报》在其网站发表气象专家杰夫·马斯特（Jeff Masters）的文章《气候危机很容易变为全球混乱》。文章指出,如果各国再不采取措施,不久的将来可能会发生前所未有的气候灾难：1月,强烈的厄尔尼诺现象可能出现在太平洋赤道海域,给世界第三大小麦出口国澳大利亚带来极端干旱；4月,强降雨可能袭击世界第二大小麦出口国加拿大以及美国中部,造成加拿大小麦减产、美国春季作物播种推迟；到了夏季,急流可能因为人为因素而受阻,给美国中部带来强降水天气,同时又在美国西部和加拿大加剧干旱；同样在夏季,受厄尔尼诺现象的影响,印度和东南亚可能由于季风降雨不足而遭遇大旱,印度作为世界领先大米出口国也将遭遇大米减产；秋季,随着大西洋飓风季节的到来,农民秋收遭受阻碍,美国的港口也将受到破坏；极端天气的冲击将导致食品价格飙升，欠发达地区可能爆发食品暴乱、饥荒、内战、边境冲突，更剧烈的股市下跌踵而至，全球经济陷入深度衰退。作者指出，其假想的这个年份说明了气候变化的最大威胁之一在于极端干旱和洪水同时袭击多个世界主要粮食生产"粮仓"。随着人类燃烧化石燃料并向空气中排放更多的温室气体，灾难性的极端天气事件将呈指数级增长。作者认为，解决气候危机的关键在于推动清洁能源革命，这需要美国和中国领导下的协调一致的国际努力。此外，人们帮助解决气候危机的最佳方式是选择重视气候行动的领导人。

https://thehill.com/opinion/energy-environment/570284-how-easily-the-climate-crisis-can-become-global-chaos

2.《国会山报》：美中在气候变化问题上的分歧

9月7日，《国会山报》网站刊登了观点栏目撰稿人约瑟夫·博斯科（Josepf Bosco）的评论文章。文章回顾了2021年以来美中之间的几次高层往来以及美中双方对气候变化问题的基本态度，指出虽然气候变化问题一直是拜登政府提倡的美中合作的重要领域，但是双方在气候变化问题上的基本态度存在分歧：美国强调美中关系是竞争甚至对抗的关系，气候变化问题不应屈从于双边关系中的其他关键问题，中国则强调要在相互平等、互相尊重的前提下发展双边关系、开展气候变化问题的合作。作者指出，美国将采取更多行动督促中国应对气候变化问题，并且美国想要在与中国的竞争中取胜，就要持续利用经济、信息技术等其他手段联合志同道合的国家形成全球联盟对抗中国。

https://thehill.com/opinion/international/571004-could-climate-change-finally-expose-china-as-a-global-outlaw?amp

3.《国会山报》：拜登加紧应对气候变化行动

9月21日，《国会山报》刊登美国治理与可持续发展研究所（IGSD）所长德伍德·扎尔克（Durwood Zaelke）的文章《一个新的联合国气候架构正在出现，将关注速度的需求》。第 76 届联合国大会一般性辩论拉开帷幕，会上美国拜登总统宣布将把美国的气候捐款增至 4 倍以上，在 2024 年达到每年 114 亿美元，以实现发达国家向发展中国家承诺的每年提供 1000 亿美元的气候资金支持。上周，拜登举办了第二届经济大国论坛（Major Economies Forum），公布美国和欧盟正在寻求达成《全球甲烷减排承诺》（*Global Methane Pledge*），旨在 2030 年底将甲烷排放量减少约三分之一，目前已有多国宣布有意加入该承诺。种种迹象表明拜登与其气候问题特使约翰·克里（John Kerry）正在改变气候政治：一方面，关注 2030 年而不是更遥远的 2050 年，宣布未来十年必须扭转气候变暖曲线，并置气候紧急问题为国家的最优先事项；另一方面，从战略上提高减少短期气候污染物的重要性，特别是甲烷，它可以在未来 20 年提供最大和最快的减缓全球变暖的方法，并将气温升高控制在 1.5 摄氏度以内。作者建议，美国需要极速发展应对气候变化的能力，并团结所有国家一起对快速采取气候行动做出立即而坚决的承诺。

https://thehill.com/opinion/energy-environment/573283-a-new-un-climate-architecture-is-emerging-focused-on-need-for

撰稿：苏艳婷、聂未希、包坤极、彭智涵、杨雨霏、王秀珊、李光启、王乾任、王叶湑、范诗雨、倪远诗、陈晖博、许卓凡、张元世男、黄婷、郭一凡、任怡静、姚锦祥、邵志成、郑乐锋、杨滨伊、吴子浩。

审核：马国春、包坤极、朱荣生、许馨匀、贺刚、袁微雨、姚锦祥、苏艳婷、周武华、王静姝。

终核：孙成昊。

10月专报

一 国际格局

1.PIIE：不平等的国际经济复苏将挑战新兴市场和发展中经济体

10月7日，彼得森国际经济研究所（PIIE）网站发表非常驻高级研究员莫里斯·奥伯斯法尔德（Maurice Obstfeld）撰写的政策简报《不平等的国际经济复苏将挑战新兴市场和发展中经济体》。文章以全球金融周期理论分析认为，在美欧采取财政紧缩的趋势下，新兴市场和发展中经济体新冠肺炎疫情后恢复将面临更大债务负担，受发达经济体利率变动冲击风险增大。据此文章提出政策建议：第一，美联储和欧洲央行应更加温和地结束当前的刺激政策；第二，增加新兴市场和发展中经济体可获取的流动性；第三，做好重组新兴市场和发展中经济体主权债务的准备，应对偿付能力危机；第四，发达国家应为发展中国家提供疫苗供应和接种设施援助，提高全球疫苗覆盖率，保证全球经济可持续性复苏。

https://www.piie.com/publications/policy-briefs/uneven-global-rebound-will-challenge-emerging-market-and-developing

2.《报业辛迪加》：全球供应链面临危机

10月15日，《报业辛迪加》网站发表剑桥大学贝内特公共政策研究所（Bennett Institute for Public Policy）教授、英国经济学家黛安·科伊尔（Diane Coyle）题为《全球供应链大屠杀》的文章。作者指出，当下的全球供应链危机与2008年国际金融危机相似。每次危机前，人们普遍认为分散的全球市场可为供应链提供足够弹性以抵御风险。因此，近年来，各国在各领域推进市场在全球分散布局，如欧盟在能源领域逐步从国家自给自足转向对全球市场的依赖，但大多数决策者没有预料到全球供应链会遇到"瓶颈"（bottleneck）与"守门人"（gatekeeper）问题。疫情中货运人员、集装箱的短缺问题进一步影响了供应链的互联互通。作者认为，短期内政府不应再试图依赖全球自由市场，而需大力介入，缓解已存在的短缺问题。同时，各国政府必须实现供应链数据透明与流动。尽管全球化进程已过30年，但世界尚未建立能够反映产品流动公开信息的供应链数据库，各国需要借助传统的工程供应链知识搭建数据库，确保信息的准确、公开与流动。眼前的供应问题缓解后，企业家与决策者们须正视供应链风险并重新定义生产力，借助经济学模型改良部分生产环节，以增加供应链抵御风险的能力。

https://www.project-syndicate.org/commentary/current-supply-shocks-and-2008-global-financial-crisis-by-diane-coyle-2021-10

3.《报业辛迪加》：全球合作的新愿景

10月22日，《报业辛迪加》网站刊登第73届联合国大会主席玛丽亚·费尔南达·埃斯皮诺萨（María Fernanda Espinosa）和斯洛文尼亚前总统达尼洛·图尔克（Danilo Türk）的文章《全球合作的新愿景》，分析联合国秘书长古特雷斯9月发布的《我们的共同议程》报告。文章指出，报告勾勒了多边合作的新愿景，旨在为新冠疫苗分配和气候变化等全球挑战提供全球性解决方案。其中，古特雷斯着重提议加快执行《巴黎气候协定》与《2030年可持续发展议程》等现有国际协定，并呼吁重新利用联合国托管理事会，以监督海洋、大气层和外层空间治理、改善公共产品的供应以及应对全球威胁。古特雷斯赞同在2025年召开"全球社会首脑会议",从而为全面落实可持续发展目标提供动力,并确保后疫情时代经济绿色发展。文章认为,实现更具包容性、更为网络化和更有效的多边主义需要精心策划,目标在于重建和增强公民对公共机构的信心。古特雷斯提议在2023年9月召开"未来首脑会议"。这将是提升全球治理架构的良好开端。为此,应进行会前协商,帮助完善关于和平纲领、全球数字契约以及建立新的全球平台应对复杂危机等提议。

https://www.project-syndicate.org/commentary/new-vision-global-cooperation-by-maria-fernanda-espinosa-and-danilo-turk-2021-10

4. 美国对外关系委员会：G20应承诺解决当前全球危机

10月25日,美国对外关系委员会刊登该委员会全球治理高级研究员斯图尔特·帕特里克(Stewart Patrick)的文章《G20就是为这样的时刻而生》。文章认为,当下世界正面临前所未有的危机,即将在罗马召开的G20峰会则为全球提供了应对这些挑战的机会。与会的政府首脑须达成合作共识并做出可信承诺,加大疫苗可及性、加速脱碳进程、减轻发展中国家的债务负担,否则可持续性的经济增长将难以达到。在抗疫方面,G20应采取多边领导人工作组(Multilateral Leaders Task Force)的建议,筹借所需资金、扫清疫苗及医疗的贸易壁垒,并支持中低收入国家疫苗生产。在气候变化领域,G20必须同意加大减少碳排放的力度。世界正在偏离《巴黎协定》中设定的目标,占据全球温室气体排放总量五分之四的G20国家必须同意加快减碳速度,并且需要设定一个明确的时间表,尽快实现早已承诺的每年1000亿美元的气候融资。在经济复苏领域,G20领导人必须支持债务重组与减免,以及让需要的国家可以大量获取包括国际金融机构的优惠贷款等在内的新信贷。文章最后指出,现今世界的重重危机将经济、环境、健康问题紧密关联在一起,所以将三者分开处理的方式已无法解决问题。G20对当前危机的回应须重视这一变化。

https://www.cfr.org/blog/g20-was-made-moments

二　美国观察

1.《华尔街日报》：拜登最大的挑战不在华盛顿

10月4日,《华尔街日报》刊登专栏作家沃尔特·米德（Walter Mead）的文章《拜登最大的挑战不在华盛顿》。文章认为，拜登的总统职位安稳与否，不仅在于破解"两万亿美元"支出法案的僵局，更需要赢得即将到来的两项国际考验：格拉斯哥联合国气候变化大会（COP26）和维也纳伊核谈判。COP26是对拜登的第一个重大考验：国内层面，拜登政府认为足够的绿色运动可以成功拉拢鸽派进步人士来应对与中国日益激烈的竞争；国际层面，气候变化行动主义得以促进美国与其重要欧洲盟友的进一步多边合作，并巩固拜登政府试图挽救的自由主义世界秩序。然而，尽管各国表态支持绿色行动，但其导致的国际能源市场混乱却不容小觑，绿色政策也容易引起公众抗议。随着对气候变化的焦虑以及能源价格飙升，许多国家也将在气候大会上采取更强硬的立场，这会阻碍拜登的气候议程。在伊核方面，拜登团队急于再次就联合全面行动计划（JCPOA）达成共识，但伊朗政府正在利用拜登政府的迫切得到其所能得到的一切。另一方面，阿拉伯国家和以色列都在对拜登对该协议"更久更强"的承诺失去信心。放弃JCPOA将迫使拜登政府重回特朗普时期通过经济制裁和武力威胁来实施的"极限施压"策略。但这种策略在进步民主党派面前并不吃香。作者最后指出，这两次会议的结果将比国内政治更能左右拜登政府的稳定性。

https://www.wsj.com/articles/biden-glasgow-climate-change-conference-jcpoa-iran-nuclear-deal-11633381453?mod=opinion_major_pos7

2.《金融时报》：拜登的对华贸易政策缺乏野心

10月5日,《金融时报》发表社论文章《拜登的对华贸易政策缺乏野心》。文章认为，拜登政府公布的对华贸易战略本质上是特朗普政府立场的延续。拜登政府欲解决中国对国有企业的补贴和利用问题，但无意与中国就知识产权、数据流通和监管等更关键问题展开第二阶段协议谈判。这或许映射了美国国内政治现状，但不符合美国盟友们的期望。两党若继续回避对华贸易问题，可能错失战略时机。文章指出，因中期选举而不愿采取会被描述成"伤及美国工人"的贸易手段可以理解，但白宫至少可以尝试重新调整谈判议程，而非受制于政策惯性。盟友们越发认为美国正在全球贸易体系中自我边缘化，这与中国宣布申请加入《全面与进步跨太平洋伙伴关系协定》（CPTPP）形成鲜明对比。美国的亚洲盟伴尤其希望美国在亚洲补齐经济短板，若美国一直游离于CPTPP之外，各成员国可能最终接纳中国，这是美国的地缘政治挫折。

https://www.ft.com/content/90f72428-4848-4e94-b730-25bdfebd3baa

3.《外交事务》：美国应制定针对拉美地区的民主战略

10月6日，《外交事务》刊登战略与国际研究中心"委内瑞拉未来倡议"的负责人瑞安·C.伯格（Ryan C. Berg）和芬兰国际问题研究所非常驻研究员劳里·塔蒂宁（Lauri Tähtinen）的文章《拉丁美洲的民主衰退——华盛顿如何帮助扭转局面》。作者指出，自2001年美洲国家组织（The Organization of American States）通过《美洲民主宪章》（The Inter-American Democratic Charter）已过去20年，美洲民主现状与宪章原则并不匹配，反而出现民主疲劳之势：许多地区民主支持率处于历史低位，过去几年反民主左派和右翼民粹主义也卷土重来。美国低估了民粹主义在拉美及加勒比海地区的历史根源和对该地区的吸引力，对拉美民主倒退负有部分责任。同时，美国过分强调建立选举文化的重要性，却对建立和巩固支撑并执行选举的关键民主机构强调不足，导致民选独裁者从内部破坏民主。对此，作者建议美国应做到，第一，制定针对拉美地区及其特有问题的民主战略，以敦促《美洲民主宪章》签署国重视其对民主的承诺。第二，组织一次区域民主圆桌会议，让合作伙伴承诺采取一套共同措施来支持民主。第三，美国需要通过资助平息地区纷争的活动、帮助地区建立可检测反民主动向的预警系统等措施，以策略取代独裁者的行动并支持民主领导人。第四，深化美洲内部各方面的合作，解决美洲国家组织内部的乏力。

https://www.foreignaffairs.com/articles/central-america-caribbean/2021-10-06/latin-americas-democratic-recession

4.《国家利益》：拜登应拒绝美国核优势的危险梦想

10月10日，《国家利益》网站发布美国陆军战争学院国家安全与战略系客座研究教授内达尔（Dani Kaufmann Nedal）的署名文章《拜登应拒绝核优势的危险梦想》。文章认为，设定更加有限、明确、具有防御性的核目标可以简化核态势评估的任务。目前制定核战略的根本问题与之前一样，即确定战略目标。有效地分析利益得失要比提高武器预算、部署先进技术、制定创新方案均有益。与其试图使核武器成为常规力量的廉价替代品，或其他更有效的国家权力工具，不如减少不必要的核风险和成本。如果美国缩减其对外雄心和承诺，那么美国面临新时代的核安全挑战的复杂性会大大降低。作者强调，现代化工作应侧重于退役、更换和更新老化的战略系统，而不是追求新的"战术"和"战区"核力量。当面对来自中国和俄罗斯的核挑战时，美国可以通过单边削减以防御为目标的核威慑信号来减少威胁。

https://nationalinterest.org/feature/biden-should-reject-dangerous-dreams-us-nuclear-superiority-194961

5.《外交事务》：美国应重新评估军事在外交中的作用

10月15日，《外交事务》刊登了美国波士顿大学国际关系学教授安德鲁·巴塞维奇（Andrew J. Bacevich）和美国昆西负责任治国研究会中东项目研究员安妮尔·谢莱恩（Annelle Shelin）的文章《美国军事主义的终结？》。文章指出，拜登总统上个月在联合国大会上表示，美国今后将不再把军事力量视为解决各种问题的方法。作者认为，虽然拜登发言意在表达美国近几十年来没有将武力列为"最后手段"(tool of last resort)的观点,但是武断地使用武力已成为美国治国的标志之一。若拜登确有意兑现承诺,则应重申美国对《联合国宪章》第2条的承诺,减少在世界各地的军事部署、重新评估未来几年在核武器上的高额花销。对拜登来说,将言论付诸行动的最佳试验场就是中国。防止美中关系发展成全面的军事对抗是结束美国之"军事主义"的应有之义。但从行动来看,最近宣布的美英澳安全伙伴关系协议(AUKUS)似乎表明拜登接受甚至欢迎"新冷战"的前景。作者强调,拜登政府一直将美国利益摆在首位,认为美国应该享有其他国家都无法享有的特权。但进一步滥用军事力量只会浪费美国目前仅存的特权地位,美国应该从现在开始重新评估军事力量在对外政策中的地位。

https://www.foreignaffairs.com/articles/north-america/2021-10-15/end-american-militarism

6.《华尔街日报》：美国在阿富汗重蹈越南失败覆辙

10月23日,《华尔街日报》发表美国退役海军少将、参议院军事委员会前参谋长阿德诺·普纳罗(Arnold Punaro)的文章《美国在阿富汗重蹈越南失败覆辙》。文章指出,美国撤军阿富汗的教训与越南战争有相似之处。在战略上,美国在两国缺乏清晰连贯的战略,误解反恐和反叛乱战略的差异。在越南,美国缺乏对社会、政治、经济更广泛动向的了解。在阿富汗,美国将战争"美国化",默认教导盟友使用美国武器、技术,进行美国式训练。在阿、越两地,美都未能准确分析当地局势。此外,美国在两地还有其他相似教训。在外交上,未能落实与相关方外交承诺。越南社会主义共和国1973年《巴黎和平协定》只是口头承诺,塔利班未能履行有条件撤军协议。在援助上,流入两国的资金收效甚微,反而滋生腐败,形成对外部帮助的依赖。在组织机构上,美官僚机制内部协调沟通不畅,联邦机构、外国政府和国际组织之间分工不明确,阻碍了任务的有效性。此外,美国还应避免越战中未对教训采取果断行动的失败。就此文章提出建议：

一是改革军队及军内教育，彻查美国在越南和阿富汗的教训；二是理解和应用教训；三是国会加强监督，实施对行政部门的战略审查。

https://www.wsj.com/articles/america-vietnam-mistakes-afghanistan-quagmire-binladen-strategy-11637705112

三 欧洲观察

1.《外交事务》：美欧寻求重振双边经贸关系

10月7日，《外交事务》网站发表彼得森国际经济研究所雷金纳德·琼斯（Reginald Jones）高级研究员查德·波恩（Chad P. Bown）、欧盟贸易前专员、现彼得森国际经济研究所客座高级研究员塞西莉亚·马尔姆斯特罗姆（Cecilia Malmström）的文章《留住世界——美欧寻求重振经贸关系》。文章指出，美欧内部的政治变化正以贸易摩擦的形式冲击看似牢固的跨大西洋关系，在中国经济实力不断增长、撼动国际贸易秩序背景下，美欧应意识到自身在全球贸易中地位下降的事实并寻求改善。作者回顾了自奥巴马政府第二任期以来的跨大西洋贸易分歧，技术巨头的不对称结构及美对欧信息安全的威胁致使欧洲社会反对《跨大西洋贸易与投资伙伴关系协定》（TTIP）；特朗普时期对欧加征关税的做法严重损害美欧贸易关系，其绕过WTO争端解决机制的办法也使欧盟感受到美国的威胁；拜登上任以来，美国释放出与欧洲合作的积极信号。刚成立的美欧贸易和技术委员会（U.S.-EU Trade and Technology Council, TTC）从人工智能、5G和医药供应链等入手，试图修复奥巴马以来的贸易关系；匹兹堡峰会也表达了双方建立例行对话机制、防止冲突升级的意愿。作者指出，未来美欧关系不会一帆风顺，TTC需发展成为一个可灵活管控美欧分歧的机构，以为美欧共同应对全球挑战注入动力。

https://www.foreignaffairs.com/articles/united-states/2021-10-07/chance-preserve-world-they-made

2. 大西洋理事会评析法希海军协定与北约关系

10月7日，大西洋理事会发布高级研究员卡特里娜·索科（Katerina Sokou）的文章《希腊和法国给了欧洲战略自主一次机会》。文章指出，法国海军集团失去与澳大利亚订单后与希腊签订军舰出售协定，而后双方就共同防御援助条款达成一致，意味着这单买卖不仅是一场军备交易，更旨在应对地中海的不稳定性和多重挑战。该协议超越了各国在北约和欧盟的义务，在北约属首次。美国认为法希协定有利于在其从中东撤军后对冲中、俄、伊、土等国在中东和地中海的势力。马克龙则认为，鉴于美国将重心转向亚洲，欧洲不应该过分天真，应该采取行动加强共同防务。但协议的签署也增加了北约南翼的风险：同盟内部，该协定对希腊的鼓励可能成为希土开战的导火索，北约将难以处理。作者强调，欧洲不应低估美国对欧洲安全的持续兴趣。一切并不意味着欧洲要走另一条路，而是要积极支持跨大西洋联合，其中最主要的是地中海的稳定。

https://www.atlanticcouncil.org/blogs/new-atlanticist/greece-and-france-give-european-strategic-autonomy-a-shot/

3.《报业辛迪加》：欧盟须加强北极地区事务的参与度

10月14日，《报业辛迪加》刊登欧洲联盟外交事务和安全政策高级代表、欧洲委员会副主席何塞普·博雷利（Josep Borrell）的文章《欧盟的北极愿景》。文章认为，北极地区面临以气候变化为首的严峻挑战，欧盟正随时准备加强参与，主要通过气候行动、可持续经济发展等方式应对北极地区日益加剧的气候变化问题，通过多方合作阻止可能具破坏性的资源及地缘政治竞争。欧盟既要维护自身利益，也要为北极作出贡献。《欧洲绿色协议》（The European Green Deal）将使欧洲于2050年成为第一个气候中和（climate-neutral）的大陆，其核心提议包括呼吁不开发北极地区的石油、天然气及煤炭，以及建立欧盟在格陵兰的长期驻地以加强双方合作。但北极融冰速度加快打开了北极航运通道，让获取北极地区的石油、天然气和矿产更加容易，越来越多的国家开始参与北极事务，并将北极地区纳入国际竞争。包括中俄均在北极加强存在。这要求欧洲广泛界定其在北极的地缘政治利益，以促进地区稳定、安全与和平为宗旨展开合作。虽然北极八国负有首要责任，但许多北极事务只能通过多边合作解决。因此，欧盟也应扩大与包括美国、加拿大、挪威和冰岛等盟国的多边合作，例如，推动各国海岸警卫队的区域或环极地海上搜救合作、利用卫星系统减少海上风险等。

https://www.project-syndicate.org/commentary/european-union-strategy-for-arctic-engagement-by-josep-borrell-and-virginijus-sinkevicius-2021-10

4.欧洲对外关系委员会：欧洲是否真的会对抗中国？

10月15日，欧洲对外关系委员会发表哈佛大学肯尼迪政府学院教授斯蒂芬·沃尔特（Stephen Walt）撰写的文章《欧洲是否会对抗中国？》。文章指出，拜登政府已清晰表明其在"战略竞争"中召集盟友对抗中国的意图，且这一构想在亚洲已初见成效。但是欧洲不会进一步采取实质性行动对抗中国。文章以综合国力、地理邻近、军事进攻能力和战略意图分析中国对欧洲构成的威胁，认为中国不会在国家安全上对欧洲造成根本威胁，但中国日益增长的军事实力会让欧洲国家对华采取更谨小慎微的态度，这也在一定程度上使欧洲与美国在部分涉华议题上保持一致。但是，由于欧洲国家和中国保持着紧密的经贸关系，它们不愿跟随美国脚步，在军事层面与华对抗。作者最后预测：欧洲并不会全面对抗中国，但会在人权、防核扩散等"软议题"（soft issues）上与美国持续反华。

https://foreignpolicy.com/2021/10/15/will-europe-ever-really-confront-china/

5.慕安会主席伊辛格：德国正面临重大挑战

10月15日，慕尼黑安全会议主席伊辛格（Wolfgang Ischinger）接受了德国广播电台的采访。伊辛格认为，德国在新一届大选期间的外交和安全政策、国防政策及发展政策被普遍忽视。德国可能大大低估了下一届联邦政府及新议会面临的挑战。一些先前关于基本安全政策的假设已不再适用，如"相信美国将继续充当保护者"、"欧盟将加强一体化进程"和"俄罗斯可发展为安全战略伙伴"等。伊辛格肯定了在未来一段时间内德国乃至欧洲将与拜登政府良好合作，但欧洲需注意2024年美国总统大选，特朗普可能再次当选并使美欧关系恶化。就美中关系，伊辛格认为，第一，德国愿与美国就美中关系达成共识；第二，欧盟需制定"欧盟－中国战略"。伊辛格强调，按照原则，欧盟成员国的外交、投资、贸易、气候等政策应保持一致，但全体一致原则正在影响各国内政与外交的独立性。

https://www.deutschlandfunk.de/diskussion-um-sicherheitspolitik-ischinger-deutschland.694.de.html?dram:article_id=504293

6.北约防务学院：美国与北约应设法适应新战略优先事项

10月27日，北约防务学院（NATO Defense College）网站发布德国马歇尔基金会巴黎办事处主任兼跨大西洋安全研究主任亚历山德拉·德·霍普·谢弗（Alexandra de Hoop Scheffer）和巴黎办事处副主任马丁·昆塞斯（Martin Quencez）撰写的政策简报《美国在北约：使联盟适应新战略优先事项》。报告区分了美国对北约政策的短期目标和长期目标，短期内美将北约作为盟友体系之一加强接触，扭转特朗普时期的政治化后果；长期而言美希望将北约纳入其与华竞争的大框架；而最终双方需解决责任分担、政治联合等结构性问题。未来，北约可能越发成为美国内党争的工具，美国党派政治极化可能削弱其在北约的领导力和信誉。在"后阿富汗时代"，美国希望将北约整合入与华竞争的新格局，包括聚合北约内部对华态度、在网络等高新技术领域与华竞争、游说北约分担美在其他区域的军事负担、推动盟友跨区域整合。但作者认为这可能影响跨大西洋凝聚力。在结构性问题上，作者提出跨大西洋防务合作桥梁和共同价值观两方面需以创造性思维调适。随着美国全球战略布局调整，欧洲需要建设自身防卫能力，美欧间也应在决策机制、责任分担模式和原则方面调整。美国还需解决北约内部的价值、规范分歧，避免政治凝聚力减弱。作者建议，美国应继续向北约投送资源，并选择灵活的跨区域合作协调框架。只要技术创新仍处于美中竞争议程中核心地位，北约就将是美国战略调整过程中的重要工具。

https://www.ndc.nato.int/news/news.php?icode=1621

四 亚太观察

1.《华尔街日报》：美中关系迈出关键性一步

10月4日，《华尔街日报》刊登了驻华盛顿特区国家经济记者乔什·赞布伦（Josh Zumbrun）的文章《美国希望与中国开展新的贸易谈判，但保留关税》。文章首先指出，根据美国贸易代表戴琦（Katherine Tai）在周一公布的拜登政府对华贸易政策愿景，美国希望与中国展开新的贸易谈判，但将保持现有关税，同时恢复美国进口商寻求豁免关税的能力。该愿景首先指出，美国将敦促中国履行2020年1月签署的美中第一阶段经贸协议。美国将为美国公司重新开放寻求关税豁免的程序。文章进一步指出，拜登政府花了较长的时间制定对华贸易政策，因为这牵扯美国国内不同商业团体的利益，如波音这样的公司一直在强调中国巨大的消费市场对美国企业的重要性。文章最后认为，拜登政府与盟友们结盟很重要，但是阐明直接的对华政策更加重要，这次的愿景迈出了至关重要的一步。

https://www.wsj.com/articles/u-s-to-press-china-on-trade-pact-keep-tariffs-in-place-11633338000?mod=world_major_1_pos2

2. CFR：AUKUS凸显印度在四国机制的战略困境

10月13日，美国对外关系委员会（CFR）网站发布印度、巴基斯坦和南亚项目高级研究员曼贾丽·查特吉·米勒（Manjari Chatterjee Miller）撰写的文章《四国机制、AUKUS和印度的困境》。文章称，AUKUS（美英澳三边安全伙伴关系）显示印度的对外战略困境：是否承担在印太地区遏制中国的责任；是否强化与美国的互信和防务合作。作者回顾了四国机制由救灾合作机制转变为正式战略伙伴关系的过程，指出该集团源于印度洋—太平洋作为单一战略空间的构想，其驱动因素包括：四国维护既有区域秩序、规范的共同意愿，以及对中国海外动作的威胁认知。但是，印度在强化四国机制合作时仍有矛盾。首先，印度更关注印度洋及环印度洋大陆，这与印太框架的覆盖区域不符；其次，拜登政府主张将四国机制打造为应对中国的"民主国家联盟"，但印度的外交惯例少见民主价值内容，这引起印度不悦；最后，印度仍对美国怀有戒心，尚未将其作为可以长期依靠和信赖的伙伴。作为明确针对中国的安全合作机制，AUKUS点出了印度的矛盾。不能加入AUKUS一方面使印度不必完全承担遏制中国的负担，另一方面促使印度更注重国防设施来源多样化。作者在文章最后指出，尽管存在迟疑，但四国机制对印度仍重要：印度期待四国机制不单在不依托安全同盟的情况下密切防务合作，还能通过经济、气候变化和公共卫生等广泛的合作议程，在印太地区构建互利伙伴关系。作者建议，四国机制考虑到印度关切，设立正式协调多边合作的秘书处，而非聚焦于反对某一国家。

https://www.cfr.org/article/quad-aukus-and-indias-dilemmas

3. 印度观察者研究基金会：美印关系正在步入转型期

10月14日，印度观察者研究基金会网站发表伦敦国王学院教授哈什·潘特（Harsh Pant）的文章《美国对南亚的态度发生变化，印度应利用这一时机》。文章指出，近期有许多观点对美国—巴基斯坦或正在寻找新的交往方式，可能导致印度被边缘化感到担忧。然而这是印度战略界的误读。据美副国务卿上周访问南亚情况，美国对南亚战略正发生重大变化。首先，美国同巴基斯坦接触的目的仅是应对阿富汗事态变化，巴基斯坦本身已不再是美国处理外交政策优先事项的支柱，美国也不再会将印巴同等视之。其次，美印正加强协调，一致管控阿富汗塔利班化造成的安全外溢，美国无意呼应巴基斯坦支持塔利班的行动。最后，中印两国的快速发展及中国的外交政策的现实凸显了美印伙伴关系的重要性，两国决策层清楚地看到了四边安全伙伴机制（Quad）、美英澳三边安全伙伴关系（AUKUS）等多边安全合作框架、平台对维持印太区域稳定的必要性，美印关系因而在各种双边、多边合作机制中不断得到发展。基于此，作者认为，美印关系正步入转型期，印度应对自身塑造印美两国关系的能力充满自信。

https://www.orfonline.org/research/there-is-a-change-in-us-attitude-to-south-asia-india-should-leverage-the-moment/

4.《外交学人》：印太新区域安全架构缺少三个关键因素

10月16日，《外交学人》发布了由德国墨卡托中国研究中心（MERICS）高级副研究员汉斯·马尔（Hanns W. Maull）撰写的文章《印度—太平洋新区域安全架构的空白》。文章将美国当前的印太战略与冷战时期的战略相比较，指出当前"印太"新区域安全架构中缺少的三个关键因素。首先，冷战时期的战略包含承诺明确的条约，在此基础上，北约建立了统一指挥的军事结构；相比之下，美英澳三边安全伙伴关系（AUKUS）和四方安全对话机制（Quad）仅为意向声明，并非美国对盟友坚定、可靠的承诺。其次，在冷战初期，北约是与苏联抗衡的首选框架，今天的印太架构却不具备多边合作的正确形式。一方面，AUKUS和Quad排除了包括加拿大、新西兰、越南、法国等重要的合作伙伴，包含在架构之中的英国除了象征性的措辞外，实际也无力保障世界其他地区安全；另一方面，AUKUS和Quad都设想了军事安全政策以外的合作领域，但其议程大量重叠，将分散决策者的时间与精力。最后，过去美国两党对北约及其他盟国内部都达成共识，但如今各国外交与安全政策正受到政治两极化、民族主义反弹的影响。因此，AUKUS和Quad都并非印太安全的正确框架，其机制基础需要进一步的深化与扩大。

https://thediplomat.com/2021/10/the-gaps-in-the-new-regional-securityarchitecture-for-the-indo-pacific/

5.《外交政策》：美中竞争下的东盟需要更强硬的领导力

10月19日，《外交政策》杂志网站刊登新加坡尤索夫伊萨东南亚研究院高级研究员钟威廉（William Choong）和谢沙仑（Sharon Seah）的文章《为何AUKUS对东盟而言是一种警告》。文章认为，冷战后约20年里，东盟作为促成东南亚地区安全和经济一体化的关键，一直居于区域中心。然而，作为一个松散的多国聚合体，东盟如今陷入团结困境，AUKUS更是加剧了该地区地缘政治风险。近年来，各国从自身利益出发的外交行为代表着"东盟中心主义"大厦已经坍塌。现今，随着美中竞争加剧，Quad等非东盟力量在东南亚地区的互动削弱了东盟在该地区的中心地位，新建立的AUKUS更有可能改变地区权力平衡。作者认为，东盟要想在美国主导的印太战略与中国"一带一路"倡议中保持自己的地区相关性，需要加强本身在经济一体化和社会文化纽带方面的既有优势，并可以效仿《巴黎和平协定》签订前柬埔寨和越南的秘密穿梭外交，大胆推进内部战略讨论，处理内部分歧，与主要大国接触。但若不能解决东盟内部的不团结问题，即使成员国不主动选边站，无法在东盟内部达成共同安全政策的事实让各国只能在美中之间周旋。

https://foreignpolicy.com/2021/10/19/asean-aukus-china-us-rivalry/

6.《外交学人》：中美竞争下的朝韩关系

10月20日，《外交学人》杂志网站刊登韩国军事研究所（Korea Institute for Military Affairs）高级研究员尹锡俊（Sukjoon Yoon）的文章《中美竞争如何影响文在寅政府最后一年的朝鲜政策》。文章指出，近期朝鲜半岛局势发生重大转变。文在寅政府正全力推进2017年版"韩国和平倡议"（Korea Peace Initiative），提议韩朝美或韩朝中美多方共同宣布"朝鲜半岛战争"状态结束，展现其在韩美联盟下的战略自主。美国则结合韩国"新北方政策"和"新南方政策"拉拢其参与印太战略，加强双方国防合作以对抗中国。韩国方面也增加军事安全活动：不仅启动韩美联合国防协商机制（KIDD）第20次会议，共同评估半岛安全局势，还举办"2021首尔国际航空航天暨军工业展览会"（ADEX），深化其与东盟、南亚和拉美地区各国的双边或多边国防工业合作。作者认为，文在寅政府最后一年除了继续紧随美国印太战略，参加多边海军演习，还将通过军事途径和非军事途径，重新建立韩朝双边互信，例如恢复非军事区世界和平公园、朝韩铁路、开城工业园建设。作者强调，中国将是朝鲜半岛重启对话的关键因素，其若与美国协商或能够放缓联合国安理会第2397号决议对朝鲜的制裁，将避免朝鲜问题升级。

https://thediplomat.com/2021/10/how-china-us-competition-factors-into-moons-final-inter-korea-push/

7.《报业辛迪加》：日本首相岸田文雄的经济政策可能加剧宏观经济风险

10月20日，《报业辛迪加》刊登日本财务省前副大臣伊藤隆敏（Takatoshi Ito）的文章《岸田文雄将带领日本走向何方》。文章指出，若日本自民党在10月31日的众议院选举中赢得多数席位，新首相岸田文雄将有足够时间推出并实施其呼吁"远离新自由主义"的经济政策议程。竞选期间，岸田文雄承诺使经济政策从"新自由主义"转向"新资本主义"，希望在收入再分配和经济增长间创造良性循环。同时，岸田提出加大对科学技术的投资、在农村地区推进数字基础设施建设、建立有弹性的供应链和加强社会安全网络的增长战略。但岸田的增长战略中没有"改革"一词。但作者认为，日本恰恰急需一个可以推动产业数字化改革的政府，因为若非如此，岸田"高生产力"及"高薪水"的主张则很难落实。从目前的竞选情况来看，各党派为支持大幅扩张的现金支出而展开的财政赤字竞争似乎愈演愈烈。若岸田选择同类策略，虽然可能在短期内让他大受欢迎，但长期来看，这将为日本的宏观经济带来风险。

https://www.project-syndicate.org/commentary/fumio-kishida-economic-policy-plan-by-takatoshi-ito-2021-10

8.《外交事务》：美国正在把亚洲变成火药桶

10月29日，美国《外交事务》网站刊登了加拿大亚太基金会杰出学者万·杰克逊（Van Jackson）撰写的文章《美国正在把亚洲变成火药桶》。文章指出，美国的亚洲战略向来有过度军事化的特点，奥巴马和特朗普都曾寻求巩固美国在亚洲残留的霸权地位，拜登也在延续此种政策。为回应中国迅速推进海军现代化的行动，拜登政府鼓励日本进行武器研究、对菲律宾开展新军售、支持澳大利亚核潜艇采购等。作者认为，尽管中国与朝鲜正在发展其核能力与导弹能力，但是美国并不一定要以调动更多的军事装备来回应。中国近年来的核进展是理性的、可预测的，而美国的核升级进程则缺乏冷静。并且，美国过度军事化方针所导致的美朝两军严重失衡的状态也将刺激朝鲜核武库扩大。拜登政府的方针会导致敌对军力间的靠拢，增加了意外事件演变为冲突的风险，使亚洲变得越来越像一只火药桶。不仅如此，这种方针还损害了亚洲稳定、繁荣的前景，并使美国在亚洲经济中处于劣势地位。最后，文章指出，美国的过度军事化方针将协助制造印太危险局势，造成亚洲的下一场悲剧。

https://www.foreignaffairs.com/articles/asia/2021-10-22/america-turning-asia-powder-keg

五 中东观察

1.《国家利益》杂志：阿富汗撤军会推动中东和平吗？

10月6日，华盛顿特区中东通讯社主任哈利德·贾比尔博士（Dr.Khalid al-Jaber）在美国《国家利益》杂志发布了名为《阿富汗撤军会推动中东和平吗？》的文章。文章认为，在2021年8月由伊拉克举办的巴格达峰会虽未给伊朗与沙特阿拉伯之间的关系带来突破，但却将沙特阿拉伯与伊朗、土耳其与阿拉伯联合酋长国、卡塔尔与埃及等多年对立的国家聚集在一起，就如何和平解决该地区所面临的问题与挑战进行会谈，体现出该会议对缓和中东地区各国关系的重要性。近日阿富汗事件让中东地区国家意识到新总统拜登并不情愿牺牲美国士兵来捍卫中东地区国家。加之美国与中东国家以安全保障换取廉价和可靠的石油供应的交易也似乎正走向终止，中东地区的国家开始重新审视其与美国的关系。外加疫情影响，沙特阿拉伯等中东国家开始致力于改善与邻国的关系，渴望更低成本的外交政策，寻求与更多国家开展经济合作的机会。阿富汗事件让中东各国意识到将国土安全托付给美国的巨大风险，他们也都不希望看到类似的事件在自己国家重演。作者认为，为了避免这样的结果，相互接触，即使是在短期内极具挑战性或不甚成功的接触，也对促进中东地区更大程度的和平与稳定至关重要。

https://nationalinterest.org/feature/will-afghanistan-withdrawal-lead-middle-east-peace-194932

2.《外交事务》：美国后阿富汗战争时代的中东政策应优先秩序而非和平

10月13日，《外交事务》网站发表外交关系委员会杰出研究员、前布鲁金斯学会执行副总裁、前美国巴以谈判特使马丁·英迪克（Martin S. Indyk）的文章《秩序优先于和平：基辛格的中东外交政策及对今天的教训》。作者认为，尽管美国在已实现能源自给的背景下有理由转移战略重心，但中东仍影响全球地缘格局，在后阿富汗战争时代不可忽视，拜登政府应从基辛格在中东的外交中吸取经验教训，推动更稳定的中东秩序。作者回顾基辛格的学政思想及其在中东的外交实践，总结其经验教训：均势不足以维持地区稳定，美国同时需在地区推动正义感与合法性平息地区内不满；以军事威胁支撑外交谈判、团结鼓励地区盟友可使美国成为推动地区稳定的关键角色；战略目标的过度伸展或收缩都会酿成失误和不可控的危机。就此，作者建议，在后阿富汗战争时代拜登政府不应过度脱离中东事务，而应将中东战略的核心落实为通过支持盟友实现地区权力的均衡，美国也应当与包括埃及、叙利亚、俄罗斯、土耳其、沙特阿拉伯、伊朗等国在内的有意参与地区事务的国家合作稳定地区局势,在巴以问题上鼓励开启一项温和且现实的政治进程。

https://www.foreignaffairs.com/articles/middle-east/2021-10-13/henry-kissinger-middle-east-peace

3. CSIS：伊朗不断发展的核计划及其对美国政策的影响

10月15日,美国战略与国际问题研究中心(CSIS)网站发布国际安全计划核问题项目副主任兼高级研究员埃里克·布鲁尔(Eric Brewer)的报告《伊朗不断发展的核计划及其对美国政策的影响》。报告认为,伊朗的核技术发展主要体现在三个方面并产生相应影响:一是铀浓缩能力取得的进展和对更先进的离心机的使用提高了武器级铀的生产能力,这可能会使伊朗很快突破"越狱时间线";二是伊朗进一步提高金属铀的生产技术,掌握发展核武器的关键一步,引发国际社会担忧;三是民用核项目取得进展,虽尚未将其应用于武器装备领域,但也引发了对相关重要人员的间谍和暗杀活动以削弱伊朗的核能力。报告提出五条政策建议:第一,加倍收集美国和盟国关于伊朗核计划的情报;第二,保持外交开放,为与伊朗会晤、恢复外交和达成协议提供窗口;第三,对JCPOA的替代方案持灵活态度,为达成新的协议继续保持外交努力;第四,仔细考虑伊朗的核潜伏期及其可能引发的后果,关注伊朗周边国家对于伊朗的核进展、核风险和美国对于伊核问题处理方式的看法;第五,最后的选择:对伊朗的核项目进行军事打击。

https://www.csis.org/analysis/irans-evolving-nuclear-program-and-implications-us-policy

4.《外交学人》：印度—以色列关系为中东新机遇

10月22日,《外交学人》网站发表印度共生国际研究院(Symbiosis School of International Studies)副教授阿尔维特·宁图杰姆(Alvite Ningthoujam)文章《印度—以色列关系:中东的新机遇》。文章指出,此次印外长苏杰生访问以色列,互释政治善意,标志印以关系将开启拓展双边合作领域、扩大多边合作的新模式。自2017年7月莫迪作为印度政府首脑首次访问以色列以来，印以关系的政治基础在频繁高层互访中日益牢固。此次访问主要取得三方面成果：恢复印以自贸协定、互认新冠疫苗接种证明、以色列加入印度领导的国际太阳能联盟。文章指出，苏杰生此访正值中东政治和战略调整关键点。一方面，2020年签订的《亚拉伯罕协定》标志着以色列获得前所未有的地区政治承认，开启了中东地区伙伴关系由共同的战略利益推动的新时代。另一方面，加强与中东国家全方位合作符合印度强调多边主义的外交政策。印以两国积极推进在可再生能源、医疗、农业、大数据等广泛领域的双边合作，同时两国可能与阿联酋、美国组成经济合作"四方联盟机制"，关注贸易、海上安全、技术和基础设施。

https://thediplomat.com/2021/10/india-israel-ties-new-opportunities-in-the-middle-east/

六　非洲观察

《外交事务》：美国对非战略跟不上非洲的变化

10月8日，《外交事务》刊登了"自由之家"（Freedom House）非洲项目主任乔恩·泰敏（Jon Temin）的文章《美国的对非战略跟不上非洲的变化》。文章指出，非洲从未在美国的外交政策中被视为最高优先级，拜登政府至今尚未出台对非战略。但是，非洲正经历人口、经济和政治方面的巨变，若美国的对非政策不及时跟进，则会错失一系列潜在的机会和利益。首先，非洲的人口预计在未来30年内翻番，并且绝大多数是青壮年人口，这意味着充足的劳动力供给。其次，受益于巨大的创新能力的非洲经济将在未来蓬勃发展。最后，包含54个国家的非洲若能协同合作，则可以在国际政治舞台上扮演重要的作用。作者建议美国不要将撒哈拉以南非洲和北非之间人为划上一道分界线，要将非洲当作一个整体来看待；不要将非洲看作和中国争夺全球领导权的战场,而要重视非洲本身的价值。拜登政府应该采取的第一步是改革联合国安全理事会,从而让非洲发挥更重要的作用。

https://www.foreignaffairs.com/articles/africa/2021-10-08/africa-changing-and-us-strategy-not-keeping

七 俄罗斯观察

1. 莫斯科卡内基中心:俄罗斯对欧盟燃气危机伸出援手

10月12日,莫斯科卡内基中心发布其研究员谢尔盖·卡皮托诺夫(Sergei Kapitonov)的文章《欧盟陷入燃气危机,俄罗斯会伸出援手吗?》。文章指出,欧盟燃气价格近来持续飙升,导致一些工厂停工。当前燃气市场的动荡很大程度上是欧盟自己造成的,因为在过去15年里,欧盟一直维持"低需低价,高需高价"的燃气定价模式。文章进一步指出,欧盟燃气价格的稳定不仅关系到其本土油气厂商的利益,也关乎俄罗斯天然气工业股份公司(Gazprom)的重大利益。据了解,Gazprom属于俄罗斯国有企业,是欧洲天然气的主要供应商之一,占据欧盟燃气进口总量的40%,同时该公司还是"北溪2号"(Nord Stream 2)天然气管道项目的主要运营公司。尽管欧盟平常总是试图限制与改造和Gazprom公司的合作关系,但当危机来临时,该公司仍然选择增加对欧盟的天然气供应。在此次能源危机后,欧盟将会加快其能源转型步伐,进一步增强能源进口渠道多元化,降低对俄罗斯的能源依赖。

https://carnegiemoscow.org/commentary/85545

2. 莫斯科卡内基中心:为何俄罗斯与北约正式决裂

10月20日,莫斯科卡内基中心(Carnegie Moscow Center)刊登其主任德米特里·特列宁(Dmitri Trenin)的文章《为何俄罗斯与北约正式决裂》。

就近期俄罗斯与北约的外交中断事件，文章指出，尽管这象征着欧洲两大主要军事力量之间的对抗加深，但并无实质性新危机，双方也不会完全失去应对潜在正面冲突事件的能力。俄罗斯目前仍在比利时和欧盟分设大使馆和代表使团，而所有北约国家均在莫斯科设有大使馆。与此同时，1997年双方签署的《俄罗斯联邦与北大西洋公约组织相互关系、合作和安全基本文件》仍然有效，北约欧洲盟军最高司令与俄罗斯武装部队总参谋长还在保持面对面沟通。作者认为，北约对莫斯科而言只代表着美国在欧洲的军事存在，而随着美俄对峙新局势回归，俄方希望与美国直接对话。美俄在妥善解决顿巴斯停火问题时已表现出直接对话的新趋势，原以德、俄、乌、法四国为主的"诺曼底模式"缺乏美国参与，无法有力落实明斯克停火协议，后转向以俄、乌与欧安组织（美国高度参与欧安组织）共同组成的乌克兰问题三方联络小组，再后来则是美俄直接就乌克兰问题对话。最后作者认为，在拜登政府重新加强美国与盟友的关系的背景下，俄罗斯外交更加注重效率（绕开北约，直接与美国对话）就显得非常有必要了。

https://carnegiemoscow.org/2021/10/20/why-russia-officially-broke-with-nato-pub-85611

八　新兴技术

1.布鲁金斯学会：美中零和博弈加大全球数字鸿沟

10月11日，布鲁金斯学会发布约翰·桑顿中国中心主任及资深研究员李成（Cheng Li）撰写的评论文章《美中零和博弈加大全球数字鸿沟》。文章指出，新冠肺炎疫情背景下的美中竞争加大了全球数字鸿沟并导致落后国家严重脱节。作者认为，为了改善数字鸿沟问题，中国和美国应该采取联合行动。但是，随着地缘政治断层线逐步形成，在由美中两国主导的"双头垄断数字世界"中，技术已经成为竞争和冲突的核心。作者建议美中两国政策制定者加强合作，利用美国先进的全球卫生计划网络以及中国强大的制造和物流能力，提升数据共享能力和透明度。这不仅有利于对抗变异病毒，还能提高疫苗和药物的有效性和安全性。总体而言，通过发挥各自优势，两国可以加强数字合作、实现包容性发展。

https://www.brookings.edu/blog/order-from-chaos/2021/10/11/worsening-global-digital-divide-as-the-us-and-china-continue-zero-sum-competitions/

2. 新美国安全中心刊文分析美欧贸易和技术委员会

10月11日，新美国安全中心网站刊登了其跨大西洋安全项目副研究员卡里萨·尼采（Carisa Niesche）的评论文章《美欧贸易和技术委员会首次会议的主要成果》。文章指出，虽然美欧贸易和技术委员会首次会议的联合声明概述了美欧合作的优先事项，但双方仍需就部分议题在接下来工作组会议上协调，并为跨大西洋合作勾勒前进道路。第一，欧盟需要明确半导体领域的战略目标和优先次序，同时避免双方之间的补贴竞争。第二，美国应努力使其人工智能风险管理框架与欧盟《人工智能法案》保持一致，并在数据隐私问题上进行密切合作。第三，美欧应以共同价值观为基础，尽可能地在监管和隐私制度方面保持一致，确保跨大西洋技术领导地位。

https://www.cnas.org/publications/commentary/key-takeaways-from-the-inaugural-eu-u-s-trade-and-technology-council-meeting

3.《华盛顿邮报》发文评析拜登政府的技术政策

10月14日，《华盛顿邮报》网站刊登专栏作家大卫·伊格纳修斯（David Ignatius）的文章《拜登应在技术领域像一个"全球主义者"一样行事》。文章指出，拜登政府希望在技术政策领域"连接"世界上先进的民主政体，以确保美国和其他民主国家能有效合作，共同成为技术规则的制定者。然而，拜登政府缺乏一项更为广泛的战略来实现上述目标，目前只是一些零碎的经济和技术合作倡议，如启动美国—欧盟贸易和技术委员会、"四国峰会"以及打击勒索软件联合声明。尽管传递出了要建设比北约和"五眼联盟"涵盖更广泛合作领域联盟的关键信息，但美国政府层面的阻力极大延缓了这一目标的进展：府会僵局造成技术领域投资法案迟迟不能通过；美国与盟友的分歧打断了好的政策推进；政治过度敏感导致平台反垄断成为作秀；继续拒绝加入多边经贸机制，沿用传统方法进行对外贸易打压。文章建议，拜登政府"聚集世界上技术先进的民主国家"的政策的核心能够得到两党支持，应无须过度谨慎，尽快启动相关全球性战略，吸引关键盟友的支持，像一个"全球主义者"一样行事。

https://www.washingtonpost.com/opinions/2021/10/14/course-bidens-globalist-he-should-start-acting-like-one-technology/

4. 新美国安全中心刊文分析民主国家技术联盟

10月19日，新美国安全中心网站刊登了其技术与国家安全项目主任、美国中情局前高级情报分析师马丁·拉瑟（Martijn Rasser）的评论文章《成立民主国家技术联盟的理由》。文章指出，为了避免技术规范、标准和规则的分裂，需要建立新的多边技术政策协调机制，并由技术领先的民主国家组成联盟，这对于捍卫民主制度和价值观至关重要。民主国家技术联盟应坚持三项原则：一是成员国必须是经济规模强大，拥有广泛技术能力，致力于自由、民主、法治和人权价值观的国家；二是不应成为西方民主国家的排外俱乐部；三是必须加强与私营企业、非政府组织、科技组织等利益相关方的合作。同时，作者也对反对技术联盟的批评者进行了回应。首先，技术联盟虽然由美国领导，但并不会侵害其他国家利益，每个技术联盟成员国都是通过互补的知识和创新能力发挥影响力；其次，与盟友及伙伴国家之间的相互依赖，应该首先被视为一种共享的技术民主主权；最后，技术联盟并不会加剧"技术冷战"或导致技术生态体系完全脱钩，相反，它是确保世界民主国家在科技方面发挥领导作用的最佳途径。

https://www.cnas.org/publications/commentary/the-case-for-an-alliance-of-techno-democracies

九　气候变化

1.CSIS：东南亚气候变化的安全挑战

10月5日，美国战略与国际问题研究中心（CSIS）发表其东南亚项目高级经理默里·希伯特（Murray Hiebert）和东南亚项目协调员和研究助理丹尼尔·法林（Danielle Fallin）合撰的《东南亚气候变化的安全挑战》一文。文章指出，东南亚可能成为世界上最易受气候变化影响的地区之一，对美国国家安全与经济至关重要。美国是该地区第四大贸易伙伴，并在该地区与中国展开战略争夺。文章认为东南亚地区对美国的挑战有以下几点。其一，在气候变化上。菲律宾、印度尼西亚等群岛国家中大量沿海民众面临海平面上升和极端天气事件的直接风险，该地区也在面临粮食大幅减产，忽视气候变化会使保护美国及其盟友变得更加困难。其二，在卫生安全上。东南亚是传染病的高发地，随着气候变化将加剧自然灾害对环境的影响，东南亚可能出现大规模疾病。文章指出，尽管东南亚各国均签署了《巴黎气候协定》，但大多数国家几乎未提出预防最严重气候危害的战略，煤炭使用和森林砍伐仍在持续增长。虽部分国家作出积极改善，文章指出，美国可在疫情后经济复苏的同时深化与东南亚的关系、加强经济合作，支持绿色倡议，美国将从中获得软实力及贸易投资优势，并促进美国繁荣。

https://www.csis.org/analysis/security-challenges-climate-change-southeast-asia

2.法国国际关系与战略研究所：非洲气候变化会带来哪些安全后果？

10月13日，法国国际关系与战略研究所刊登其气候、能源与安全项目研究员索菲娅·卡贝（Sofia Kabbej）题为《非洲气候变化会带来哪些安全后果？》的访谈摘要。文章主要梳理气候变化给非洲地区带来的安全挑战，如粮食和水资源不安全、土地竞争、人口迁移和其所带来的卫生风险。非洲主要依靠农业和渔业满足人们的粮食与收入需求，对农业来说，气温升高与降水模式改变会给粮食系统和水系统构成压力，进一步加剧非洲国家所面临的粮食安全挑战。此外，气候变化扰乱了游牧的节奏，导致当地的农民与游牧民在竞争可耕地时出现矛盾甚至冲突。对渔业来说，非洲目前正受到与海洋温度升高和洋流变化相关的鱼类洄游现象影响和过度捕捞导致的鱼类资源压力，部分渔民因此进入远海作业，这将给地区与国际安全带来挑战。此外，非洲还面临人口迁移带来的挑战。一方面，许多人因为洪水、风暴或飓风等自然灾害被迫背井离乡；另一方面，在土地、水资源、食物甚至是收入来源缺乏的情况下，许多非洲人口被迫迁徙。据联合国估计，到2050年，可能会有8600万非洲人被迫在国内迁移，这会加剧相关城市的粮食、水以及净化系统的压力，并可能加速疟疾等疾病的传播。作者提到，联合国已协助非洲各国政府进行风险评估、制定管理措施以应对气候变化，但仍急需更本地化、科学化的研究。

https://www.iris-france.org/161630-changements-climatiques-en-afrique-quelles-consequences-au-niveau-securitaire/

3.《华尔街日报》：美国政府气候政策代价过高

10月14日，《华尔街日报》发表哥本哈根共识中心主任、胡佛研究所客座研究员比约恩·隆伯格（Bjorn Lomborg）的文章《拜登气候目标对选民来说代价过高》。文章认为，各国政治家通常承诺减少碳排放量，却很少提及成本。这些政策造成的经济损失超过大多数选民所承受的范围，而气候效益则比想象中要小。文章指出，美国前总统奥巴马根据《巴黎气候协议》签署承诺，到2030年时，其年均成本将达到约500亿美元，人均约140美元。即使该协议持续到2100年，全球气温只会下降0.06华氏度。然而，拜登正以更高成本推行其气候政策。《自然》杂志最新研究显示，到2050年，美国实现碳减排95%的开支占GDP的11.9%，达到拜登零碳目标的成本达4.4万亿美元，人均约11300美元，而在2019年，美国社会保障、医疗保险、医疗补助的总支出才占GDP的11.6%。此外，随着发展中国家增加使用化石燃料，美国实现净零排放对全球气温影响不大。相反，务实的气候解决方案会注重创新，将清洁能源价格降到民众愿意支付的水平。

https://www.wsj.com/articles/climate-change-cost-economy-emissions-tax-per-person-net-zero-joe-biden-11634159179

4.《南华早报》发文评析美中气候合作

10月28日，《南华早报》发布英国皇家国际事务研究所顾问约翰·肯普夫纳（John Kampfner）的文章《第26届联合国气候变化大会（COP26）：为什么美中竞争可能意味着气候变化外交的终结》。文章指出，尽管美中两国都意识到在气候问题上合作的必要性，但是传统外交手段已经失效。美国战略面临三个问题。第一，国际社会将特朗普（或至少是特朗普主义）重新执掌美国的可能性纳入战略考量；第二，美中政府对"气候合作是否能脱离两国关系的大背景而存在"这一问题持相反观点；第三，美国的实力已不如从前。文章认为，世界应对气候的成败将取决于国家利益，而非传统外交手段。未来绿色技术领域的竞争最初是大国角力，但寻求"生存自保"也将成为关键因素。2020年9月，中国对其实现二氧化碳净零排放的日期做出正式承诺，即力争2030年前实现碳达峰并在2060年前实现碳中和，这已经领先于美国。中国也承诺不再新建海外煤电项目。此外，世界前十大风力涡轮机制造商有7家是中国企业。但与此同时，中国也面临燃煤发电量大、占比高以及极端天气等问题的困扰。随着COP26的临近，各国应对气候变化话语权的争夺将越发激烈，这将是一场发生在更大范围地缘政治冲突中的"代理战争"。

https://www.scmp.com/comment/opinion/article/3153831/cop26-why-us-china-rivalry-could-be-death-climate-change-diplomacy

撰稿：倪远诗、杨滨伊、陈逸实、许卓凡、吴子浩、陈逸实、陈晖博、汤卓筠、邵志成、任怡静、李星原、杨雨霏、黄云飞、李光启、崔元睿、王乾任、王叶湉、雷云亮、李竺畔、张元世男、包坤极、郑乐锋、臧天茹。

审核：姚锦祥、袁微雨、周武华、王静姝、贺刚、马国春、包坤极、朱荣生、许馨匀、苏艳婷。

终核：孙成昊。

11月专报

一　国际格局

1.IRIS：全球石油工业力量失衡导致全球能源危机

11月8日，法国国际关系和战略研究所（IRIS）发布了研究员皮埃尔·拉布埃（Pierre Laboué）的文章《不安全的能源：全球危机背后的原因》。文章指出，2021年初以来化石能源价格持续上涨，严重影响了全球经济复苏，本轮价格上涨反映了全球石油工业的力量再平衡。美国由于受飓风侵袭以及生产商大规模破产重组，石油产量下降明显。而欧洲与亚洲则在争夺俄罗斯与中亚有限的天然气产能以确保自身能源供应。对欧洲来说，天然气作为煤的主要替代弥补了可再生能源在过去两个季度的生产下滑。中国从俄、中亚购买大量能源以及近期能源危机导致欧洲的能源公司无法在竞争中取得优势。欧洲能源供应过度依赖与俄罗斯长期合同也使得欧洲在能源安全上不得不依赖俄罗斯。作者指出，对欧盟来说，全球能源危机给欧洲造成了重大经济影响，不断上涨的化石燃料价格可能减缓欧洲本就脆弱的经济复苏。电力、粮食和农业生产等部门均情况严峻。

https://www.iris-france.org/162328-insecurite-energetique-les-dessous-dune-crise-mondiale/

2.《外交政策》：大型科技公司无法重塑全球秩序

11月8日，《外交政策》刊登了专栏作家、美国哈佛大学罗伯特·贝尔弗国际关系教授斯蒂芬·沃尔特（Stephen M. Walt）的文章《大型科技公司无法重塑全球秩序》。文章反驳了欧亚集团总裁布雷默的观点，认为大型科技公司不会深刻改变地缘政治，甚至在未来取代民族国家，并给出三点理由。第一，国家建立在人类不可或缺的物理空间基础上，而大型科技公司建立在并非绝对必要的数字空间基础上。人类在没有网络的历史中成功生活了数千年，但人类若离开诸如水、食物、土地等物理要素则无法生存。第二，国家是当今最主要的政治形式，能够为自己的人民和企业提供保护，并拥有合法使用武力的权力，但科技公司并没有这种权力和能力。第三，大型科技公司和历史上各时期的垄断产业并无二致，最终都将回归合理的利润区间，在国家的政治和制度框架内发展。

https://foreignpolicy.com/2021/11/08/big-tech-wont-remake-the-global-order/?tpcc=recirc_trending062921

二 美国观察

1. 布鲁金斯学会：迎接挑战——在与中国的关系中驾驭竞争、避免危机，促进美国利益

11月，布鲁金斯学会刊登布鲁金斯学会主席约翰·艾伦（John Allen）、布鲁金斯学会东亚政策研究中心高级研究员何瑞恩（Ryan Hass）和布鲁斯·琼斯（Bruce Jones）的报告《迎接挑战——在对华关系中引导竞争、避免危机，促进美国利益》。报告指出，美中关系过往的管理框架已经瓦解，战略竞争已成为两国新的现实。一些观点提出将对华战略转为全方位遏制战略框架，但这一做法成本和风险较高。报告提出替代性方案：即在气候变化等全球问题上与中国合作，同时努力扩大中国市场的准入。因此需要推行一

项能确保盟友长期参与，又能得到美国公众和政府支持的战略，其可基于三大原则：其一，承认持续的战略竞争是两国关系的基本线，降低合作期望的同时抵制冲突宿命论；其二，投资自身外交、经济和军力建设，以此为后盾提高遏制和处理分歧的能力；其三，共同努力，使全球治理问题免受美中竞争影响，在金融稳定、疫情防控、缓解气候变暖等关键全球公共品上形成有监督的多边框架协调机制。

https://www.brookings.edu/research/rising-to-the-challenge-navigating-competition-avoiding-crisis-and-advancing-us-interests-in-relations-with-china/

2.《纽约时报》：美中冷战言论弊大于利

11月2日，《纽约时报》发表哈佛大学教授约瑟夫·奈（Joseph S. Nye Jr.）的文章《美中关系的"冷战"类比既懒惰又危险》。文章认为，美中两国竞争是军事、经济、社会三维博弈。如果美国继续沿用军事胜负的二维冷战思维，将在竞争中落败。约瑟夫·奈认为，拜登政府明智地拒绝使用"冷战"来描述美中竞争，但其对华战略仍然受到冷战思维的影响，将美中竞争框定在之前美苏以军力为主的二维博弈中。冷战期间，由于美苏间几无经济或社会联系，遏制是可行目标。但如今美中在军事、经济和社会各层面联系紧密，简单运用冷战类比会模糊和误导，提供无效策略。经济层面，美中深度相互依存，美国与中国经济"脱钩"将付出巨大代价。社会层面，从教育到旅游等，两国间联系千丝万缕。作者强调，相互依赖是一把双刃剑：因相互影响的顾虑可使各方谨慎行事，但美中各自的脆弱性也赋予对方施加影响的工具。尽管美国仍然是军事上唯一的全球大国，有军事优势的信心，但如今的权力分布多极化。在经济领域，美国、中国、欧洲和日本是最大的参与者。在跨国事务上，没有一个国家可以单独解决气候变化和疫情等跨国问题，非政府组织也发挥越来越大的作用。在意识形态领域，多是与其他议题捆绑后的折射效应而非直接对立。因此，美中将长期处于"合作竞争"中，美国需要设计与此匹配的战略。在国内，增加研发支持，加强技术优势，加快军事现代化。在国际，补足对东亚经贸关系短板，加强联盟关系，发展相关机构和国际条约应对全球问题的解决。一旦美国加强与欧洲、日本等民主国家的联盟，中国的人口规模和经济增长率都不再是优势。

https://www.nytimes.com/2021/11/02/opinion/biden-china-cold-war.html

3.《外交事务》：美国的边境困境

11月23日，《外交事务》网站发表了木扎法尔·奇什蒂（Muzaffar Chishti）和多里斯·梅思纳（Doris M. Meissner）联合撰写的文章《美国的边境困境》。文章认为，尽管拜登力推解决移民问题，但目前无更多政策工具推进，被迫以执法与外交结合应对。作者认为，特朗普时期以惩罚为主的移民政策一定程度上促进了移民制度改革，拜登难以完全脱离这一路径。但这不能解决当前的移民问题，且随着基础设施法案等的通过，美国对劳动力需求扩大，将提高对移民的需求。这意味着拜登政府将在阻止移民问题上越来越依赖西半球国家，尤其是墨西哥，并建立全球的责任分担解决方案，例如，参与高级别外交且在各国之间达成广泛的协议。对此作者提议，美国应提供大量货币支持，确保移民数量大的国家能接受一部分移民并防止他们前往美国；各国政府应致力于在整个半球建立成熟的移民和移民管理系统；美国应从国内开始从长计议修改移民法。只有通过多边行动和承诺，才能成功阻止不断升级和混乱的移民流动。

https://www.foreignaffairs.com/articles/americas/2021-11-23/americas-border-dilemma

4.皇研所：两极分化的美国仍然没有团结的迹象

11月23日，英国皇家国际事务研究所网站刊登了其美国和美洲项目主任莱斯丽·维嘉姆丽（Leslie Vinjamuri）的评论文章《两极分化的美国仍然没有团结的迹象》。文章指出，拜登政府任期的第一年将结束之际，美国国会通过了1.2万亿美元的两党基础设施法案。虽然在政策方面取得了成果，但国内两极分化已十分严重。尤其在种族平等、教育等关键问题上，两党选民之间的分歧明显。根深蒂固的党派分歧和闭塞的党派叙事也造成了另一种现象，即无论拜登国内议程是否惠及普通美国人，都难以影响美国人如何评价拜登政府领导能力，拜登治愈国家分裂的前景依然渺茫。作者认为，分裂的选民不仅对于美国总统，而且为更广泛的美国民主敲响警钟。不仅会削弱美国的海外影响力，还给美国民主带来更大的不确定性。

https://www.chathamhouse.org/2021/11/polarized-america-still-showing-little-sign-unity

三　欧洲观察

1.《金融时报》：英法竞争使西方处于危险之中

11月1日，《金融时报》刊登吉迪恩·拉赫曼（Gideon Rachman）的文章《英法竞争使西方处于危险之中》。文章认为，英法竞争正成为一个严重的国际问题，问题根源是英国"脱欧"。英国首相约翰逊需证明英国"脱欧"是成功的，而法国总统马克龙则需要它失败。当前英国国内舆论逐渐认为"脱欧"错误，给约翰逊造成了压力。若通货膨胀和物资短缺在冬季恶化，英法之间更容易发生冲突。如果法国威胁要减缓通过海峡港口的英国货物运输时，那么英国的短缺则可以归咎于法国人，而不是英国"脱欧"的内在缺陷。英国政府也准备对作为"脱欧"协议一部分的《北爱尔兰协议》进行单方面修改。这样，与法国发生争执可以让约翰逊声称这些变化是对法国态度的强硬回应。法国方面，马克龙面临4月总统选举压力，极右翼一再坚持"英国人赢得了'脱欧'之战"，同时美英澳安全合作伙伴关系也加剧了法国对英国的愤怒。作者强调，英法对抗将影响北约、G7和各个方面的国际谈判。美国需让英国明白，华盛顿将欧盟视为极其重要的合作伙伴，而法国则需要接受美国要靠英国"脱欧"才能取得成功的事实。文章最后指出，马克龙和约翰逊显然很重视与拜登的关系，这一情况为美国提供了干预的机会。美国应该努力说服英法放弃对彼此的不满，并为了它们及更广泛的西方利益而共同努力。

https://www.ft.com/content/2a9c4342-01f8-4e09-8cd7-639a9c4e5af8

2.法国国际关系与战略研究所：充满变数的乌克兰未来

11月2日，法国国际关系与战略研究所（IRIS）发布了研究主任让·德·格里尼亚斯蒂（Jean de Gliniasty）的文章《乌克兰：不确定的经济和外交前景？》。作者认为，受疫情影响，泽连斯基试图通过贯彻其反腐行动和打压亲俄派乌克兰人来稳固其摇摇欲坠的支持率。不过，在"北溪2号"问题上，柏林和莫斯科已经达成协议减少过境乌克兰的管道线路铺设，这将对基辅从"运输特许权"中获利造成重大负面影响。关于顿巴斯局势和《明斯克协议》，作者认为俄罗斯在这一地区的不可逆影响，已经使得华盛顿对乌克兰问题的态度出现倦怠情绪。在最近的会面中，拜登向泽连斯基表示会继续对俄制裁，但美国正试图将冲突维持在最低层面，也没有对乌克兰加入北约做出任何承诺。与此类似，乌克兰也没有加入欧盟的前景，这使泽连斯基处于巨大窘境中。

https://www.iris-france.org/162124-ukraine-un-avenir-economique-et-diplomatique-incertain

3.RUSI：北约应调整对俄政策适应恶化的对话形势

11月3日，英国皇家三军防务研究所（RUSI）网站发布波兰卡西默·普拉斯基基金会（Casimir Pulaski Foundation）高级研究员、前北约驻莫斯科信息中心（NATO Information Office）主管罗伯特·皮斯茨尔（Robert Pszczel）撰写的文章《俄罗斯－北约关系：危机还是机遇？》。10月，俄外长拉夫罗夫以"缺乏进行外交活动的必要条件"为由，暂停与北约的正式外交关系、俄驻布鲁塞尔代表团和北约驻莫斯科军事联络团的工作，并关闭北约驻莫斯科信息中心。北约对此反应冷静，并认为这是俄数月来一直拒绝参与北约—俄罗斯理事会（NATO–Russia Council）活动的表现之一。作者认为北约有充分理由如此回应：双边关系法理保障仍未失效，此番冻结并非史上首次；2014年克里米亚危机后双边互动已明显降温，且俄惯用"预防性叙事"策略诋毁北约拒绝对话、推动局势升级；俄方真正动机在于将北约塑造为美国控制欧洲的工具，从而削弱其对于欧洲安全的重要性。作者进一步指出，俄方此举希望引起北约内部分裂，有明显对抗意图，也会损害双边合作带给俄方的民间利益。作者建议，针对新情况，北约应更为强硬且有针对性地反击俄全天候的虚假信息宣传攻势；抓住机会重估俄对北约政策目标，全面调整对俄政策以巩固内部团结；在新战略概念中突出俄与北约对抗的意图，推动对俄实际而有效的威慑。虽然这将被视作升级局势的举措，但在缺乏双边对话的情况下，这将有利于北约掌控形势，调整对俄态度和政策。

https://rusi.org/explore-our-research/publications/commentary/russia-nato-relations-crisis-or-opportunity

4. 北约防务学院：北约应对未来的战略调整方向

11月26日，北约防务学院（NATO Defense College）网站发布其研究部主任古蒂埃里·塔迪（Thierry Tardy）撰写的文章《北约的未来》。北约2030反思和2022年北约的战略概念评审提出了两组问题：北约对未来安全环境的适应性和北约内部对该联盟类型、原则及方法的共识程度。作者指出，确定北约未来战略走向需评估联盟面临的威胁、美国的政策及欧洲立场这三方面因素。北约在新威胁环境下需明辨核心威胁和战略优先事项。作者认为，美国的战略关切转向在印太地区的对华竞争，美对北约参与亚洲地缘对抗的期待也将影响北约未来；欧洲必须考虑美国从联盟中抽身的影响、在北约框架外战略自主的愿景及应对俄罗斯威胁的同时参与"印太"事务的意愿。文章提出，2030—2040年，北约或将面临5种状况（各种设想不一定互斥）：第一，延续传统国防目标和应对新型多样的安全威胁两头并重的趋势，但若成员国内部目标分歧加大，北约地位将被边缘化。第二，重新关注集体防御核心业务，将与国防没有严格关系的事务交予欧盟，参与大国竞争，承担更多欧洲防御职能，让美国专注亚洲。第三，转向广义安全组织，应对大范围混合安全威胁并淡化军事功能，但将导致与欧盟的组织职能竞争，其行动能力也将受制于成员国内部的技术能力差异。第四，成为"西方阵营"遏制中国的特殊工具，注重集体防御，甚至参与印太地区的军力投送任务。第五，由于丧失来自美国及欧洲国家内部舆论支持，北约作用边缘化，欧盟取而代之承担部分欧洲防御功能。最后，作者建议，北约应谨慎评估成功经验和自身能力，避免不适应新环境和地位边缘化问题。

https://www.ndc.nato.int/news/news.php?icode=1634

四 亚太观察

1. 美国国家安全顾问沙利文出席2021年洛伊讲座

11月11日，美国国家安全顾问杰克·沙利文（Jake Sullivan）出席澳大利亚洛伊国际政策研究所主办的2021年"洛伊讲座"（2021 Lowy Lecture），并同洛伊研究所执行主任迈克尔·弗里拉夫（Michael Fullilove）对谈。沙利文在演讲中指出，当前美国外交政策和国家安全战略致力于夯实坚实的国家实力基础，以同时应对地缘政治竞争和跨国威胁两方面的现实挑战。他援引美前国务卿迪安·艾奇逊（Dean Acheson）在重建"第二次世界大战"后国际秩序时使用的概念——"基于力量的局势"（situation of strength），并提出五大步骤。第一，在美国国内以立法、经济等综合政策推动基础设施和创新能力建设，储备实力；第二，在全球建立适应21世纪的联盟和伙伴关系网络架构（latticework），包括更新以北约等跨大西洋伙伴关系、建立四国机制（Quad）和美英澳三边合作关系（AUKUS）；第三，重返《巴黎协定》缔约方和世界卫生组织等关键国际机构，发挥领导作用并塑造之；第四，扭转在中东地区过度强调战争和军事参与、忽视外交的做法，结束阿富汗战争，综合威慑、外交和缓和推动中东地区稳定；第五，为有效、健康的对华竞争设定条件，重视印太地区，但不忽视跨大西洋联盟和美俄关系建设。在问答环节，沙利文指出，美国是印太地区的常驻大国（resident power），同地区国家有长久且重要的盟友或伙伴联系，且美国有意将Quad扩展为民主强国间的新型伙伴关系，在安全、技术、经济和气候等领域互助。美国希望美中共存的局面对美国的利益和价值观有益，将在经济、技术等多层面展开对华激烈竞争，美国正设法同盟友一道，围绕经贸、数字治理、气候等议题的共同愿景协调政策，制定全面、强大且有吸引力的议程。

https://www.lowyinstitute.org/publications/2021-lowy-lecture-jake-sullivan

2.新加坡东南亚研究所：建立中国—东盟全面战略伙伴关系的意义

11月24日，新加坡东南亚研究所发布东盟研究中心政治安全事务首席研究员乔安妮·林（Joanne Lin）的文章《中国在为中国—东盟全面战略伙伴关系带来什么？》。11月22日举办的中国—东盟建立对话关系30周年纪念峰会上，双方宣布将彼此关系提升为"全面战略伙伴关系"，使中国在东盟伙伴网络中具更高地位。作者指出，对东盟而言，升级双边伙伴关系称号有其意义。在经济方面，中国、东盟互为彼此最大贸易伙伴，中国还承诺在未来三到五年时间里向东盟提供发展援助并扩大农产品进口。在政治方面，中国是东亚峰会（EAS）、东盟地区论坛（ARF）和东盟防长会议+（ADMM-Plus）等各个东盟区域合作框架机制中的重要组成部分，此次峰会中国也充分尊重东盟国家意愿，未邀请存在争议的缅甸代表参会。在安全方面，双方合作范围广泛，中国是第一个加入《东南亚友好合作条约》的对话伙伴。但中国—东盟关系仍受南海争端、战略协调等问题的影响。同时，对于能够加强东盟在该区域核心地位的《东盟印太展望》，东盟坚决反对任何外部抵制，中国需加强与东盟的战略对接，支持《东盟印太展望》优先领域事项的实施。最后，作者指出除中国外，东盟也与澳大利亚宣布全面战略伙伴关系定位，这表明东盟力图避免向外界发出"倒向中国"的信号。东盟对伙伴关系的定位有两点考虑：第一，新的伙伴关系称号是东盟对双方关系深度、广度的认可，而非升级现有关系；第二，新的伙伴关系应是有意义的、实质的和互惠的。但面对世界的众多合作伙伴，东盟尚未进一步明确各类称号的实质意义，未来如何处理与各对话伙伴合作程度及排序尚待观察。

https://fulcrum.sg/what-is-china-bringing-to-the-comprehensive-strategic-partnership-with-asean/

3.《外交学人》：日韩关系能否重回正轨？

11月25日，《外交学人》网站刊登华盛顿智库"史汀生中心"（The Stimson Center）日本研究项目主任辰巳由纪（Yuki Tatsumi）的评论文章《日韩关系能否重回正轨？》。作者认为，日韩作为美国的盟友和近邻，双边关系十分复杂，处于周期性变化。近期，两国关系降至新低，在华盛顿举行的美日韩三边副外长级别会谈上，韩国警察厅长登上韩日争议岛屿引发日方不满，原定的三方联合记者会临时取消，只有美国常务副国务卿舍曼一人独自亮相记者会。文章指出，日韩两国关系的起伏与两国外交正常化以来的历史恩怨密切相关。过去，日方常常寄希望于韩国总统选举改善双边关系，但当前参与2022年韩国总统选举的两位候选人，执政党共同民主党的李在明和最大在野党国民力量党的尹锡悦均表现出对日政策的强硬立场。同时，日本对韩政策也发生了重大变化，其"道歉疲劳"（Apology Fatigue）在文在寅政府时期不断加深。但作者认为，未来日韩间共同利益大于分歧，双方不仅需要面临传统安全挑战，还能在供应链重组、气候变化和后疫情时代经济振兴等领域携手合作。作者还指出，日本新首相岸田文雄是未来日韩双方重建好伙伴关系的重要人物，其温和保守派政治属性以及担任安倍政府外相时参与慰安妇协议谈判的经历能够一改日本政府的右翼形象。

https://thediplomat.com/2021/11/will-japan-south-korea-relations-ever-get-back-on-track/

五　中东观察

1.《外交事务》莱西政府外交政策转移重心

11月2日,《外交事务》刊登美国得克萨斯农工大学布什公共事务管理学院国际事务副教授穆罕默德·阿亚图拉希·塔巴尔（Mohammad Ayatollahi Tabaar）的文章《伊朗拒绝让步——随着核谈判的恢复，德黑兰不打算妥协》。作者指出，伊朗领导人正在构建新的强硬外交政策蓝图，认为华盛顿欺骗且不尊重伊朗伊斯兰共和国，并将集中力量建立以对抗美国的经济与军事筹码。伊朗首席核谈判代表最近宣布，将在11月底之前在维也纳恢复《关于伊朗核计划的全面协议（Joint Comprehensive Plan of Action）》的谈判。尽管莱希政府可能愿意谈判，但重启JCPoA并不是其外交政策的核心。在新总统领导下，伊朗围绕两个原则制定了新的外交政策。第一，增强伊朗迅速报复美国的能力，以防美国违背协议。伊朗认为JCPoA框架存在不对称性：对核的限制具有明确的技术指标，而解除制裁将为伊朗带来的经济利益却无法量化；同时，如果伊朗退出协议，其将迅速受到重新制裁，而美方不履行协议却并不会面临严重惩罚。因此，莱希外交政策的首要原则是尽全力阻止美国违背协议，并能够对其的任何攻击进行立即报复。第二，建立一个自足的、以亚洲为重点的经济体。莱希政府决心通过加强与中国、俄罗斯及邻国的经济联系，将伊朗经济与核谈判脱钩，使其免受制裁的影响。第三，作者表示，德黑兰的策略是处处抵消美国的影响，以胁迫回应胁迫。

https://www.foreignaffairs.com/articles/united-states/2021-11-02/iran-wont-back-down

2.《东亚论坛》：塔利班如何重塑中亚态势

11月3日,《东亚论坛》网站发表卡内基国际和平基金会俄罗斯和欧亚项目高级研究员保罗·斯特罗斯基（Paul Stronski）的文章《塔利班的胜利将如何重塑中亚态势》。文章指出，塔利班的胜利正改变该地区格局，为中国、俄罗斯等区域大国提供机会，在世界多极化过程中加强地区参与。塔吉克斯坦、土库曼斯坦和乌兹别克斯坦已加固其边境防御，避免大规模难民潮和武装分子越境活动。乌兹别克斯坦最愿意接触塔利班，塔吉克斯坦则对塔利班长期保持警惕。塔利班的胜利让俄罗斯有机会重新确立在中亚的影响力，但其安全战略深入中亚会带来风险。美国将塔吉克斯坦和乌兹别克斯坦等中亚国家视为从阿富汗撤军后稳定该地区的合作伙伴，但获许重新部署军事力量并非易事。此外，中亚各国认为伊朗和巴基斯坦的雄心会破坏地区稳定。文章认为，中亚和南亚这一新兴格局表明世界向更混乱的多极化进行转变，大国与地方行为体间的冲突将日益激烈。

https://www.eastasiaforum.org/2021/11/03/how-taliban-victory-will-reshape-regional-dynamics-in-central-asia/

3. 美国和平研究所刊文分析黎巴嫩与海湾国家的外交风波

11月9日，美国和平研究所在其网站发表中东与北非项目主任伊利·阿布昂（Elie Abouaoun）的文章《黎巴嫩与海湾国家外交风波的背后是什么？》。文章指出，黎巴嫩新闻部长乔治·库尔达希（George Kordahi）对沙特阿拉伯介入也门问题发表了批评言论，沙特方面驱逐黎巴嫩大使，禁止所有黎巴嫩产品的进口，并召回驻黎巴嫩大使。阿拉伯联合酋长国、巴林和科威特团结一致，召集了他们在黎巴嫩的大使。目前的危机反映出海湾国家广泛担忧伊朗及其盟友黎巴嫩真主党在该地区影响力。作者指出，该部长的声明只是黎巴嫩外交危机的直接起因，其深层原因在于，黎巴嫩现行立法机关和执行机关与部分海湾阿拉伯国家合作委员会的不信任感以及在如何处理伊朗在中东的影响力方面存在深刻分歧。作者强调，如果不加以遏制，这场危机将对黎巴嫩脆弱的经济和政治产生重大影响。经济上，黎巴嫩在贸易和就业上高度依赖海合会；政治上，此次危机将加剧逊尼派和什叶派领导人之间的分歧；最重要的是，政府的瘫痪及可能的辞职将阻碍金融复苏计划达成共识，而该计划也是与国际社会谈判救助计划的先决条件。作者指出，为解决此次外交危机，黎巴嫩应消除与海湾国家之间不信任的根源，避免采取在这些国家看来具有对抗性的政治立场。另外，尽管美国和法国与有关各方关系良好，但作者认为，由于海合会对黎巴嫩真主党的极度不信任，美、法的影响力将十分有限。

https://www.usip.org/publications/2021/11/whats-behind-lebanon-gulf-diplomatic-row

4.RUSI：分析塔利班获得承认的必要性及其条件

11月10日，英国皇家联合军种国防研究所（RUSI）发表英国前外交官、伦敦国王学院访问学者提姆·威拉西·威尔西（Tim Willasey Wilsey）撰写的文章《是什么挡在了塔利班与国际承认之间？》。文章指出，随着阿富汗进入冬季塔利班需要资金可落实的人道主义援助过冬、国际资金稳定经济及外部支持以应对"呼罗珊省"（ISK）的威胁。面对对塔利班国际承认及解除资金封锁的紧迫要求，作者提出国际社会可对阿塔提出的现实要求：第一，打造包容性政府，包括女性代表和塔利班之外的部族代表，排除失败的政客和过于好战的军事军阀，形成新一代技术官僚政府；第二，保证女性教育及社会参与。第三，清除阿富汗境内的所有恐怖分子及其据点，包括"呼罗珊省""基地组织""东突运动"、巴基斯坦塔利班等。第四，允许人们与自己在海外逃亡的家庭成员团聚，并停止搜查和惩罚2001年后为阿富汗政府或西方盟友工作的阿富汗人。第五，说服哈卡尼网络阻止基地组织在阿富汗重新部署。文章强调，尽管最终需要阿富汗周边各国共同讨论塔利班国际承认及相关条件，但目前最紧迫的是让阿富汗能成功过冬。

https://rusi.org/explore-our-research/publications/commentary/what-stands-between-taliban-and-recognition

5.法国国际关系与战略研究所：外部干预是利比亚的灾难

11月15日，法国国际关系与战略研究所发布了副主任迪迪埃·彼利雍

（Didier Billion）对 12 日在巴黎举行的利比亚问题国际会议的看法。会议主要围绕外国撤军和 12 月举行第一次总统和立法选举两个主题展开。彼利雍指出，由于民族团结政府和总统委员会之间的固有矛盾，年底顺利举行选举的可能性微乎其微。彼利雍着重分析了土耳其在利比亚问题中的作用，他指出，在土耳其的干预下，利比亚冲突双方的力量平衡发生变化，而土耳其认为其干预是被国际社会承认的，故对撤军持保留态度。因土耳其对穆兄会的支持，俄罗斯、埃及、沙特阿拉伯等域外势力反对土耳其在利比亚的军事存在。利比亚国内对两场选举也持不同意见，穆兄会支持议会选举，而总统委员会则偏好总统选举。候选人名单的不确定也给民众在年底之前做出选择造成了困难。彼利雍总结，利比亚问题是内部矛盾和外部问题交织的结果，这使得其国内局势越发复杂。过去十年利比亚动荡的例子不应被遗忘，西方从外部强加解决方案的结果大多是灾难性的。

https://www.iris-france.org/162564-conference-internationale-a-paris-une-etape-vers-la-democratie-libyenne/

6.《报业辛迪加》：伊核问题掣肘美国中东政策

11 月 17 日，《报业辛迪加》刊登美国对外关系委员会主席理查德·哈斯（Richard Haass）的文章《伊朗的和我们的核选择》。文章认为，原定 11 月 29 日恢复的美伊和谈判可能不会太成功，美国应考虑使用非正式外交手段取代正式外交谈判。2015 年达成联合全面行动计划（JCPoA）时，伊朗承诺永远不会发展核武器。然而，一旦 JCPoA 到期，伊朗发展一个全面核武器计划所需时间将极大缩短。实际上，协议签署后，伊朗数十亿美元资金解冻，并从广泛经济制裁中得到缓解。遵守 JCPoA 三年后，2018 年特朗普政府单方面退出协议促使伊朗随即与国际核查人员保持距离、发展核技术至接近制造核武器条件。拜登上任后表达了重新加入 JCPoA 的愿望，并敦促伊朗重返协议；但伊朗要求取消特朗普时代对伊制裁。然而，解除对伊制裁存在隐患。第一，这将使伊朗易于获取财政资源，稳定从事破坏也门、叙利亚等地稳定的活动。第二，美国没有理由相信伊朗将签署一项更长、约束更强的核协议或放弃成为核大国的根本目的。第三，伊朗可以重新加入2015年的协议，在遵守协议的同时，加速弹道导弹（该协议不包括在内）的生产，并在2030年之后大幅增加浓缩铀储备。此外，伊朗拥核可能促使一个或多个邻国效仿，地区冲突一触即发。另一种选择是用非正式外交方式来代替正式外交。美国可考虑通过无协议军备控制、与地区其他国家如以色列联合向伊传达对伊核能力容忍限度等非正式外交手段。若伊朗越过红线，美国可加强制裁或对伊可能具有经济和军事价值的目标进行网络和常规军事打击。然而，此类打击无法保证对伊奏效。拜登政府需考虑承诺对伊任何威胁或使用核武器行为进行报复。尽管特朗普与拜登都表示将减少美国在中东的军事介入，但伊朗使实现此目标的可能性越来越小。

https://www.project-syndicate.org/commentary/reviving-iran-nuclear-deal-viewed-skeptically-by-richard-haass-2021-11

7.CSIS：俄罗斯和伊朗在叙利亚合作的演变

11月17日，CSIS刊登哈佛大学肯尼迪政府学院贝尔弗科学和国际事务中心国际安全研究员尼科尔·格拉耶夫斯基（Nicole Grajewski）的报告《俄罗斯和伊朗在叙利亚合作的演变》。报告指出，在介入叙利亚战争的过程中，俄罗斯和伊朗的关系通过军事和政治交流得以强化。尽管俄伊两国都具有加强阿萨德政权的总体目标，并组建了一个非正规武装整编部队。不过，两国一些在具体目标上存在差异。俄罗斯的目标是训练一支统一和专业化的叙利亚部队，恢复叙利亚部队的作战能力；伊朗的目标则在于通过叙利亚的亲伊势力巩固伊朗的地区影响力。两国在叙利亚西部和阿勒颇面临协调行动和权力巩固的矛盾，在代尔祖尔和叙利亚南部也存在区域纠葛。尽管两国对叙利亚的未来愿景存在意见分歧，但这些分歧不会导致两国关系破裂。在叙利亚的军事合作经验使两国关系制度化，也提高了两国应对战后叙利亚问题的能力。

https://www.csis.org/analysis/evolution-russian-and-iranian-cooperation-syria

8.《南华早报》：中东能否成为中美战略合作的舞台？

11月21日，《南华早报》发布以色列雷克曼大学阿巴·埃班国际外交研究所亚洲政策项目负责人格达利亚·阿夫特曼（Gedaliah Afterman）和项目成员大卫·罗宾斯（David Robbins）的文章《中东能否成为中美战略合作的舞台？》。文章指出，随着伊核问题恢复谈判，中东地区的局势变化为中美两国的合作创造了机会，这种合作可以促进大国竞争的非军事化。美国从阿富汗撤军不仅体现了美国从中东地区继续"抽身"，还降低了美国对该地区安全承诺的可信度。此外，由于美国反对华为5G大规模进入利雅得和阿布扎比，美国与其海湾地区合作伙伴之间的关系也变得紧张。相反，中国正通过"一带一路"倡议和新冠疫苗援助等方式不断增强与中东的经济伙伴关系。文章认为，尽管不排除美国和中国在该地区竞争对抗的可能性，但双方可以基于共同的地缘战略利益进行合作。这种合作不仅对中美两国有利，还可能间接缓解亚洲地区的紧张局势。以色列和阿拉伯联合酋长国等"中间国家"采取积极主动的做法对于推动合作至关重要，特别是在《亚伯拉罕协议》签署后。此外，还应通过组建多国团体等方式促成中美政府围绕撤军后阿富汗地区稳定、伊核问题、粮食问题和气候变化问题进行谈判。

https://www.scmp.com/comment/opinion/world/article/3156383/can-middle-east-become-theatre-strategic-china us-cooperation?module=opinion&pgtype=homepage

六　非洲观察

1.《报业辛迪加》：非洲必须带头应对资本外逃问题

11月3日，《报业辛迪加》刊登了开普敦大学纳尔逊·曼德拉公共治理学院教授卡洛斯·洛佩斯（Carlos Lopes）及牛津大学非洲国际政治教授里卡多·索尔斯·德奥利韦拉（Ricardo Soares de Oliveira）的文章《非洲必须带头应对资本外逃问题》。文章揭露了非洲离岸金融的相关信息，呼吁采取国际行动，治理非洲的避税和逃税乱象。《潘多拉文件》（*The Pandora Papers*）（迄今为止对离岸金融进行的最大规模调查）表明，非法资金流动这一现象在非洲非常严重，许多知名非洲人士在专业人员的帮助下将资产转移到国外的主要金融中心，以此达到资产保护与避税的目的。同时，《潘多拉文件》指出，亚洲金融中心也已成为重要的离岸金融市场参与者，而这也凸显了该问题的全球性。面对这一现象，非洲税务管理论坛（The African Tax Administration Forum）、联合国贸易和发展会议（UNCTD）和经合组织（OECD）等国际组织都曾采取行动，但皆收效甚微。目前，尽管非洲的民间社会组织在这一领域表现活跃，非洲政府和设在非洲的国际组织并未采取重大举措，因此该现象仍缺乏一个强有力的集体应对措施。文章表示，非法资金流动剥夺了政府提供教育、医疗保健、贸易和通信基础设施等公共产品所需要的资源，这对经济的增长与繁荣带来了巨大影响。

https://www.project-syndicate.org/commentary/africa-must-lead-fight-against-illicit-capital-flows-by-carlos-lopes-4-and-ricardo-soares-de-oliveira-2021-11

2. 英国皇家国际事务研究所：埃塞俄比亚回归和平的方案

11月29日，英国皇家国际事务研究所刊登非洲之角问题研究员艾哈迈德·索利曼（Ahmed Soliman）的文章《埃塞俄比亚是否能扭转动乱、重塑和平？》。文章指出，埃塞俄比亚联邦政府和提格雷国防军（TDF）之间的冲突已经外溢，激化了提格雷和阿姆哈拉间的矛盾，加深了埃塞俄比亚各地的身份争夺，且不断逼近首都亚的斯亚贝巴。埃塞俄比亚北部面临人道主义危机，大量难民流离失所。然而，TDF并没有明确的政治革新方案，联邦总统阿比·艾哈迈德也逐渐丧失权力基础，双方都不愿听从国际和平呼吁，外部调解和施压收效甚微。作者指出，埃塞俄比亚重建和平，急需一种包容性的意识形态和共识性的治理愿景；联邦政府需要取消对TDF恐怖组织的认定，TDF需要接受联邦管辖的合法性，双方应当和平对话，实施人道主义援助，从根本上解决埃塞俄比亚结构性矛盾。目前，和平部和部分地方组织已经构建了对话平台，但回归和平仍需要政府同民间团体合作，携手共建广泛认可的民族团结政府，摒弃私利，努力达成政治解决方案。

https://www.chathamhouse.org/2021/11/can-ethiopia-avert-deep-turmoil-and-prioritize-peace

七 公共卫生

《报业辛迪加》：建设一个更好的全球卫生框架

11月28日，《报业辛迪加》刊登世界卫生组织总干事谭德塞（Tedros Ghebreyesus）的文章《建设一个更好的全球卫生框架》。文章指出，新冠肺炎疫苗在全球疫情防控上发挥重要作用，但是很多中低收入国家的人民没有机会享受这种收益，世界必须采取措施来改变这种关键资源分配不平均的状况，以确保未来再次应对疫情时可以有效协作。第一，必须使全球治理更加包容、公平和负责，为全球合作提供一个总体框架。第二，建立新的投融资机制，包括增加国内投资和调整国际融资，以支持低收入和中低收入国家。第三，设计和使用更好的多部门卫生监督系统，为世界提供更好的数据和分析，应对公共卫生紧急情况。第四，建设一个处于全球卫生框架中心、得到加强、授权和可持续供资的世界卫生组织。如果世界继续沿着当前既有的路线前进，那么将会带来毁灭性的经济和政治后果；但是，如果全世界团结一致共同努力建设一个更好的全球卫生框架，世界将拥有更健康、更安全、更公平、更和平的未来。

https://www.project-syndicate.org/commentary/four-priorities-forimproving-global-health-security-by-tedros-adhanom-ghebreyesus-2021-11

八　气候变化

1.《华盛顿邮报》：气候变化比中俄对美国更具有威胁性

11月9日，《华盛顿邮报》刊登专栏作家卡特里娜·赫维尔（Katrina Heuvel）的文章《为什么我们需要一封气候危机的"长电报"而不是与中俄发生冲突》。文章认为，虽然拜登已将气候变化称为"生存威胁"，但拜登的首要任务是准备与中国、俄罗斯等新兴大国的对决。值得称赞的是，拜登坚持将气候议题作为其政府的安全优先事项之一，他的"重建美好方案"（Build Back Better）也包含有史以来最大的气候投资，然而美国有必要开始重新思考并重新确定优先事项次序，以应对其最紧迫的安全挑战：气候变化对美国造成的安全威胁及生命财产损失已超过了中俄除战争外所能给美国带来的威胁。因此，美国需要加快自己的碳减排计划，其中一项改革将是大规模调整联邦支出，将其投向可替代能源和新技术的研发，以增强抵御能力。其次，美国的援助计划应更把为弱势国家提供适应及恢复能力当作重心，以挽救更多生命并减少经济损失。最后，美国必须解决与中国的对峙问题。对于美国及世界各国的安全来讲，美中共同领导世界应对日益严重的气候危机是首要任务。文章最后指出，乔治·凯南著名的"长电报"概述了与俄罗斯冷战开始时的遏制战略，美国现在也需要一封长电报来制定让中俄共同应对气候威胁的战略，如果美国找不到共同解决问题的方法，那么国家捍卫公民安全的基本职责就会荡然无存。

https://www.washingtonpost.com/opinions/2021/11/09/why-we-need-long-telegram-about-climate-crisis-not-conflict-with-china-or-russia/

2.Politico：发展中国家指责美国等发达国家正在实行"碳殖民主义"

11月11日,《政客》网站刊登其能源与环境记者扎克·科尔曼（Zack Colman）题为《发展中国家指责美国等发达国家正在实行"碳殖民主义"》的文章。在此次联合国气候变化大会中，美国气候特使约翰·克里（John Kerry）在大会中屡次提出各国应该更为频繁地评估、报送以及更新其官方碳排放计划。根据《巴黎协定》，各国同意从2025年开始每五年更新一次计划，美国则希望缩短间隔。这一呼吁激怒了印度、中国、印度尼西亚和沙特阿拉伯等22个发展中国家，他们认为美国正在借此掩饰其"碳殖民主义"（Carbon Colonialism），即发达国家不仅没有履行承诺为发展中国家提供资金帮助，还在减排责任上向发展中国家施压，剥夺发展中国家经济发展的权利。发达国家在工业化进程中排放了大量温室气体，对全球变暖负有不可推脱的责任，其2009年曾承诺，在2020年之前每年提供1000亿美元帮助发展中国家应对气候问题，这一承诺并没有兑现，这让一些发展中国家产生了不信任和不愿加速减排的情绪。各国对削减排放责任的分歧反映了发展中国家和发达国家之间长期以来的摩擦，而发达国家在此次会议中不愿履行责任并一味苛责发展中国家的态度使发展中国家更为失望。

https://www.politico.com/news/2021/11/11/us-europe-climate-pledges-developing-countries-520968

撰稿：李光启、王乾任、李竺畔、陈晖博、杨雨霏、王欣然、郑乐锋、陈逸实、李光启、崔元睿、许卓凡、郭一凡、汤卓筠、臧天茹、聂未希、王秀珊、包坤极、雷云亮、陈蕾、陈蕾。

审核：贺刚、姚锦祥、周武华、王静姝、许馨匀、朱荣生、苏艳婷、包坤极、袁微雨、马国春。

终核：孙成昊。

12月专报

一 国际格局

《报业辛迪加》：美中必须合作应对全球性挑战

12月29日，《报业辛迪加》网站发布诺贝尔经济学奖获得者、胡佛研究所资深研究员、斯坦福大学商学院前院长迈克尔·斯宾塞（Michael Spence）所撰文章《与中国的战略合作是否可能》。斯宾塞指出，目前全球经济复苏面临重重阻碍：第一，新冠肺炎疫情仍是最大挑战；第二，全球供应链危机和劳动力市场供给侧的变化带来巨大通胀压力，若无跨境协调措施，各国央行或将被迫通过收紧货币政策来抑制当前激增的需求；第三，数字技术等新行业亟须有效监管，其发展也导致了新的收入和财富不平等；第四，气候变化带来全球性挑战。作者称，美中双方应承认两国在这些全球挑战问题上有强烈共同利益而非仅是分歧。目前，尽管两国元首同意为气候变化和能源转型方面的合作开辟空间，但美国仍以国家安全为由加剧对华战略竞争。作者强调，在全球经济结构性转型、疫情肆虐的情况下，美中不能为本国利益而专注于竞争或挑起争端。要想在无合作的情况下避免竞争的危险，需要美中双方及其社会各部门持续发挥领导作用。

https://www.project-syndicate.org/commentary/us-china-competition-hurdles-to-recovery-future-prosperity-by-michael-spence-2021-12

二　美国观察

1.《国会山报》：困扰美国外交的三大"幽灵"

12月2日,《国会山报》发布美国明尼苏达州麦克莱斯特学院国际关系教授安德鲁·莱瑟姆（Andrew Latham）的文章《困扰美国外交的三大"幽灵"》。文章指出，如今美国舆论呼吁拜登政府在东欧采取实际行动以应对俄进攻性政策的呼声持续扩大，但这些呼声并不符合美国利益，而是由三种陈旧认识驱动的非理性观点。首先，许多人将俄罗斯视为"第二次世界大战"前的德国，因而主张强硬对待俄罗斯，避免助长其希特勒式的野心。其次，基于冷战时期的遏制理论，一些观点认为美应采取任何必要措施以阻止俄扩大影响力，并诱导其内部发生变化直至走向崩溃，从而实现和平演变。最后，美国外交决策机构长期视本国为冷战后国际体系主导大国，对自由主义全球秩序负有不可或缺的责任，须致力于抵御一切非民主国家所带来的威胁，故美应在国际社会抵制俄罗斯的行动中担任领导者角色。作者认为，上述三种认识严重误导美国外交。事实上，乌克兰局势并非关乎美国国家安全的关键问题，领导国际社会以强硬手段遏制俄罗斯只会提高战争爆发的风险，与美国利益完全相悖。

https://thehill.com/opinion/national-security/583932-the-three-ghosts-haunting-us-forcign-policy

2.《华尔街日报》：拜登政府"滞胀"危机

12月13日，《华尔街日报》网站发布美国前共和党参议院银行业委员菲尔·格拉姆（Phil Gramm）题为《拜登"滞胀"危机即将到来》的文章。文章指出，拜登政府坚持通货膨胀是暂时的，国家经济将会恢复新冠肺炎疫情前水平，但目前其经济调整已带来日益沉重的监管负担，当前通胀有演变为滞胀的风险。作者认为，早在奥巴马时期，民主党的放任管制和减税政策就造成了国内生产总值下跌，扼杀了次贷危机后的经济复苏；而拜登政府的政策变本加厉，前总统卡特和肯尼迪的铁路管制政策使得美国运输业成为世界最有效的运输系统，近半个世纪来两党的改革废除了旧有法，尤其在运输和高科技通信领域提高了生产力，过去的行政命令将"社会福利、种族公正、环境管理、人类尊严、公平与后代利益"作为效益衡量指标，而拜登政策将前述政策一一推翻。在经济下行压力下，持续采用刺激性支出政策和货币宽松政策，最终会使得美国经济陷入"滞胀"危机。

https://www.wsj.com/articles/the-biden-stagflation-is-coming-regulation-growth-inflation-build-back-better-khan-cordray-gensler-chopra-11639412593?mod=opinion_lead_pos5

3. CSIS刊文评析美国的中东政策

12月13日，美国战略与国际问题研究中心（CSIS）刊登其中东项目主任乔恩·奥尔特曼（Jon Alterman）的文章《少做还不够》。文章指出，二十年来，美国在中东地区的活动已经耗尽了美国公众和军方的精力，但美国的政策却未能实现它所宣称的许多目标。作者认为美国中东政策的战略目标应该是促进地区稳定，因为世界不再依赖石油。这一目标听起来雄心勃勃，但实际上并非如此。中东地区的不稳定因素有二。一是国家间冲突。几十年来，美国一直在该地区发挥着积极的外交作用，阻止武力冲突，并加强盟国和伙伴的防御能力。二是国家内部有组织的暴力的兴起。在未来20年里，许多国家更有可能面临这种威胁。全球能源转型趋势将会开启中东经济新的周期，并影响中东地区的稳定。帮助中东友好国家顺利过渡会是美国中东政策的一个很好选择，它使美国与区域国家最紧迫的需求保持一致，并协助它们避免可能爆发并成为其他区域问题的内部矛盾。美国的非政府组织机构、盟友、合作伙伴也可发挥作用。文章最后指出，拜登团队释放出前几届政府在中东过度行为的撤退信号是正确的，但将美国的中东政策完全集中在减法上是错误的，这样做会让美国错失参与该地区解决最大挑战的机会。中东如何应对未来30年全球的能源转型，将深刻影响美国的国家安全，美国的中东政策应与这一进程保持一致，这能帮助美国投资自己及其盟友伙伴的未来。

https://www.csis.org/analysis/doing-less-not-enough

4.《报业辛迪加》：美国对俄罗斯存在误解

12月28日，《报业辛迪加》刊登纽约新学院国际事务教授尼娜·L.赫鲁晓娃（Nina L. Khrushcheva）的文章《美国误解了俄罗斯什么》。文章认为，在俄总统普京掌权21年的大部分时间里，美俄关系每况愈下；美国对俄罗斯乌克兰政策的评估即是典型。由于普京近期感慨30年苏联的解体是一场"悲剧"，西方认为普京可能正寻求"重建苏联"。作者认为应像乔治·凯南一样以"特殊国家"心态理解俄罗斯。与美国例外论相对应，俄罗斯人一直认为俄从根本上来说是一个大国。2020年民调显示，58%的俄罗斯人支持俄罗斯"走自己的特别道路"，75%的俄罗斯人认为苏联时代是俄"最伟大的时代"；然而，只有28%的受访者表示希望"回到苏联的道路上"。俄罗斯人希望的不是复兴苏联，而是维持其势力范围。因此西方将俄定为威胁而忽视北约扩张是偏颇和愚蠢的。美欧无视俄对北约的担忧将提升俄民众对普京的支持率。乌克兰希望加入北约使俄民众认为边境存在安全威胁。美俄当前都将自己视为"例外国家"，若继续此种心理，危机循环将持续，风险亦不断升级，甚至是灾难性的。

https://www.project-syndicate.org/commentary/russia-troop-buildup-near-ukraine-security-talks-with-us-by-nina-l-khrushcheva-2021-12

三 欧洲观察

1.欧洲外交关系协会：德国对华新政策

12月8日，欧洲外交关系协会网站刊登高级政策研究员詹卡·奥尔特尔

（Janka Oertel）和副高级政策研究员安德鲁·斯莫尔（Andrew Small）共同撰写的文章《德国对华新政策》，讨论了德国新政府将如何调整对中国的态度。文章认为，如果德国新政府确实希望推动更加积极的外交政策，那么必须认识到这项外交政策所涉及的从数字化到气候变化和能源转型的各项问题都与中国密切相关，不可因循守旧。当前德国企业界已认为中国企业是其在全球市场上强大的竞争对手，并呼吁企业和政治领导人采取必要措施，确保德国和欧洲工业以及整个经济的长期恢复力和繁荣。这并不意味着所有德国公司将与中国市场"完全脱钩"，但需重新评估战略依赖性和多样化的必要性。文章最后表示，新一届德国政府的核心是亲欧洲的，跨大西洋议程将继续充满挑战。跨大西洋对华政策必须建立在新的基础上，欧盟－美国贸易和技术委员会是这方面的一个良好开端。

https://ecfr.eu/article/germanys-new-china-policy/

2. 瓦尔代俱乐部：分析欧洲安全秩序发展

12月15日，俄罗斯瓦尔代俱乐部发表美国伍德罗·威尔逊国际学者中心的研究员威廉·希尔（William Hill）所撰写的文章《后冷战时期的欧洲安全秩序已逝，新的秩序是什么？》。作者指出，后冷战时期人们对"包括俄罗斯在内的、不可分割的欧洲"的设想并未实现，其原因包括：第一，北约与欧盟范围扩张至俄罗斯边界，且在诸多涉及俄罗斯关键利益的事务上没有重视俄罗斯的意见。第二，俄、北约与欧盟未能进行真正的对话来协调关系。"东部伙伴计划"、北约—俄罗斯会议等平台或阻止俄罗斯参与地区事务讨论，并没有赋予俄罗斯足够的决策权。第三，欧洲安全与合作组织（OSCE）未能发展为泛欧洲安全组织。第四，各方对俄罗斯边境的苏联加盟国的地缘政治导向、政治安全联系等事务存在分歧。即西方认为这些国家有完整主权，而俄罗斯希望在其中享有特殊影响力。作者预测，未来北约、欧盟、欧安组织仍存在，但效力和作用不明朗。俄罗斯将重点转向欧亚大陆；美国将中国视为首要安全挑战；欧盟仍在为英国"脱欧"、美国减少对欧洲的关注而进行审慎的调整；欧安组织的成员国不一定会重视这一组织。作者指出，在可预见的未来，第一，欧洲安全秩序需反映世界秩序的新变化，尤其是中国崛起；第二，现有的组织平台等需要调整，包括西方与俄罗斯进行务实对话、俄罗斯采取非破坏性的方式处理周边地区事务、第三方促进对话但不强迫选择。目前，美俄的战略稳定双边对话有望缓和局势；欧盟—俄罗斯就能源安全的新一轮对话可能也有助益。对于欧洲整体而言，需要一个多边平台来讨论广泛的安全事务，从"欧安组织"就常规军力的紧迫问题展开谈判或是一个良好的选择。

https://valdaiclub.com/a/highlights/the-post-cold-war-european-security-order-is-gone/

3.《报业辛迪加》：欧洲共同安全的历史阻力

12月23日，《报业辛迪加》刊登德国前副总理兼外交部部长约施卡·菲舍尔（Joschka Fischer）的文章《欧洲共同安全的历史阻力》。文章指出，随着美国不断将战略重心向印太地区转移，欧洲亟须填补由此产生的"安全漏洞"。然而，当前欧盟在制定欧洲共同安全与防务政策时行动缓慢。文章认为，作为欧洲最具影响力的两个国家，法德在安全问题上的认知差异或是阻碍欧盟推动共同安全及防务一体化的主要原因。时至今日，法国的自我定位仍是欧洲大国，因为其不仅拥有核武器，还是联合国五个常任理事国之一。相反，第二次世界大战后德国奉行和平主义，专注于经济发展与和平统一。尽管法德存在上述历史差异，但双方相互依赖，且国家利益与欧盟利益一致。因此，如果欧盟希望实现共同安全及防务一体化，各成员国之间必须相互妥协、持续谈判。

https://www.project-syndicate.org/commentary/eu-security-policy-french-german-divide-by-joschka-fischer-2021-12

四 亚太观察

1. JIIA：岸田文雄政府外交和国家安全政策展望

12月13日，日本国际问题研究所（JIIA）网站发布"史汀生中心"（Stimson Center）高级研究员、东亚项目联合主任兼日本项目主任辰巳由纪（Yuki Tatsumi）撰写的文章《岸田文雄领导下的日本外交和国家安全政策：挑战和机遇》。文章称，岸田文雄在今年十月的首次国会演讲中确定其外交和国家政策基于三大"决心"：保卫"普遍价值"、保卫日本和平与安全、领导国际社会应对全球挑战。岸田文雄将在安倍晋三和菅义伟九年来外交政策的基础上继续发展"自由开放的印太"概念和美日印澳四国机制，强化经济安全、捍卫民主价值及保护人权，在应对全球气候变化行动中发挥领导作用。作为出身广岛的政治家，岸田还将致力于推动核裁军外交进程。岸田施政的重心放在保卫日本和平安全的第二个"决心"：包括修订日本三大关键外交政策文件：《国家安全保障战略》（NSS）、《国家防卫计划大纲》（NDPG）和《中期防御计划》（MTDP）。NSS最为重要，将确定日本在新战略环境和军力平衡态势下，应对中国实力崛起等地缘战略挑战的基本策略。NDPG、MTDP和配套的国防采购计划文件将指导日本有限的国防预算投入，以有效助力日本与美国和其他志同道合的国家合作。岸田还将继续强化日美合作。这些政策宣示不一定短期落实，但随着日本国会中保守势力增强，其将对日本未来十年的相关政策产生重大影响。作者最后建议，在重大决策中，岸田将同情、实用主义和凝聚共识作为优先项的政治风格将有利于他的施政进程。

https://www.jiia.or.jp/en/ajiss_commentary/japans-foreign-and-national-security-policy-under-kishida-challenges-and-opportunities.html

2.《外交学人》刊文分析拜登的印太战略

12月14日，《外交学人》杂志刊登编辑塞巴斯蒂安·斯特兰焦（Sebastian

Strangio)的文章《评安东尼·布林肯关于印太地区的雅加达演讲》。文章认为，尽管美国国务卿布林肯（Antony John Blinken）在雅加达演讲中谈到了"自由"、"开放"和"基于规则的秩序"等要点，但拜登政府印太战略仍含糊不清。布林肯强调，美国将努力向印太地区提供高质量的基础设施和疫苗，同时加强安全、整合供应链与技术创新方面的合作以维护印太地区的和平。美国也将通过一个讨论中的印度—太平洋经济框架来促进该地区的广泛繁荣，该框架将聚焦于贸易、数字经济、技术、供应链和清洁能源等。然而，自2017年特朗普退出《跨太平洋伙伴关系协定》以来，美国国内政治环境一直对多边贸易协定持高度敏感态度；2024年大选的不确定性也使布林肯的讲话是否在四年后还有意义存疑。布林肯的演讲还显示了美国与东南亚以及更广泛的全球南方国家交往中存在的问题：美国将自身权力和影响力标榜为绝对善，而对中国则贴上威胁的标签。美国政府将世界划分为相互竞争两大阵营，这种二元结构在民主峰会上被制度化。然而，少有东南亚国家政府认同美国上述意识形态；相反却与中国处于一种复杂的共存状态，共同特征是保持密切的经济关系。作者认为，印太地区普遍赞成美国更有力的参与，但反对僵化的二元对立，这是华盛顿目前对该地区的核心做法。如果美国不注意这一点，它在东南亚和更广泛的印太地区的政策注定会是一个没有战略的口号。

https://thediplomat.com/2021/12/assessing-antony-blinkens-jakarta-speech-on-the-indo-pacific/

3. 东亚论坛：韩国正推进更积极的国防战略

12月22日，东亚论坛网站发布韩国国防分析研究所副研究员鲍兰权（Bo Ram Kwon）所撰文章《审视韩国积极的国防战略》。文章认为，东北亚安全环境日益不稳定，朝鲜核能力的提升以及中国战略力量的增强加剧了韩国的安全焦虑，而美中竞争的加剧使得朝核问题可能成为不被优先解决的边缘问题。此外，美国前特朗普政府对联盟的不尊重以及美国联盟战略基调的根本变化，增强了韩国将国家安全事务掌握在自己手中的紧迫感。鉴于上述因素，韩国为新的中期防务计划提供更高的国防预算，旨在建立更先进、更独立的军事力量。文章指出，韩国采取多管齐下的国防战略，推进国防改革2.0，实现军队现代化，以最大限度地提高效率，改革的重点在于部队结构调整和武器采购，并重视科技的军事应用，扩大军队的传统军事边界以涵盖网络和太空领域。文章同时指出，韩国怀有成为美国可信盟友和中等强国的愿景，寻求加强与美国在印太地区的安全合作，并正在与澳大利亚、印度和东盟成员国建立多样化的安全伙伴关系。作者认为，如果现有的无核化谈判不发生实质性改变，朝鲜的军事发展将迫使韩国继续推进更积极的国防战略。

https://www.eastasiaforum.org/2021/12/22/putting-south-koreas-proactive-national-defence-strategy-in-perspective/

4.《国会山报》发文分析印度在俄美间的平衡外交

12月25日，《国会山报》发布哈德逊研究所（Hudson Institute）"印度和南亚未来倡议"（Initiative on the Future of India and South Asia）研究员、主任阿帕娜·潘德（Aparna Pande）的文章《印度在俄美间谨慎的平衡行为》。文章指出，俄罗斯总统普京近期对印度的访问反映了新德里对战略自主的追求。尽管印美间建立了牢固的战略伙伴关系，但印政府并不认为美国完全可靠。鉴于巴基斯坦和中国对印度安全的威胁，莫迪政府希望确保印度拥有美国以外的其他合作伙伴，并得到军事装备和相关技术。对印度而言，同俄建立良好关系是国家安全的需要。自冷战以来，苏联及其后继者俄罗斯始终是印最重要的武器供应商，尤其是在导弹系统方面。同时，虽然美印一致认为中国是两国所面临的主要威胁，但美国的印太战略重心在海洋，且不愿将巴基斯坦视为南亚主要不稳定因素，故印度希望通过外交互动、高额武器交易等方式加强同俄罗斯的关系，以确保莫斯科在印中博弈中站在印度一侧或至少保持中立，不会向巴基斯坦出售高端武器。但在印度试图拉拢俄罗斯制衡中国的同时，作为伙伴的美国却仍将俄罗斯视为自身及全球层面的重大威胁。作者认为，如果美国想要促使印度疏远俄罗斯，其必须帮助印度建设国防工业综合体，并给予其最新的军事技术。

https://thehill.com/opinion/international/585527-indias-delicate-balancing-act-between-russia-us

五　中东观察

1. 兰德公司：西方与塔利班接触时机已成熟

12月17日，兰德公司网站刊登耶鲁大学杰克逊中心高级研究员罗里·斯图尔特（Rory Stewart）、布鲁金斯学会国防和战略主席迈克尔·奥汉隆（Michael E.O'Hanlon）和兰德公司高级政策研究员奥贝德·尤诺斯西（Obaid Younossi）共同撰写的文章《西方是时候和塔利班进行接触了》。文章指出，塔利班赢得了阿富汗战争已是既定事实，而目前阿富汗正面临饥荒、新冠肺炎疫情、经济崩溃等多重危机。国际社会现在应该认真考虑与塔利班达成协议，以应对经济崩溃和孤立可能引发的更深层次不稳定。首先，国际社会不应将人道主义援助作为对塔利班的威胁，相反，可以向其提供人道主义援助和基本水平的发展支持；其次，美国和国际社会还可以提供其他可能影响塔利班行为的重要承诺，包括外交承认、更慷慨的发展和技术援助，以及允许外国银行账户进入该国。作为交换，塔利班承诺会达到人权和公平治理的最低标准。谈判者可以努力推动关键目标的实现，如妇女的教育、妇女以及少数民族和宗教群体的合法权利、社会各阶层平等获得食品、医疗和就业的机会。文章强调，国际社会需要派驻人员，以确保协议得到遵守，并在需要时协助执行协议。

https://www.rand.org/blog/2021/12/its-time-for-the-west-to-engage-with-the-taliban.html

2. IRIS：美国应慎重考虑伊核谈判失败后的军事替代方案

12月20日，法国国际关系与战略研究所发布了研究员、伊朗问题专家蒂埃里·科维尔（Thierry Coville）的评论文章《伊核问题——谈判与制裁》。作者认为，华盛顿近期因伊朗侵犯人权而对伊朗实施制裁是对伊朗施压战略的一部分，德黑兰必须明白，谈判不可能永远持续下去。美国意图警告德黑兰如果伊朗没有有效推动在维也纳谈判的进程并想拖延时间，美国将对伊朗实施越来越多的制裁，以迫使其进行有意义的谈判。作者指出，自2019年起，伊朗决定逐步退出2015年的协议。尽管不打算制造核弹，但伊朗的核计划已经严重偏离了2015年协议规定的限制。在核计划与产能方面，德黑兰开始拥有远高于协议预期的浓缩铀库存。这种情况让西方感到恐惧。自该国退出2015年的协议以来，伊朗建造核弹所需的时间实际上已经大大减少。随着美国开始寻找伊朗核协议的替代方案，核协议失败带来的战争风险逐步增加。然而，作者认为美国直接参与热战的可能随着美军从伊拉克和阿富汗的撤军而降低，但不排除发动对伊朗军事基地的袭击。他建议美国与以色列应谨慎考量核谈判失败之后的军事替代方案。

https://www.iris-france.org/163433-nucleaire-iranien-entre-negociations-et-sanctions/

六 非洲观察

1.《国会山报》：美国应为克服非洲治理赤字推动务实的解决方案

12月7日，《国会山报》刊登美国华盛顿国际咨询公司KRL的总裁兼首席执行官K.里瓦·莱文森（K. Riva Levinson）的文章《拜登"民主峰会"遭遇非洲悖论》。作者指出，自新冠肺炎疫情暴发以来，非洲几内亚、马里和苏丹等国发生了一系列针对文职领导层的军事叛乱等民主倒退事件。根据非洲晴雨表（Afrobarometer）的调查数据，非洲各国的权力行使已违背了大多数人民的意愿。同时，非洲人相信民主比所有其他形式的政府更可取，但他们越发认为选举无法让他们的领导人承担责任。作者认为，美国应该进一步帮助非洲克服治理赤字，并助力推动针对权威体制遗留问题的务实解决方案，其中可包括：告知长期在任的非洲领导人，美国准备与他们合作，但他们必须有退任计划；运用美国的影响力来帮助缩小政治圈内外的鸿沟，避免用暴力解决所有问题；借助培训、技术和数据，启动资源项目以支持青年、妇女以及其他新候选人，弥合竞选资金缺口；支持推动系统性变革和致力实现有效治理的宪法选举改革的民间社会机构；在选民被剥夺权利之前就介入选举过程，包括候选人的选择、选举法的制定、选举机构的组成。最后，作者认为华盛顿也许是时候进行一些反直觉的思考，把美国所有的民主卡牌都摆在桌面上。

https://thehill.com/opinion/international/584702-bidens-democracy-summit-meets-the-african-paradox

2.《国家利益》：南非为何放弃核武器

12月29日，《国家利益》发布华盛顿大学博士罗伯特·法利（Robert Farley）的文章《南非为何放弃核武器》，表示南非是唯一发展核武器后放弃的国家。最初，南非认为核武器可以直接抵御针对南非的军事攻击，并且可以在国家危机时期得到西方军事与外交方面的支持。同时，南非在其本土就可开采到研发核力量需要的铀，且其拥有的现代化工业经济以及能够通过进入美国和欧洲学习到的先进技术让他有能力开发核武器。冷战结束后，失去苏联支持的邻国对南非的真实军事威胁小了许多，并且南非政府不再认为拥核可以制止其种族隔离制度，于是不再愿意花费外交和军事上的精力维持其核威慑力。文章认为，20世纪90年代南非做出的放弃发展核计划的决定让世界更加安全，并且为其他拥核国家消除核计划提供了一个模板，然而随着近年来全球局势的加剧紧张，短期内似乎没有国家会加入南非的"去核俱乐部"。

https://nationalinterest.org/blog/reboot/why-did-south-africa-give-its-nuclear-weapons-198462

七　俄罗斯观察

1. 莫斯科卡内基中心：俄罗斯与乌克兰处于战争爆发边缘

12月1日，莫斯科卡内基中心发布中心高级研究员亚历山大·鲍诺夫（Alexander Baunov）的文章《俄罗斯和乌克兰再次处于战争爆发的边缘吗？》。文章首先回顾了今年春天俄乌边界的军事冲突以及美国、俄罗斯和乌克兰三国领导人沟通结果，指出本次冲突与当时的冲突相比，又产生了一系列新问题。文章随后指出，普京在外交部发表讲话时强调保证俄罗斯西部边境长期稳定安全，但此前西方世界的一系列军事、政治挑衅行为导致俄方下一步采取的措施尚未明了。文章接着指出，俄罗斯作为新型超级大国的影响力还不够，而乌克兰东部的冲突可以赋予其更大的影响力。这也直接导致了西方世界的两难境地：提高俄罗斯地位以从冲突中获利，还是放弃对莫斯科的帮助从而用战争状态钳制俄罗斯。如果乌克兰以武力夺回顿巴斯，那么俄罗斯很有可能会入侵乌克兰，而俄罗斯这一举动将势必被指责为侵略行为；而即使俄罗斯只是对乌克兰的行为进行回应，也会因使用武力而被视为入侵行为。如果西方将俄乌冲突看成俄罗斯对乌克兰领土的侵略和俄罗斯帝国的回归，那么俄罗斯人将认为这是乌克兰族对俄罗斯族的攻击。接着文章从俄罗斯角度回顾了俄乌冲突：苏联解体以来，俄罗斯最担心的便是北约东扩问题，如今乌克兰等国已经在俄罗斯西部边界部署西式军事设施。这使情况更加难以预测。莫斯科已经认识到毗邻这样一个戒备森严地区的危险，只是应对方式尚未明了。最后文章表示，俄乌两国目前的克制与负责任的行为都是在拯救人类免于一场全球性冲突，因为如果俄乌冲突继续升级，那么世界都可能因此被拖入战火。

https://carnegiemoscow.org/commentary/85892

2. 莫斯科卡内基中心：俄印应反思、调整和升级双边关系

12月2日，莫斯科卡内基中心发表该中心研究委员会和外交与安全政策计划的主席迪米特里·特列宁（Dmitri Trenin）的文章《俄印关系：反思、调整与升级》。文章指出，当前俄印两国关系密切，2021年7月出台的俄罗斯《国家安全战略》将俄印关系提升为"特殊优先战略伙伴关系"（Special Privileged Strategic Partnership），普京下周的印度之旅也将为两国关系注入新动力。但两国关系在地缘政治、经济和国内精英认知层面也存在问题，为使俄印关系更为紧密，俄应反思、调整并升级两国关系：第一，更深入研究现代印度，调整对印度的定位，避免轻视其在地区、全球的作用，了解印度与美国日益密切、与中国日益敌对的根本原因；第二，调整对印战略伙伴关系结构，就印度"印太战略"与印对话，澄清其与美国的不同考虑，避免误判，为印度参与俄罗斯大欧亚战略铺平道路，在应对流行病、气候变化、能源转型等领域开启新合作；第三，将俄印关系提升到俄中关系同等水平，俄罗斯可在武器系统供应、先进技术尤其是信息领域、双边经济等潜在领域探索深度合作。

https://carnegiemoscow.org/commentary/85903

3. 莫斯科卡内基中心：俄罗斯民众对俄乌战争态度消极

12月16日，莫斯科卡内基中心发表高级研究员安德烈·卡列斯尼科夫（Andrei Kolesnikov）的文章《俄罗斯如何看待与乌克兰之间的战争》。文章首先提出，俄乌是否开战是近期国际社会广泛关注的问题。根据早前调查，俄罗斯民众普遍对战争没有热情；而类似的，关于克里米亚行动、乌克兰危机，俄罗斯民众舆论也处于守势，大部分群众认为俄罗斯不应为紧张局势升级负责，军事行动是合理而防御性的。文章接着指出，在民众对战争激情不足的背景下，俄罗斯采用了国家宣传工具进行全员动员，但是相较于动员，这更像是一种对世界大战恐惧氛围的渲染。到现在为止，俄罗斯国内对世界大战的恐惧急剧增加。文章最后总结道，在战争真正打响前，充分调动民众积极性是普京政府当务之急。但是就现在来看，动员效应远不及预期。作者

认为，俄乌之间的战争爆发与否，短时间内还是一个难以预估的问题。

4.《外交政策》：俄罗斯军事干预乌克兰的可能性很小

12月27日，《外交政策》杂志刊登了纽林斯研究所的非常驻研究员尤金·乔绍夫斯基（Eugene Chausovsky）的文章《俄罗斯如何决定何时入侵？》。文章聚焦俄乌边界的紧张局势，认为尽管俄罗斯方面言辞强硬，但从地缘政治的角度来看，其入侵乌克兰的可能性很小。文章指出，决定俄罗斯是否入侵苏联国家的因素主要有五个：其一为突发导火线；其二为当地支持率；其三为预期的军事反应；其四为技术可行性；其五为政治和经济预期成本。如果上述任何一个条件不充分或不存在，那么俄罗斯就不太可能进行军事干预。目前，乌克兰得到了北约方面的支持，这导致俄罗斯的经济、政治和潜在的军事成本大幅上升。并且乌克兰国内对俄罗斯军事干预的支持程度远低于2014年。所以本次潜在的危机并不能满足上述五个条件，正式战争的可能性不高。但俄罗斯可能采取替代的非常规军事措施，如秘密活动、政治操纵、网络攻击、宣传和错误信息等。文章最后指出，虽然普京对于军事力量的使用常显得咄咄逼人，但他实际上是相当保守不愿冒险的，克里姆林宫在每个具体案例中都进行了务实的成本效益分析。

https://foreignpolicy.com/2021/12/27/how-russia-decides-when-to-invade/?tpcc=recirc_trending062921

八　公共卫生

《外交事务》：世界需要更好的"新冠旅行限制"战略

12月9日，《外交事务》网站刊登加拿大西蒙弗雷泽大学（Simon Fraser University）公共卫生教授凯莉·李（Kelle Lee）的文章《世界需要更好的"新冠旅行限制"战略》。新冠病毒奥密克戎变种的出现，引发各国采取更为严格的旅行禁令。然而，鉴于目前变种不断出现，加之全球紧密相连，各国先后独立发布的旅行禁令恐收效甚微。第一，延迟发布禁令不能有效抑制传播。例如，各国在世界卫生组织通报南非出现奥密克戎后才出台相关旅行禁令，但据科学家推测该变种在10月初就已出现。第二，针对某些高危国家的禁令存在政策漏洞，即来自高危国家的入境者可以通过第三国并隐瞒完整行程入境。第三，部分国家未能在实施旅行限制措施的基础上有效管理与跨境流动相关的公共卫生风险，并与其境内公共卫生工作相结合，包括对入境者进行严格检测、隔离和追踪。第四，各国孤立且严苛的旅行禁令伴随着高昂的经济成本和政治成本。因此，作者认为，各国须协调旅行限制措施，就世界卫生组织"基于风险"的新型边界管理方法达成共识，通过系统且定期的风险评估为其制定旅行及边境政策提供信息。此外，各国还需努力统一检测、隔离和疫苗认证等措施的标准。

https://www.foreignaffairs.com/articles/world/2021-12-09/world-needs-better-strategy-covid-travel-restrictions

九　新兴技术

《报业辛迪加》：美国对华战略不应囿于争夺技术主导权

12月6日，《报业辛迪加》网站发布美国著名国际政治学者、哈佛大学肯尼迪政府学院前院长约瑟夫·奈（Joseph S. Nye, Jr.）所撰文章《美中竞争中真正重要的是什么？》。文章指出，目前中国大力投资关键技术的研发，在人工智能领域的进步尤为显著，技术进步已不再局限于模仿，而美国对中国科技企业的制裁并未阻挡中国的创新步伐。尽管将中国"踢出"美国国家安全直接相关的技术供应链非常重要，但将其经济与中国完全"脱钩"意味着巨额成本。约瑟夫·奈提出，最终决定力量平衡的不是技术发展，而是美国国内外的外交和战略选择。与美苏对抗不同，美中之间的博弈类似一盘三维象棋，双方在军事、经济和跨国层面上的权力分配截然不同，美国制定对华战略时应避免陷入军事决定论，需要将相互依存的三个维度都纳入考量。奈认为，就新的贸易规则进行谈判有助于防止"脱钩"升级，为此中等强国应共同制定通信技术贸易协定，并向符合基本民主标准的国家开放。奈就美国对华战略的制定提出建议：美中可以找到在核不扩散、维和、公共卫生和气候变化等领域共同的制度基础，但美国应在其他领域制定自己的民主标准；强化在全球治理方面的跨大西洋共识固然重要，但美国应注重与日韩等亚洲经济体的合作，从而制定全球贸易投资规则和技术标准；美国应从国内改进和国外行动两方面应对来自中国的技术挑战，既不能自满也不应囿于自身衰落的恐惧；应加大对研发的支持，避免对移民实行过于严苛的政策限制，从而吸引全球人才并促进技术创新。

https://www.project-syndicate.org/commentary/us-china-competition-technology-alliances-by-joseph-s-nye-2021-12

撰稿：陈晖博、吴子浩、许卓凡、陈蕾、陈逸实、杨雨霏、彭智涵、王秀珊、崔元睿、李光启、汤卓筠、雷云亮、孟子琦、王乾任、杨滨伊。

审核：周武华、贺刚、王静姝、袁微雨、包坤极、马国春、贺刚、姚锦祥、许馨匀、朱荣生。

终核：孙成昊。